FREIHEIT GEMEINSCHAFT

FREIHEIT KUNST GEMEINSCHAFT

BAUHAUS-IDEEN ALS FRAGEN AN DIE GEGENWART

EINE TAGUNG

HERAUSGEGEBEN VON JUSTUS H. ULBRICHT

INHALT

BAUHAUS-IMPULSE

»KLASSISCHE MODERNE« BIS »(P)OSTMODERNE«

WEIMARER ARBEIT AM ERBE

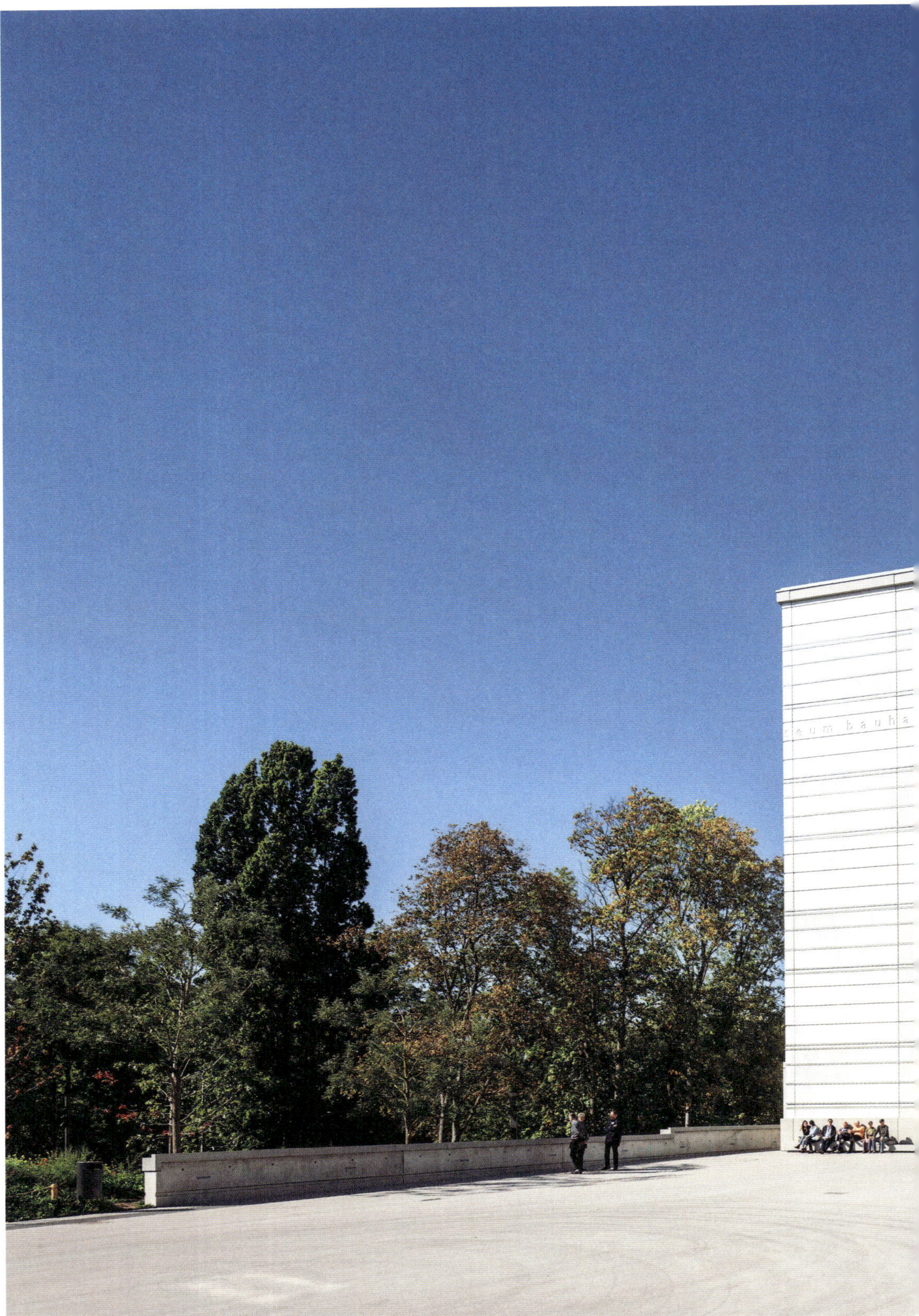

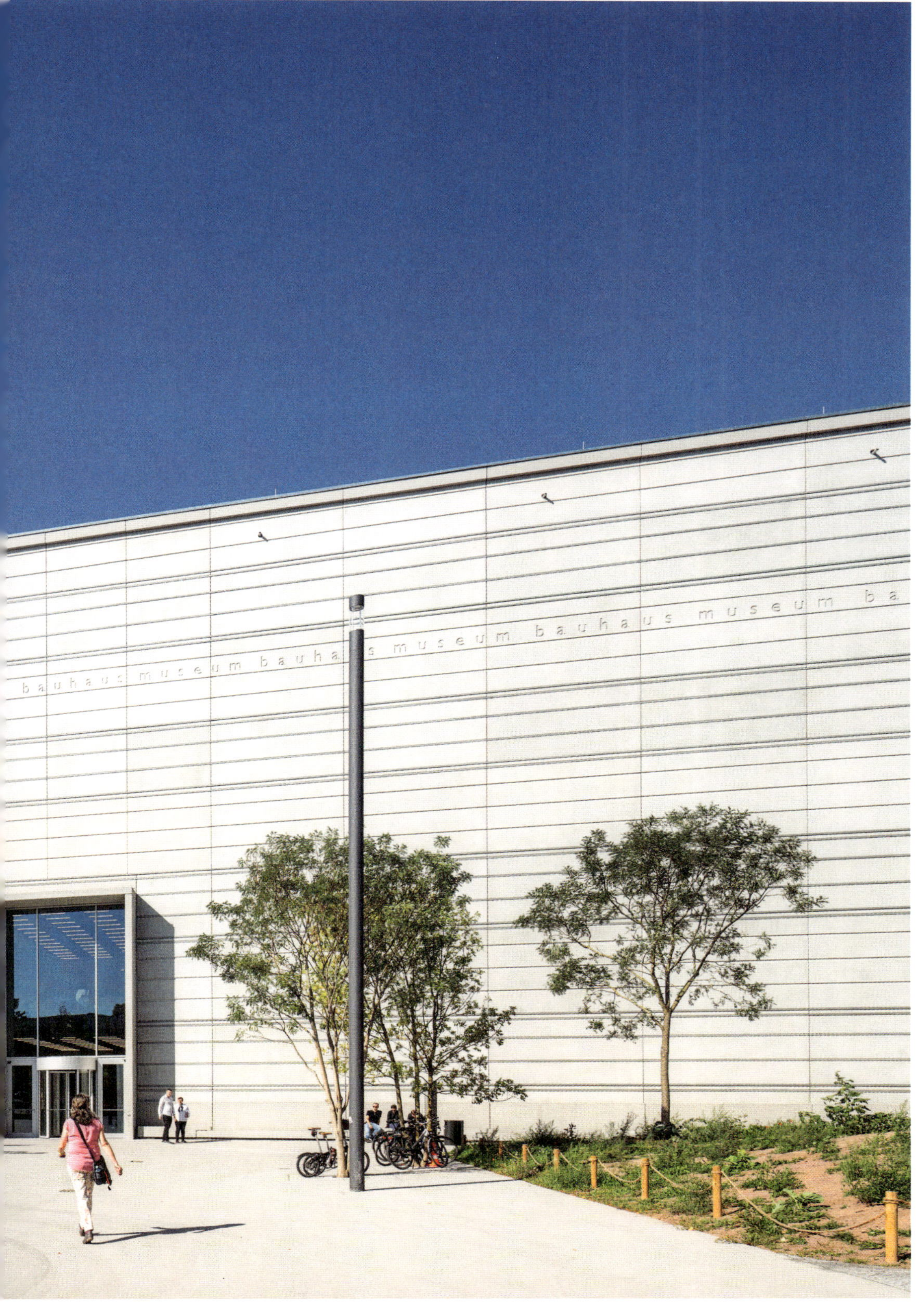
bauhaus museum bauhaus museum bauhaus museum

GRUSSWORT

Guten Morgen,
meine sehr verehrten Damen und Herren,

für Ihre heutige Einladung bedanke ich mich sehr, es ist eine sehr große Freude und auch große Ehre, liebe Frau Dr. Jacobs, Herr Dr. Ulbricht, Herr Dr. Frey und Herr Wendler – und Sie alle hier im Saal, die Sie am Bauhaus und seiner Wirkungsgeschichte interessiert sind.

Diese Tagung ist ein Unikat, und dieser Tagung und der Einladung bin ich gern für das Innenministerium gefolgt. Wir hatten uns eben in der Vorbesprechung genau zu dem Thema unterhalten. Es ist doch sehr verwunderlich, was das sächsische Innenministerium in seinem Portfolio im Moment noch alles hat. Wir sind mitunter, wenn Sie in den Bereich Bauen und Wohnen sehen, eine Art Sozialbehörde. Soziales Wohnen (ESF) im Kontext mit dem Europäischen Sozialfonds. Da ist eine Menge Geld drin. Wir sind außerdem im Bereich der Denkmalpflege, der Kultur namentlich, zu Hause. Also ein schönes Portfolio, in dem es nicht nur um die Kernfragen wie etwa Sicherheit geht.

Vor allem bedanke ich mich für das ausgesprochen interessante Thema dieser Tagung. Bauhaus und Freiheit, Kunst und Gemeinschaft haben Sie in einen wunderbaren Konnex gebracht, finde ich. Bauhaus 1919 bekanntlich in Weimar gegründet, dann nach Dessau umgezogen, Mitte der 1920er Jahre, '33 dann in Berlin unter dem Druck des Nationalsozialismus, des »Dritten Reiches«, der bittersten Zeit, die wir in Deutschland hatten, geschlossen. Aber der Gedanke, der sich mit Bauhaus verbindet, wirkte und wirkt fort, man denke nur an die legendäre Hochschule für Gestaltung in Ulm zum Beispiel.

Ohnehin ist interessant und inspirierend, was sich mit Bauhaus gedanklich verbindet. Im engeren Sinne ist dieser Gedanke als International Style in den Westen gewandert, zumal mit dem ersten Bauhaus-Direktor Walter Gropius, dann aber auch in Richtung Osten, in Richtung Moskau mit Hannes Meyer, dem zweiten Bauhaus-Direktor. Im ablaufenden Jahr haben wir das Jubiläum im Schwerpunkt an den drei Bauhaus-Stätten gewürdigt: in Weimar, in Dessau und in Berlin. Und dort sind auch wirklich Zeichen gesetzt. Dafür bin ich ausgesprochen dankbar. Mit Bauhaus schimmert auch die Geschichte durch. Bauhaus wollte stets zur Diskussion anreizen, zum Nachdenken, zu Rede und Gegenrede inspirieren, also zu etwas, was wir in dieser Zeit mitunter verloren zu haben scheinen. Es geht um Pro und Contra. Es geht um die Frage von Freiheit und Gleichheit. Sie werden dazu noch vortragen und diskutieren. Es geht um die Notwendigkeit des Wandels, um Offenheit, im Grunde auch immer um Gleichberechtigung. Das ist pointiert und zugespitzt alles, was sich mit dem Wort und der Idee »Bauhaus« spirituell und intellektuell verbindet. So gesehen war es für uns, wenn ich das aus der Sicht der Hausspitze sagen darf, im Innenministerium keine Frage, dieses Thema mit unserem Ressort zu unterstützen. Das ist ausgesprochen wichtig, und ich bin sehr dankbar, dass die damalige Hausspitze diese Entscheidung vor drei Jahren so gut getroffen hat.

Dem Initiator der Veranstaltung, Herrn Ulbricht, möchte ich in besonderer Weise danken. Einmal für die Veranstaltung selbst, zu der Herr Ulbricht auch vortragen wird. Als aus heutiger Sicht »Exkurs« möchte ich Herrn Ulbricht in Zusammenhang mit der Reihe »Dresdner Hefte« des Geschichtsvereins danken. Was Sie mit dieser Reihe auf den Weg gebracht haben, was der Geschichtsverein leistet, das ist aller Ehren wert und eines großen Dankes würdig. Und das möchte ich Ihnen als Vertreter des Innenministeriums und der Staatsregierung ganz persönlich auch sagen. Großartig!

Nun aber noch einmal zum Thema Freiheit, Kunst und Gemeinschaft. Bitte gestatten Sie mir in der gebotenen Zeit, einige Gedanken zu äußern, die letztlich auch mit dem Thema Bauhaus und Gesellschaft zu tun haben. Sachsen steht derzeit im besonderen Fokus, allein wenn Sie sehen, was mit »Pegida« läuft, wie mit Rede und Gegenrede umgegangen wird. Dann läuft da ein Mensch herum in Sachsen, der es als »Hütchenträger« zu einer zweifelhaften Bekanntheit gebracht hat und im Magazin »Frontal 21« gelandet ist; er war damals in unserem Geschäftsbereich im Landeskriminalamt tätig. Und so tun sich mitunter Abgründe auf, die in der medialen Öffentlichkeit allesamt mit Sachsen verbunden werden. Den Gedanken, die Meinung des anderen zu respektieren, sich damit inhaltlich auseinanderzusetzen und mit ihm eine Plattform des Austauschs zu finden: Das ist es, worum es geht, und das scheinen wir manchmal verloren zu haben.

Die heutige Tagung mit ihren vielen Themenbereichen ist nicht zuletzt aus der vorstehenden Perspektive richtig gesetzt. Wir müssen das auch miteinander lernen, unterschiedliche Meinungen darzustellen, zu vertreten und auszutauschen. Wenn wir dies erreichen, sind wir auf einem guten Weg. Ich glaube, das wird eine der wichtigsten Aufgaben sein, die unsere Gesellschaft, sei es in Sachsen, sei es in Deutschland, vor sich hat. Und nicht nur in Deutschland, auch in den USA.

Ich denke, dass auch die Vergangenheit gezeigt hat, dass wir in unseren freiheitlichen Staat ebenso Vertrauen haben dürfen wie in das Spannungsfeld von Freiheit und Gleichheit. Aus meiner beruflichen Erfahrung als ehemaliger Richter mit knapp dreijähriger Erfahrung als wissenschaftlicher Mitarbeiter am Bundesverfassungsgericht weiß ich, dass im Spannungsverhältnis von Freiheit und Gleichheit das Übermaß von Freiheit letzten Endes zur Anarchie führt. Das Übermaß von Gleichheit führt letzten Endes, wenn man es zu Ende denkt, zu Unterdrückung. Wie verhalten sich diese beiden Protagonisten zueinander? Beide in ein ausgewogenes Verhältnis zu bringen – das ist die politische Kunst. Freiheit verlangt in unserem Staatsgebilde jedenfalls auch, gemeinwohlorientiert zu handeln. Auf der anderen Seite meint Gleichheit nicht Gleichheit im Vollzug. Das wäre dann letzten Endes ein unterdrückendes System, zu dem wir uns entwickeln würden. Gleichheit ist stets unter dem Blickwinkel von Chancengleichheit zu verstehen. In diesem Sinne gilt es, Freiheit und Gleichheit in einem solchen Verständnis in ein vernünftiges Maß zu bringen. Das führt zu der, wie ich meine, Chance einer funktionierenden Gesellschaft.

Denken Sie 25 bis 30 Jahre zurück – zur damaligen Diskussion über die Frage, was – aus juristischer Perspektive – der Satz »Soldaten sind Mörder« eigentlich ist: eine Beleidigung oder eine hinzunehmende Schmähung? Das Bundesverfassungsgericht hat in letzterem Sinne entschieden, und das prägt auch seither die Rechtsprechung dieses Gerichts. Der genannte Satz beinhaltet deshalb »nur« eine Schmähung und erfüllt in der Folge nicht den Beleidigungstatbestand nach § 185 Strafgesetzbuch. Das ist vertretbar – jedenfalls gelebtes Verfassungsrecht. Auf der anderen Seite steht aber die kürzliche Entscheidung des Landgerichts Berlin, und zwar im Zusammenhang mit der Bundestagsvizepräsidentin Frau Roth, die Ziel einer üblen Anmache gewesen ist. Diese Entscheidung stellt nach meiner persönlichen Einschätzung eine Karikatur der Meinungsfreiheit dar. In diesem Zusammenhang möchte ich die umgekehrte Frage stellen wollen, was mit Menschen, die diese Entscheidung gefällt und zu vertreten haben, selbst geschähe, wenn sie so angesprochen würden.

Der Kreis zum Bauhaus und zur Thematik Freiheit, Kunst und Gemeinschaft schließt sich genau in diesem Kontext. Man kann aus dem Bauhausgedanken derart viel abstrahieren und ableiten, dass man nach eingehender Überlegung zu Fragen von unmittelbarem gesellschaftlichem Rang und Wert gelangt – damit aber auch von der Vergangenheit einer Idee in die Gegenwart unserer Gesellschaft. Und das, eben einen solchen Brückenschlag zwischen Geschichte und Gegenwart, haben Sie auch thematisch mit diesem Tagungskonzept, zu dem ich sie nur beglückwünschen kann, in ganz hervorragender Weise geleistet.

Es liegt an mir, Ihnen nochmals zu sagen: herzlichen Dank an die Organisatoren, an unsere Akteure im Saal, vom Innenministerium Frau Krebs und Herrn Schreiber. Ich bedanke mich bei Herrn Dr. Ulbricht. Ich bedanke mich bei der Sächsischen Kulturstiftung ganz besonders. Und ich wünsche Ihnen auch eine gute und erfolgreiche Tagung, in der wir durchweg das sagen sollten, was wir denken, aber eben im gebotenen Rahmen, wie es sich versteht. Aber ich denke, das Publikum freut sich darauf. Dankbar bin ich Ihnen für diese Tagung, die wichtige Akzente setzen wird.

Vielen Dank. Gute Tagung und Glück auf.
Leipzig, 2019

PROF. DR. GÜNTHER SCHNEIDER
STAATSSEKRETÄR IM SÄCHSISCHEN
STAATSMINISTERIUM DES INNERN

GRUSSWORT

Sehr geehrter Herr Staatssekretär Professor Schneider, herzlichen Dank für Ihre Gedanken zum Inhalt des Bauhausjahres und zur Bauhausidee. Ich darf an dieser Stelle auch von Seiten der Kulturstiftung des Freistaates Sachsen ganz herzlich Frau Dr. Jacobs, Herrn Dr. Ulbricht, Herrn Schreiber, Frau Krebs, die Referentinnen und Referenten begrüßen und natürlich all jene, die heute den Weg hierher gefunden haben, um an der Tagung »Freiheit, Kunst, Gemeinschaft. Bauhaus-Ideen als Fragen an die Gegenwart« teilzunehmen. Ich freue mich, dass wir die Gelegenheit hatten, im Rahmen des Förderprogramms zum Bauhausjahr gemeinsam mit dem Sächsischen Staatsministerium des Innern (SMI) diese Veranstaltung zu unterstützen. Solche Kooperationen sind keineswegs selbstverständlich. Umso mehr freue ich mich, dass die Kooperation mit den Kolleginnen und Kollegen des SMI jederzeit reibungslos und auch inhaltlich sehr anregend verlaufen ist.

Womit wir beim Thema wären: Jubiläen dieser Art haben mitunter auch ihre Tücken. Oft folgt auf ein Jubiläumsjahr schon das nächste. Kaum hat man sich vom Lutherjahr verabschiedet, ist man im Bauhausjahr angekommen. Mitten im Bauhausjahr denkt man dann schon ans Jahr der Industriekultur 2020 usw. Wobei ich es an dieser Stelle lieber vermeiden möchte, eine Brücke von Martin Luther zum Bauhaus zu schlagen, da diese gedankliche Leistung den Rahmen eines Grußworts deutlich überstrapazieren würde. Aber vom Bauhausjahr zum Jahr der Industriekultur kann der Übergang sehr wohl gelingen. Für uns als Förderer beider Themenjahre ist es wichtig, zwischen Bauhausjahr und Jahr der Industriekultur deutliche inhaltliche Bezüge herzustellen. Denn wir verstehen Industriekultur als Querschnittsthema, das zeitgenössische Architektur, Design und Bildende Kunst, materielles und immaterielles Kulturerbe gleichermaßen umfasst.

Jubiläumsjahre geben uns die Möglichkeit, dass wir für einen Moment versuchen, und sei es im Rahmen einer Tagung wie heute, uns darüber klarzuwerden, weshalb wir uns eigentlich erinnern und woran genau. Denn mithilfe des zu Erinnernden können wir uns im Kontext unserer Zeit besser verorten. Erinnerung hilft also bei der Orientierung in einer sich rasant verändernden Welt. Mein Vorredner, Herr Professor Schneider, hat dies ja auch schon angesprochen. Insofern kann ich die Organisatoren der Tagung nur dazu beglückwünschen, dass sie präzise Fragen stellen: nach der Freiheit sowie nach gemeinschaftlichem Zusammenhalt, der für die Freiheit, wie wir eben auch gehört haben, zwingend erforderlich ist. Vom Bauhaus führt zum Beispiel über das Produktdesign großer Digitalkonzerne ein direkter Weg in die digitale Moderne – mit allen Licht- und Schattenseiten, die sich derzeit nur schemenhaft am Horizont abzeichnen.

Denn wir dürfen nicht vergessen: Das Bauhaus selbst war von Beginn an von zwei Seiten unter Druck, wenn ich das an dieser Stelle einmal so sagen darf. Kaum ein anderer hat dies so deutlich erkannt wie der Bauhaus-Gestalter Wilhelm Wagenfeld, der 1938 in einem Aufsatz schrieb, dass sein Tun im Bauhaus ein »labyrinthisches Irren« gewesen sei. Das Bauhaus war eben nicht nur von außen durch völkisch reaktionäre Kreise bedroht, sondern auch von innen durch totalitäre Tendenzen, wie wir heute wissen. Für diese Tendenzen steht etwa der Name des Bauhaus-Meisters Johannes Itten, der mit seinem mystischen Tempelkult eben auch nicht ganz auf dem Boden der Demokratie stand, so wie wir sie heute verstehen, um das einmal sehr vorsichtig anzudeuten.

Ich möchte hier im Rahmen des Grußworts den wissenschaftlichen Rednern und Rednerinnen nicht vorgreifen, aber dennoch einen kleinen Ausblick auf die Situation geben, in der wir heute als Kunst- und Kulturförderer stehen. Denn wir alle fühlen derzeit, dass unter dem Druck der Digitalmoderne auch die Freiheit der Kunst an ihre Grenzen stößt, dass künstlerische Autonomie, Authentizität und Individualität nicht mehr unbedingt im Zentrum des Denkens vieler KünstlerInnen und KulturakteurInnen stehen. Hinzu kommen unterschiedliche Lebens- und Wahrnehmungsweisen, die deutlich hervortreten, wenn wir Projekte fördern, die im urbanen Bereich einen ganz anderen Wirkungskreis haben als etwa im ländlichen Raum.

Als Kulturstiftung des Freistaates Sachsen sind wir für die Kunst- und Kulturförderung im ganzen Freistaat Sachsen zuständig. Das heißt, wir werden als Kulturförderer mehr und mehr auch damit konfrontiert, dass wir in einer Gesellschaft leben, die zunehmend gespalten ist zwischen urbanen Zentren und ländlicher Peripherie, zwischen den Generationen, zwischen den verschiedenen Erfahrungswelten. Hier ist unsere Aufgabe als Kulturförderer, nach dem Verbindenden zu suchen, Brücken zu bauen, Gemeinschaft zu ermöglichen. Wir müssen uns, denke ich, nicht nur hier und heute fragen, wie wir die offene Gesellschaft schützen und erhalten können. Die Bauhausidee bietet hierfür viele Anknüpfungspunkte.

Was also wird vom Bauhaus bleiben? Meines Erachtens sind das drei Gesichtspunkte: Das eine ist die Erkenntnis, dass auch das Land Sachsen ein wichtiges Bauhaus-Land mit zahlreichen bedeutenden Persönlichkeiten und historischen Stätten ist. Die Vielzahl der Orte, Objekte und Akteure in allen Regionen entdeckt oder einer breiten Öffentlichkeit zugänglich gemacht zu haben, ist ein ganz besonderer Erfolg des Jubiläumsjahrs. Dieser Befund beschränkt sich dabei nicht nur auf architektonische Artefakte, wie etwa das Haus Schminke in Löbau oder das Haus Rabe in Zwenkau, sondern wir haben eben auch viel Neues erfahren über Akteurinnen, vor allem über Sibyl Moholy-Nagy oder die aus Chemnitz stammende Marianne Brandt, um neben dem bereits erwähnten Wilhelm Wagenfeld auch einige weitere Namen vor allem von Frauen aus dem Bauhaus in Sachsen zu nennen.

Zweitens haben die verschiedenen Projekte, Ausstellungen, Aufführungen und Publikationen, die im Rahmen des runden Bauhaus-Geburtstags durch die Kulturstiftung gemeinsam mit dem Sächsischen Staatsministerium des Innern gefördert werden konnten, zudem auf unterschiedliche Art und Weise gezeigt, wie groß der Forschungsbedarf noch ist. Gerade wenn es hierzulande um die Auseinandersetzung mit moderner Architektur geht oder eben auch, wenn es um die politischen und gesellschaftlichen Aspekte des Bauhauses geht. Hier hat das Bauhausjahr wertvolle Impulse gegeben, um noch bestehende Leerstellen und weiße Flecken auf unserer sächsischen Bauhaus-Landkarte zu schließen.

Aus dem Gesagten folgt meines Erachtens ein dritter Gesichtspunkt, nämlich, dass wir künftig darüber nachdenken müssen, wie wir das, was wir jetzt erreicht haben in diesem erfolgreichen Bauhausjahr, auch für die Zukunft sichern können. Denn es ist ja schön, wenn man so ein Themenjahr hat. Aber dann ist immer die Gefahr, dass es danach abbricht und man sich eben anderen Themen zuwendet. Dann wird die Website abgeschaltet, die Leute gehen nach Hause, machen andere Projekte. Und deshalb möchte ich an dieser Stelle dafür werben, das Wertvolle und Gültige, das wir in diesem Jahr erreicht haben, auch zu erhalten. So sollten wir etwa mit vereinten Kräften versuchen, die Vielzahl an engagierten Akteurinnen und Akteuren in einem selbstorganisierten Netzwerk unter dem Dach der Industriekultur zu verbinden. Das hätte dann auch den nachhaltigen Effekt, dass wir außerdem über das nächste Jahr der Industriekultur hinaus weiter in Verbindung bleiben und auch weitere Kulturprojekte umsetzen können.

In diesem Sinne wünsche ich Ihnen allen eine inspirierende und vor allem erkenntnisfördernde Tagung.

DR. MANUEL FREY
STIFTUNGSDIREKTOR DER KULTURSTIFTUNG DES FREISTAATES SACHSEN

BAUHAUS100 ODER: WAS VOM JUBILÄUM ÜBRIGBLIEB

Die nachhaltigsten Wirkungen von Jubiläen sind nicht die Geburtstagstorte oder das Ständchen, nicht die vielen Festgäste, der Champagner oder der Kater danach. Der Gewinn eines jeden runden Geburtstags liegt vielmehr in der Bestandsaufnahme, die den Jubilar in einen größeren historischen Kontext stellt, und in den Visionen, die er in die Zukunft trägt. So verhält es sich auch bei Jahrestagen. Ob Reformation oder Revolution, ob Weimarer Verfassung, Bauhaus oder Herbst 89: Gedenktage geben Anlass, nach Spuren zu suchen, sich seines historischen Standorts zu versichern und – dies vor allem – die historischen Zeugnisse in der aktuellen kulturellen Praxis fruchtbar zu machen. Eine Inventur also mit dem Ziel der Zeitgenossenschaft.

Wenn Deutschland 2019 einen großen Bauhausreigen abgefeiert hat, so bot das Jubeljahr vor allem auch die Chance, kulturelle und gesellschaftliche Praktiken aus neuen Perspektiven zu entdecken: Vergessene Orte, neue Menschenbilder, vertriebene Existenzen, unerhörte Töne und gesellschaftliche Visionen bekamen eine Bühne – und mit ihnen die Frage nach der Relevanz vergangener kultureller Prägungen für das Zusammenleben heute.

Daher widmete sich die Abschlussveranstaltung des Freistaates Sachsen zum Bauhausjahr in der Deutschen Nationalbibliothek in Leipzig der Verantwortung kultureller Gedenkveranstaltungen für den gesellschaftlichen Zusammenhalt in unserem Land. Dabei dominierte nicht der ästhetik-, kunst-, medien- oder architekturgeschichtliche Blick auf die berühmte Kunstschule und deren ProtagonistInnen, sondern die Frage nach den Konzepten einer Kunstpraxis, die den Anspruch auf gesellschaftlichen und politischen Umsturz hatten. Denn dass das Bauhaus selbst politisch sehr unterschiedlich gefärbt und von seinen Gegnern zumeist mit politischen Argumenten bekämpft worden war, geriet im Jubiläumsjahr eher selten in den Blick. Diesen sozialutopischen Impetus des Bauhauses ins Visier zu nehmen und mit gegenwärtigen Fragen zu konfrontieren, ist das Ziel der Abschlussveranstaltung im November 2019 gewesen. Im Dialog der Disziplinen wurde erörtert, ob »das Bauhaus« und einzelne seiner Ideen nur zu unserem kulturellen »Erbe« gehören oder auch Teil moderner, individueller wie sozialer »Identität« sind. Die zentrale Frage: Was haben uns die Ideen der BauhäuslerInnen heute noch zu sagen?

Mein Dank gilt dem Freistaat Sachsen für die Möglichkeit zur Durchführung der Tagung in unserem Leipziger Haus, der Kulturstiftung Sachsen für die Finanzierung des Vorhabens, allen ReferentInnen für ihre Beiträge sowie Justus H. Ulbricht für den »roten Faden« und die Konzeption der Tagung. André Wendler sei schließlich für die umsichtige Gesamtkoordination gedankt. Mein letzter Dank gilt dem Sandstein Verlag für die kollegiale und kompetente Betreuung dieses Bandes sowie dessen ansprechende Gestaltung.

DR. STEPHANIE JACOBS
DEUTSCHES BUCH- UND SCHRIFTMUSEUM
DER DEUTSCHEN NATIONALBIBLIOTHEK

BAUHAUS-

FREIHEIT KUNST GEMEINSCHAFT

BAUHAUS-IDEEN ALS FRAGEN AN DIE GEGENWART

EINLEITENDE BEMERKUNGEN

Als sich 2019 zahlreiche Museen, Galerien, Bibliotheken, Theater und Kunsthäuser in Deutschland in Hunderten von Veranstaltungen der Geschichte und dem »Erbe« des längst mythisch überhöhten Bauhauses aus Weimar, Dessau und Berlin mal bewundernd, mal kritisch annäherten, wurde man der Flut der Erinnerungen kaum Herr. Dutzende neue Publikationen, zahlreiche Beiträge in Rundfunk, Film und Fernsehen informierten das Publikum über nahezu sämtliche Facetten der Bauhaus-Geschichte(n). Dabei dominierte ein ästhetik-, kunst-, medien- und architekturgeschichtlicher Blick auf die berühmte Kunstschule und deren Protagonisten. Dass das frühe Bauhaus ein Nachkriegskind war und erst nach der Novemberrevolution 1918 Wirklichkeit werden konnte, dass es selbst politisch höchst unterschiedlich aufgeladen war und von seinen Gegnern zumeist mit politischen Argumenten bekämpft wurde, geriet im Jubiläumsjahr seltener in den Blick.

Die »Marke« Bauhaus, das Label für alles »Moderne«, was »quadratisch, praktisch, gut« erschien, verharmlost das Ideal einer – vom Anspruch her – weltumstürzenden Kunstpraxis zu einer kleinen Lust auf das »Andere«. Damit verblasst eine basale Intention der historischen Kunstschule und ihrer Nachfolge-Institutionen: Galt es doch, die Freiheit und die Individualität von KünstlerInnen und KunstschülerInnen radikal zu entfalten, um am Ende zu »neuer Gemeinschaft« zu finden.

Diesen radikal sozialutopischen Impetus des Bauhauses in den Blick zu nehmen und mit gegenwärtigen Fragen zu konfrontieren, war das Ziel der Abschlussveranstaltung des Freistaates Sachsen zum Bauhausjahr, die im November 2019 im Deutschen Buch- und Schriftmuseum der Deutschen Nationalbibliothek stattfand und sich als Antidot gegen die überwiegend formalästhetische Rezeption des Bauhauses im 100. Jahr seiner Wiederkehr wandte. Im Dialog der Disziplinen und Generationen sollte deutlich werden, ob »das Bauhaus« und einzelne seiner Ideen nur zu unserem kulturellen »Erbe« gehören oder auch Teil moderner, individueller wie sozialer »Identität« sind (oder sein könnten).

Während die aufmerksamen Zeitgenossen der drei Bauhäuser sich selbstverständlich bewusst waren, dass die »neue Kunst« am Bauhaus eigentlich für »neue Menschen« in einer anderen Gesellschaft bestimmt war – dass sich also die Kunst der Avantgarde(n) als Vorhut eines radikalen politisch-sozialen Wandels verstand (was konservative oder gar völkisch-rechtsradikale Bauhaus-GegnerInnen sofort begriffen), sorgte die oft affirmative Musealisierung und Rezeption der Bauhaus-Ideen über Jahrzehnte dafür, dass diese politische Dimension, die Vision vom Neuen Menschen, oftmals verblasste. Dieser Traum war freilich älter als das Bauhaus. Ihm hingen seit Ende des 19. Jahrhunderts all diejenigen an, die sich der »Ambivalenz der Moderne« (Zygmunt Baumann) und deren Schattenseiten zunehmend bewusst geworden waren. Wer damals »Freiheit« rief, fragte auch nach deren Grenzen. Wer radikal »neu« sein wollte (oder war), stand dennoch als »Erbe« in Traditionen. Wer die »neue Welt« ästhetisch entwarf oder politisch imaginierte, blieb Kind seiner Zeit.

Das in den Manifesten des Bauhauses omnipräsente Wort von der »Versöhnung« meinte nach 1918 nicht nur die Verschwisterung von Handwerk, Kunst und industrieller Produktion, sondern war Ausdruck der Sehnsucht nach neuer Menschengemeinschaft in Zeiten eines radikalen und daher auch beängstigenden politischen, ökonomischen und sozialen Wandels. Dem war ein Krieg vorausgegangen, der das »alte Europa« und dessen Gewissheiten hatte untergehen lassen. Unsere Zeit ist nun einen Weltkrieg und eine industrielle Revolution weiter – ob dadurch klüger oder noch mehr ernüchtert, sei dahingestellt. Die alte Frage, ob alles, was fortschreitet in der Moderne, auch im ethisch-moralischen Sinne Fortschritt ist, stellt sich im Kontext von Digitalisierung, Globalisierung, radikaler ökonomischer und sozialer Ungleichheit, Klimawandel und »ökologischer Katastrophe«, schließlich auch weltweiter Migration und entgrenztem Konsumismus weiterhin – und auf andere Art auch neu.

Wie also verstehen wir heute die Botschaften, Experimente, Ideale und Hoffnungen der historischen Bauhäusler-Generationen? Wo bleibt das »Erbe« der avantgardistischen Kunstschule in unserer eigenen ästhetischen Praxis? Und wo stehen zeitgenössische Kunst- und Architekturkonzepte wirklich in den Traditionen der drei Bauhäuser (Weimar, Dessau, Berlin) oder der Ulmer Hochschule für Gestaltung? Welche alten Träume von »Gemeinschaft und Gesellschaft« gehen uns heute noch etwas an? Welche politischen Utopien der Zwischenkriegszeit sind verblasst – oder regen uns zum Weiterdenken an? Und haben wir den Mut, uns nicht nur des eigenen künstlerischen Ausdrucksvermögens und Verstandes, sondern auch der individuellen politischen Überzeugung in der Öffentlichkeit zu bedienen? Kann uns das Wissen um »das Bauhaus«, dessen Kunst und dessen weltweite Rezeption für das Verständnis unserer eigenen Gegenwart sensibilisieren? Da ein »Erbe« nur durch die stetige Aneignung kultureller Überlieferungen im Zugriff nachwachsender Generationen (in unterschiedlichen sozialen Milieus) entsteht, zudem selektiv ist und emotional höchst different besetzt wird, steht der Begriff »Erbe« selbst zur Debatte. Gleiches gilt für den der »Identität«, den die einen als »Plastikwort« bezeichnen, andere nicht missen möchten und wieder andere konzeptionell überfrachten.

Angesichts dessen, was aktuell in unseren mitteleuropäischen Gesellschaften sozial, ökonomisch und politisch geschieht – auch im Freistaat Sachsen –, wollten wir uns der Geschichte und Überlieferung des Bauhauses aus einem ganz gegenwärtigen Interesse heraus vergewissern, um wünschenswerte Bilder und Visionen unserer Zukunft entwerfen zu können.

In diesem Sinne war die dieser Publikation zugrunde liegende Tagung explizit politisch und bezog streitbare, allerdings auch bestreitbare Position, in einem Gemeinwesen, dessen politische und ästhetische Debatten oftmals durch Lagerbildung, Feindschaftsdiskurse, Abwertung und Ausgrenzung sowie allseits mangelnde Gelassenheit und Respekt gekennzeichnet sind. Anders aber als das historische Bauhaus können wir diese Debatten in einer friedlichen, demokratischen und stabilen Gesellschaft führen. Das verpflichtet uns zugleich zur produktiven Unruhe, zum kritischen Blick auf uns und unsere Zustände, nicht aber zur affirmativen Einstimmung in die »normative Kraft des Faktischen« (Adorno) und den Status quo. – Eine kreative, zeitbewusste, provokative Unruhe an den Tag zu legen wäre ein Weg, über 100 Jahre nach der Gründung des Bauhauses dessen Erbe anzutreten. Und das gilt nicht nur für KünstlerInnen und ArchitektInnen.

Die aktuelle gesundheits- und gesellschaftspolitische Situation zwingt uns zu einer weiteren einleitenden Bemerkung. Nicht alle derjenigen Kolleginnen und Kollegen, die Gäste und GesprächspartnerInnen auf unserer Tagung gewesen sind, waren ab Anfang 2020 in der Lage, uns eine schriftliche Version Ihrer Tagungs-Statements und Vorträge zu liefern, denn allüberall in den Hochschulen, Universitäten und Museen geriet im Zugriff der Pandemie und der diese begleitenden Maßnahmen der Arbeitsalltag gehörig durcheinander (wie auch der so mancher Familien). Was im Frühjahr eine vorübergehende Situation schien, ist bis heute Teil unserer Wirklichkeit.

Umso mehr danken wir denjenigen, die uns ihre Beiträge anvertraut haben. Außerdem aber haben wir beschlossen, einige Beiträge in unseren Band zu integrieren, die auf unserer Tagung zwar nicht als Referat gehalten worden sind, sondern damals Wortmeldungen in den Podiumsdiskussionen waren. Zusätzlich wurden zwei Aufsätze aufgenommen, die den Umgang mit dem Bauhaus-Erbe in der DDR sowie die jüngsten Weimarer Initiativen zur Etablierung des dortigen Bauhaus-Museums in den Blick nehmen – liegt doch zwischen uns und dem historischen Bauhaus der Umgang mit dessen Überlieferungen auch und gerade in der sprichwörtlichen »deutschen Klassikerstadt«, in der nun in zentraler Lage ein »Quartier der Moderne« entstanden ist. Nun liegt dort das Neue Museum (zur Kunst um 1900) neben dem Bauhaus-Museum – und dem Thüringer Landesverwaltungsamt, das seit Jahren in den Gebäuden des ehemaligen nationalsozialistischen »Gauforums« residiert. In dessen Turmhaus ist eine Ausstellung zur Geschichte dieses NS-Bauten-Ensembles zu sehen – gehört doch zur Moderne im »Zeitalter der Extreme« auch der Nationalsozialismus, an dessen Geschichte nicht allein die Gedenkstätte Buchenwald erinnert.

Die TagungsveranstalterInnen sowie der Herausgeber dieses Bandes danken allen Beteiligten für ihre kooperative Mitarbeit und die Geduld, auf das Erscheinen dieser Publikation etwas länger als geplant gewartet zu haben. Zu danken ist ebenso der Kulturstiftung Sachsen für die finanzielle Unterstützung der Tagung und des Bandes. Weiterhin ist dem Sächsischen Staatsministerium für Regionalentwicklung für die Unterstützung unseres Vorhabens herzlich zu danken.

Mein ganz persönlicher Dank aber geht schließlich vor allem an Stephanie Jacobs und André Wendler vom Deutschen Buch- und Schriftmuseum, mit denen ich erste Ideen zu unserer Tagung entwickeln und andere weiterdenken durfte. Ohne die kluge, freundliche und in jeder Hinsicht kollegiale Art dieser beiden KollegInnen wäre weder die Tagung das geworden, was sie war, noch das nun vorliegende Buch.

Dresden im Herbst 2021

JUSTUS H. ULBRICHT

NAIKA FOROUTAN

ÜBER DIE PARADOXIEN VON FREIHEIT UND GLEICHHEIT IN PLURALEN DEMOKRATIEN

Wir leben in Deutschland in einer pluralen Demokratie. Diese plurale Demokratie interpretiere ich als den entscheidenden Entwurf für die Ordnung einer freiheitlichen Gesellschaft. Denn Pluralität stellt sich nicht nur in einer Vielfalt von Lebensentwürfen, Geschlechtern, nationaler, regionaler und lokaler Herkünfte usw. dar. Sie ist auch im deutschen Grundgesetz bereits als sinnstiftendes Leitbild verankert. In den heutigen Debatten um Pluralität und Vielfalt wird immer wieder der Vorwurf der Überforderung der Bevölkerung in den Vordergrund gestellt und Pluralität als postmodernes normatives Novum dargestellt, welches erst durch die Globalisierung und die Debatten um Deutschland als Einwanderungsland übermäßig relevant geworden sei. Diversität und Multikulturalität werden dabei mit dem Argument diskreditiert, sie seien ein moralischer Diskurs einer liberalen Elite, die kosmopolitisch und entwurzelt sei.[1] Dabei ist Pluralität tief in der deutschen Geschichte und Kultur verankert. Bereits der Gründungsakt Deutschlands basiert auf Pluralität. Aus 39 Fürstentümern mit höchst unterschiedlicher Herrschaftsform, Religionszugehörigkeit und Sprache entstanden die ersten Bemühungen um ein Gebilde, das später Deutschland heißen sollte. Im Ursprungsmoment wurde die Idee Deutschlands als eine plurale Zugehörigkeit gedacht, die nicht an ethnische Herkunft und Exklusivität gebunden war.[2] In welchem Ausmaß dieser Anspruch in der deutschen Geschichte bisweilen nicht nur verfehlt, sondern in sein Gegenteil einer Homogenität verkehrt wurde, ist allgemein bekannt.

Das deutsche Grundgesetz – welches 1949 nach einem regelrechten Rausch der »volksgemeinschaftlichen« Homogenität und im Grauen vor deren Zerstörungswut geschrieben wurde – beginnt daher die ersten fünf seiner zwanzig Grundrechte mit Artikeln, die inhärent auf die Pluralität der Gesellschaft ausgerichtet sind und die freiheitlich demokratische Grundordnung im Gewahrwerden und Schützen dieser Pluralität verankern.

Die in den Grundrechtsartikeln verbrieften gleichen Freiheiten für die BürgerInnen erfordern jedoch eine Reflexion, unter welchen Bedingungen ihre Realisierung in einer politischen Ordnung erst möglich wird. Den Rahmen für Reflexion bilden Theorien der pluralen Demokratie: Die Politiktheoretikerin Chantal Mouffe etwa betont zu Recht, dass die plurale Demokratie nicht nur die Gleichheit aller BürgerInnen vor dem Recht verspricht, sondern auch ihre Gleichwertigkeit in der Artikulation der gesellschaftlichen Norm bzw. ihre »Normalität«.[3] Pluralität bezieht sich somit neben der rechtlichen auch auf die symbolische Ebene der Repräsentation: »Auf dem Spiel steht die Legitimation von Konflikt und Teilung, das Auftreten individueller Freiheiten und die Annahme gleicher Freiheit für alle.«[4] Mouffe sieht diese Pluralität nicht lediglich als empirisches »Faktum, das wir zähneknirschend ertragen müssen oder einzudämmen versuchen«.[5] Vielmehr sei der Pluralismus, der wesentlich schon antiessentialistisch sei, konstitutiv für die »Natur moderner Demokratie« und stelle »die Objektivität der Einhelligkeit und Homogenität, die sich immer als fiktiv erweist, [...] in Frage.«[6] Mouffe macht also deutlich, wo die Spaltung der Gesellschaft verläuft: zwischen Anti-Essentialismus und Homogenitätsfiktion.

Wir können Pluralität also als das zentrale Spannungsfeld bezeichnen, vor dessen Hintergrund sich die postmigrantische Gesellschaft herauskristallisiert. Postmigrantisch soll dabei symbolisieren, dass die Herausforderung dieser Spannung nicht nur MigrantInnen betreffen, sondern darüber hinaus all jene, die sich in der Gesellschaft für den nächsten Schritt positionieren: aus der empirischen Faktizität der Pluralität normativ die gleichen Freiheiten für alle zu fordern, wie die Demokratie sie verspricht.

1. These

Eine Erzählung von Freiheit spielt sich vor dem Hintergrund pluraler Lebensrealitäten ab, die keineswegs nur ein normatives Konstrukt sind. Die deutsche Gesellschaft ist hochgradig plural, sie besteht nicht nur zu gleichen Anteilen aus Frauen und Männern, sondern zusätzlich aus Menschen diverser Geschlechterkategorien und sexueller Identitäten. Aus jungen und alten Menschen, die aus dörflichen und städtischen Regionen stammen. 60 Prozent gehören einer christlichen Religion an, 30 Prozent sind keiner Religionsgemeinschaft anhängig, knapp sechs Prozent sind muslimisch, ein Prozent jüdisch und drei Prozent anderweitig religionsbezogen. Fast ein Viertel der Bevölkerung hat eine Migrationsgeschichte, knapp 20 Prozent sind ostdeutsch verortet – eine Diversitätsaufzählung kann, um viele Kategorien bereichert, weitergeführt werden: Eine grüne Erzählung muss sich dazu positionieren, ob sie die Freiheit dieser Diversität auch in einer Gleichheitserzählung verankern will? Denn Freiheit ist nur dann auch gewährleistet, wenn der gleiche Zugang zu allen relevanten gesellschaftlichen Gütern und Ressourcen offensteht. Prägnanter: Frei ist, wem die Welt offensteht, ganz gleich, welcher Herkunft, Religion, nationaler oder sexueller Identität, welchem Geschlecht und welcher sozialen Klasse. Dafür müssen Grundlagen geschaffen werden.

Mit solchen politischen Freiheiten sind also Voraussetzungen verbunden, die zu berücksichtigen sind, wenn die Diskrepanz zwischen Verfassungswirklichkeit und den Versprechen nicht zu einer permanenten Desillusionierung führen soll. Zwar glauben die meisten BürgerInnen an die Werte der liberalen Demokratie, sie zweifeln jedoch zum Teil an der Funktionsweise ihrer politischen Systeme und der Politik, die im Namen der liberalen Demokratie betrieben wird.[7] Die zentrale jener Voraussetzungen ist das Postulat der gleichen Freiheit bzw. das Verhältnis von Gleichheit und Freiheit. Für Mouffe besteht das demokratische Paradox im Versprechen der gleichzeitigen Erfüllung von Gleichheit und Freiheit, zwei gesellschaftlich in Aussicht gestellte Ziele, die sich selbst widersprächen. Denn Gleichheit erfordert eine Regulierung der Gesellschaft durch den Staat, während Freiheit der Regulierung entgegensteht.[8] Das Paradoxon liegt laut Mouffe bereits in der Wortschöpfung der »liberalen Demokratie«, in welcher der Liberalismus die individuelle Freiheit und die Werte der Menschenrechte betone, was den Kernwerten der demokratischen Tradition von Gleichheit und Volkssouveränität zwar nicht widerspräche, diese jedoch zumindest einhege. Auf diese Spannung muss jede Frage nach politischer Freiheit eine Antwort geben. Die Frage also, wie eine Erzählung von Freiheit die Gleichheit mit einbeziehen kann – ist eine, die sich durch dieses Debattenpapier zieht.

Es ist diese normative Anforderung an die Theorien der liberalen und pluralistischen Demokratie, aufgrund derer sich Repräsentation und Pluralismus zu zentralen Kategorien entwickelten, die das politische System der Demokratie nicht nur gewähren, sondern, um der gleichen Freiheiten und Rechte aller BürgerInnen willen, auch und gerade aus marginalisierten und unterrepräsentierten Gruppen sicherstellen muss.[9] Besonders relevant sind für diesen Anspruch Demokratietheorien, die Repräsentativität, Konsens und Proporz betonen: Ziel einer Demokratie sollte nach Arend Lijphardt sein, unterschiedliche Interessen von Bevölkerungsgruppen zu berücksichtigen und zu einem Ausgleich zu bringen sowie einen Konsens oder eine Übereinstimmung in der Entscheidungsfindung herbeizuführen.[10] Nur die Beteiligung von unterschiedlichen sozialen Gruppen ermögliche Stabilität. Lijphardt fordert deshalb, marginalisierte Gruppen durch Proporz oder Quoten an gesellschaftlichen und politischen Machtpositionen zu beteiligen und in die demokratische Interessenartikulation und Entscheidungsfindung einzubeziehen. Das Konzept der Repräsentation wird hier explizit um die Sichtbarkeit und Teilhabe von Minderheiten in relevanten politischen Positionen erweitert. Benjamin Barber (1984) und Anthony Giddens (1977) gingen noch einen Schritt weiter,[11] indem sie Partizipation und Teilhabe als zentrale Werte hinzunahmen.

2. These

Eine Erzählung von Freiheit sollte sich daran orientieren, dass mangelnde Teilhabechancen massiv in individuelle und in gruppenbezogene Freiheiten eingreifen. Denn sie führen zu struktureller, sozialer, kultureller und symbolischer Ungleichheit, womit Freiheitsrechte beschnitten werden – nicht nur zur Entfaltung der Persönlichkeit, sondern auch zur Teilnahme am sozialen Traum der Gesellschaft. Dieser soziale Traum gründet im Versprechen der Gleichheit, das die plurale Demokratie an alle ihre BürgerInnen adressiert.

Im Gegensatz zur Carl Schmitt'schen Vorstellung von demokratischer Gleichheit, die auf ethnischer oder religiöser Gleichartigkeit bzw. Homogenität gründet,[12] bemisst sich die Idee der liberalen, modernen oder pluralen Demokratie am Grad der Anerkennung, Chancengleichheit und Teilhabe und dem Ziel, möglichst alle BürgerInnen in zentralen gesellschaftlichen Prozessen und Positionen zu repräsentieren. Das formulierte Ziel der pluralen Demokratie ist dabei, Machtgleichheit zu erreichen; es ist somit die Infragestellung der Verankerung von Herrschaft, Privilegien und Positionen in den Händen einiger weniger Gruppen. Unterfüttert werden diese Theorien durch multikulturalistische und postkoloniale Demokratiekonzepte etwa von Charles Taylor (1993), Stuart Hall

(2002) oder Tariq Modood (2007).[13] Hier wird die Teilhabe von marginalisierten gesellschaftlichen Gruppen explizit als Kennwert und Richtlinie pluraler Demokratien gesetzt.

Es gibt also nicht nur demokratietheoretisch eine Spannung zwischen Freiheit und Gleichheit, sondern auch gesellschaftspolitisch eine Spannung zwischen jenen, die Pluralität und Repräsentation als grundlegend für die Verfasstheit einer Demokratie sehen, und jenen, die eine gelingende Demokratie vor allem in einer größtmöglichen Homogenität verankern, die vor Krisenhaftigkeit durch Vielstimmigkeit schützen soll. Die zweite Gruppe sieht in der Stärkung marginalisierter Gruppen vor allem eine Zersplitterung der Gemeinschaftserzählung und somit auch der Gesellschaft und sie deutet eine aktive Stärkung marginalisierter Gruppen, wenn sie denn regulatorisch – also zum Beispiel durch Quoten – erfolgt, auch als Eingriff in die Freiheit. Das haben nicht zuletzt Debatten rund um das Parité-Gesetz deutlich gezeigt.

3. These

Eine Erzählung von Freiheit in einer demokratischen Gesellschaft muss sich im Spannungsfeld zwischen Freiheit und Gleichheit orientieren. Sie kann sich jedoch dabei davon leiten lassen, dass in den Demokratietheorien der Wert der Gleichheit zunehmend an den Richtwert der Repräsentation, des Proporzes und der Konkordanz angebunden wird. Wie marginalisierte Gruppen stärken?

Meine bisherigen Überlegungen haben neben Freiheit, Gleichheit und Sicherheit Pluralität als gewissermaßen paradoxale Bezugsgröße für eine demokratietheoretische Erörterung zum Zusammenhalt in freiheitlichen Gesellschaften eingeführt. Denn Pluralität ist näher betrachtet eine notwendige Bedingung einer Gesellschaft, in der Menschen von ihren Freiheiten Gebrauch machen. Das demokratische Paradoxon, welches, wie oben skizziert, aus dem permanenten Widerspruch zwischen Norm und Realität entsteht, spiegelt sich folglich auch im Umgang mit Pluralität. Während Pluralität als Norm im Grundgesetz verankert ist, entfaltet sich eine explosive gesellschaftliche Polarisierung zwischen jenen, die diese Vielfalt und die daraus entstehende Mehrdeutigkeit und Ambivalenz akzeptieren, und jenen, die sich nach Eindeutigkeiten sehnen und die Norm der Pluralität bezweifeln. In anderen Worten ließe sich auch sagen: Es handelt sich um eine Gegenüberstellung von Kräften, die in einer freiheitlichen Gesellschaft für deren plurale Struktur kämpfen, und jenen Kräften, die darin gegen eine Form der Freiheit kämpfen, die sich im Gewand der Pluralität zeigt. Pluralität gilt einerseits als empirische Beschreibung von Gesellschaft, andererseits als normativer Grundsatz, während sie gleichzeitig als Auslöser gesellschaftlicher Widersprüche und Krisen eingehegt werden soll. Die in diesem Kontext häufig assoziierte Migration stellt dabei zwar eine zentrale Quelle der Pluralität dar – aber dennoch nur eine neben vielen anderen. Geschlecht, sexuelle Orientierung, Alter, Religions- und Schichtzugehörigkeit und viele Aspekte mehr kennzeichnen die Pluralität von Gesellschaften, was in diesem Sinne wahlweise auch als Diversität oder Vielfalt beschrieben wird.

Pluralität erschwert das Versprechen der Gleichheit, da zunehmend mehr soziale Gruppen diese Gleichheit für sich in Anspruch nehmen. Sie erhöht gleichzeitig die Anforderungen an die Freiheit, da zunehmend mehr soziale Gruppen das Recht auf Entfaltung oder alltagspraktische Erleichterungen ihrer kulturellen, ethnischen, religiösen oder sexuellen usw. Belange artikulieren. Und sie bedroht für viele das Gefühl der Sicherheit, da zunehmend mehr soziale Gruppen Teilhabe an zuvor homogenen Räumen einfordern und dadurch etablierte Zugänge, Positionen und Privilegien infrage stellen. In diesem Sinne ist die Einbettung von Pluralität eine Herausforderung für die Demokratie – und dabei gleichzeitig ihre Grundlage.[14]

4. These

Eine Erzählung von Freiheit sollte die Freiheit der Mobilität betonen, sich aber dabei nicht auf Migration als Kernthema beschränken lassen. Vielmehr sollte sie bewusstmachen: Migration ist derzeit jener Bezugspunkt der Pluralität, der augenscheinlich im Vordergrund des gesellschaftlichen und wissenschaftlichen Interesses zu stehen scheint. An der Migrationsfrage scheiden sich die politischen und gesellschaftlichen Positionen, mit ihr werden Wahlkämpfe geführt und Trennlinien markiert. Migration ist zum zentralen Metanarrativ geworden, zum exemplarischen Kampffeld um Pluralität. Eine Positionierung zur Migrationsfrage sollte folglich immer in dem Bewusstsein geschehen, dass diese pars pro toto als große Frage für den Umgang mit Pluralität steht. Es darf nicht übersehen werden, dass Migration sich regelrecht zu einer Chiffre für Pluralität herauskristallisiert hat, in deren Ablehnung sich gleichermaßen die Abwehr weiterer pluraler Lebensentwürfe bündelt. Denn mit dem Aufstieg des Rechtspopulismus werden im Windschatten der Migrationsabwehr auch andere liberale Pluralitätsentwürfe zurückgedrängt. Antifeminismus, Homo- und Transphobie, Antisemitismus, Islamfeindlichkeit, Rassismus und Xenophobie sind sichtbare Elemente einer Vereindeutigungspolitik geworden, der es zunehmend gelingt, Wählerschichten zu mobilisieren. Nur eine Politik, die marginalisierte Gruppen stärkt, kann dem glaubwürdig gegenübertreten.

Demnach gibt es keine demokratische Herrschaft ohne ein Prinzip politischer Gleichberechtigung. Erst wenn Personen sich politisch als gleichberechtigt betrachten, sehen sie Formen der Mehrheitsentscheidung als legitimes Prinzip ihrer politischen Beteiligung an: »Eine Gruppe von Personen, die das Prinzip der Mehrheitsentscheidungen akzeptiert, erklärt sich gleichzeitig bereit, sich gegenseitig als politisch gleichberechtigte zu behandeln.«[15] Innerhalb dieses Mehrheitsprinzips gibt es aber auch Dinge, die nicht dem Zugriff einer Mehrheit preisgegeben werden sollten, zum Beispiel Minderheitenrechte. Die Existenz einer Mehrheit geht immer einher mit der Existenz einer Minderheit. Um die Gleichberechtigung beider Gruppen zu gewährleisten, ist es unabdingbar, dass auch die Minderheit Zugriff auf universelle Grundfreiheiten besitzt und damit die Chance erhält, durch Überzeugung der anderen die Machtverhältnisse zu verändern und so potenziell selbst zur Mehrheitsmeinung beizutragen oder in Machtpositionen zu gelangen. Diese Grundfreiheiten wären beispielsweise Meinungsfreiheit, Veröffentlichungsfreiheit, Versammlungsfreiheit usw. Im Rahmen des Zugeständnisses dieser bürgerlichen Grundfreiheiten bildet sich dann eine Zivilgesellschaft heraus, die politische Meinungsbildung und politische Herrschaft beeinflussen kann.[16] Sich auf individuelle Freiheitsrechte zu kaprizieren, würde demgegenüber die Zugriffsmöglichkeiten von Minderheitsgruppen auf die Mehrheitsverhältnisse entpolitisieren. Die Aufgabe muss daher lauten, individuelle Bedürfnisse nach Anerkennung in den gesellschaftlichen Bündnissen zu suchen, die erst eine Veränderung der Machtverhältnisse ermöglichen.

Axel Honneth beschreibt den Kampf um Anerkennung als einen zentralen Treiber sozialen Wandels, denn die Sehnsucht, Suche und Forderung danach wirken persönlich und kollektiv sinnstiftend. »Anerkennung bezeichnet [...] den Akt, in dem zum Ausdruck kommt, dass die andere Person Geltung besitzen soll [und] die Quelle von legitimen Ansprüchen ist«,[17] schreibt Honneth und rückt somit Anerkennung sowohl in einen rechtlichen als auch in einen existenziellen Bereich – beides zunächst normative Ebenen.

Nicht eingedämmte soziale Ungleichheiten können jedoch ab einem bestimmten Grad dysfunktional auf Gesellschaften wirken, soziale Spannungen erzeugen und den gesellschaftlichen Zusammenhalt gefährden.[18] Armin Nassehi beschreibt in diesem Sinne die Forderung nach Gleichheit als eine Forderung nach »Symmetrie«,[19] womit »gleichere« Gesellschaften als ausgeglichener imaginiert werden. Insofern fordern postkoloniale Zugänge eine Balance dieser Machtungleichheit und erweitern dabei die materielle Dimension der Asymmetrie um die symbolische Dimension ungleicher Anerkennungsverhältnisse.[20] Damit wird ein Grundstein für moderne Identitätspolitik gelegt, der an Ricœur anschließt: Indem die Forderung nach Sichtbarkeit (als Erkennen) aufgenommen und in einen politischen *claim* gewendet wird – was sowohl einen Anspruch als auch eine Forderung reflektiert –, wird erst die Positionalität als politisches Subjekt eingenommen und dann ein »Wiedererkennen« als demokratisches Subjekt erzwungen, welches Forderungen stellen und Repräsentation einklagen kann.[21] In einer ganz anderen Tradition ließe sich auch sagen: Es geht um politische Befreiung und ein Leben in politischer Freiheit. Dabei geht es jedoch keineswegs allein um eine theoretische Verortung, sondern vielmehr ergeben sich konkrete Forderungen zum Beispiel nach Quoten und anderen ausgleichenden Maßnahmen. Dabei rückt auch die Anerkennung von Differenz und Identität in den Fokus, die sich nicht nur über sexuelle und geschlechtliche Differenzakzeptanz, sondern zugleich über ethnische und migrationsbezogene Diversität artikuliert.[22]

Die Frage der Anerkennung ist demnach als eine zentrale politische Triebkraft unserer Zeit zu lesen, was Honneths Position zu bestätigen scheint. Eine prononcierte und wichtige Kritik an Honneths Anerkennungskonzept wird von Nancy Fraser geäußert, die seinem Konzept vorwirft, den Kampf um Anerkennung zu sehr auf die persönliche Dimension der identitären Anerkennung verlagert zu haben.[23] Tatsächlich definiert Honneth Anerkennung in den drei Bereichen Liebe, Recht und Solidarität vor allem mit Folgen für das Individuum: Anerkennungsgewinne in den drei genannten Feldern führen demnach zu Selbstvertrauen, Selbstachtung und Selbstwertgefühl.[24] Frasers Vorwurf lautet, dass durch die Konzentration auf das Individuum Fragen von gesellschaftlicher Machtkonzentration und ökonomischer Ungleichheit ausgeblendet werden – denn die drei individualen Anerkennungsfelder können auch bei gleichzeitiger gesellschaftlicher Ungleichheit erfüllt sein. Die Anerkennung der gleichen Rechte von Frauen im Grundgesetz Artikel 3 sowie entgegengebrachte Liebe und Solidarität können zum Beispiel nicht darüber hinwegtäuschen, dass Frauen immer noch deutlich weniger verdienen als Männer im gleichen Beruf und dass sie deutlich weniger in Elitenpositionen vertreten sind.

Frasers moralphilosophische Forderung lautet dabei, die individuale Anerkennung mit der Forderung nach sozialer Gleichberechtigung und Teilhabe zu verbinden. Ihre Forderung ist demnach die Verschränkung der Klassenfrage, also der ökonomischen Frage – mit den Differenzlinien *gender* und *race* als kultureller Frage. Die Debatten um Gleichheit spalten also auch das progressive Lager in »Ökonomisten« und »Kulturalisten«. Während Erstere die soziale Frage vorrangig um Klassenfragen und Stratifikation gruppieren und eine Verteilungsungleichheit (*distribution gap*) als Kernelement gesellschaftlicher Verwerfungslinien erkennen, konzentrieren sich Letztere vor allem auf ein kulturelles Anerkennungsdefizit (*recognition gap*) und sieht symbolische und affektive *trade-offs* als Treiber gesellschaftlicher Dynamik.[25]

5. These

Eine Erzählung von Freiheit muss die Forderung nach Anerkennung implizit mit der Erwartung von Chancengleichheit und der Ermöglichung von Teilhabe und somit der Stärkung der Rechte marginalisierter Gruppen verknüpfen. Das heißt auch, systemrelevante Transformationen einzufordern und politischen Widerstand zu unterstützen, wenn diese Forderungen nachweislich unerfüllt bleiben. Die existenzielle Frage, die in der Gesellschaft für Verunsicherung sorgt und auf die die grüne Erzählung eine Antwort finden muss, lautet also: Was zieht es eigentlich für Konsequenzen für die eigene Rolle und Position nach sich, wenn BürgerInnen, gleich welcher Herkunft, die gleichen Rechte zustehen sollten und Etablierten, also jenen, die schon immer da waren und für sich Vorrechte sehen, nicht mehr Rechte zustehen als NeubürgerInnen? Schränkt die Stärkung marginalisierter Gruppen die Freiheit etablierter Gruppen ein?

Wir können erkennen: Marginalisierte, nicht-dominante oder sozial benachteiligte Gruppen beginnen auf Basis des Versprechens der pluralen Demokratie, ihre »messbare Teilhabe [...] an den zentralen Bereichen des gesellschaftlichen Lebens, das heißt an Erziehung, Bildung, Ausbildung, Arbeitsmarkt, Recht, Sozialem bis hin zur politischen Partizipation«[26] einzufordern. Wenn Ungleichheit politisch als illegitim betrachtet wird, werden die bestehenden Ansprüche offensiver ausgehandelt. Die Aushandlung von Anerkennung ist demnach ein zentraler dynamischer Treiber gesellschaftlicher Veränderungen. Die aktive Aushandlung von Rechten und Privilegien, aber ebenso von kultureller Hegemonie und Zugehörigkeit geht immer auch mit gesellschaftlichen Konflikten einher, die durch die Spannung zwischen Akzeptanz und Ablehnung der gestellten Forderungen auftreten: Marginalisierte Gruppen verlangen mehr repräsentative, sichtbare Positionen in Politik, Kultur, Medien, öffentlichem Dienst usw., vor allem jedoch handeln sie die im Grundgesetz angelegten Versprechen der pluralen Demokratie aus: insbesondere jenes Versprechen der Gleichheit aller BürgerInnen vor dem Recht. Dazu gesellen sich normative Aspekte des Anspruchs auf Zugehörigkeit zu symbolischen Beziehungszusammenhängen wie zum Beispiel zur nationalen Identität. Der Kampf um die Etablierung des Gleichheitsanspruchs, der auch zu einer Infragestellung der Privilegien hegemonialer AkteurInnen führt, muss stets als ein Kampf ohne sicheren Ausgang betrachtet werden, in welchem Minderheiten etablierte Strukturen grundlegend infrage stellen und jederzeit an bestehenden Machtkonstellationen scheitern können.[27]

Soziale Hierarchien und Privilegien werden allerdings nicht kampflos aufgegeben. Ein Modus, bestehende Ungleichheit zu legitimieren, ist Rassismus. Mit Rassismus ist nach Mark Terkessidis »keineswegs eine Anhäufung von Irrtümern und Ausnahmen im Betrieb der Moderne gemeint [...], sondern ein hoch komplizierter Bestandteil von deren Funktionieren«,[28] denn in »[i]n der Moderne ist die gesellschaftliche Ordnung als Ordnung der Ungleichheit nicht mehr natürlich – sie bedarf der Legitimation«.[29] Daher wird den nicht-dominanten Gruppen die Schuld an ihrer sozialen Benachteiligung zugesprochen. Rommelspacher hebt diesen Aspekt ebenfalls hervor und bezeichnet Rassismus explizit als Legitimationslegende. Durch Rassismus werde versucht, »die Tatsache der Ungleichbehandlung von Menschen ›rational‹ zu erklären [...], obgleich die Gesellschaft von der prinzipiellen Gleichheit aller Menschen ausgeht«.[30] Eine Aushandlung von Anerkennung kommt also nicht umhin, in den Deutungsmustern zu Ungleichheiten in der Gesellschaft rassistische Legitimationsstrukturen zu benennen. Auch das führt zu aversiven Zurückweisungen von Seiten der hegemonialen AkteurInnen.

Die Aushandlung von Minderheitenrechten und -positionen in der Gesellschaft und die Forderung, marginalisierte Gruppen zu stärken, führen also zu neuen Sichtbarkeiten und Gesetzesänderungen, dürfen aber nicht als linearer Erfolgsprozess gelesen werden, denn die Anerkennungsgewinne können auch wieder rückgängig gemacht werden – so wurde etwa 2017 weniger als ein Drittel Frauen als Abgeordnete in den deutschen Bundestag gewählt, was die niedrigste Quote seit 1994 war.

Die Konfliktdynamik der postmigrantischen Gesellschaft definiert sich demnach im Zugang zu (Macht-)Ressourcen, die nun auch von marginalisierten Gruppen in Anspruch genommen werden können. Im Narrativ, dass Deutschland (oder Frankreich, die Niederlande usw.) ein Einwanderungsland ist, schwingt mit, dass die Rechte von eingewanderten BürgerInnen den Rechten der Etablierten gleichgestellt seien oder dies zumindest nach Ablauf einer absehbaren Frist und spätestens mit der Einbürgerung der Fall sein sollte.

Dieses Versprechen, das zunächst rechtlich und politisch gegeben wurde, wird nicht nur strukturell, sondern auch sozial, kulturell und identifikativ eingefordert und bildet die Grundlage der gesellschaftlichen Spannungen, die im Kampf um die Verteilung objektiver und symbolischer Güter entbrannt ist. Dem Ringen um gleiche Bildungschancen, faire Arbeitsmarktbeteiligung und Repräsentation folgt ein Aushandeln kultureller Deutungshoheit, sozialer Zugehörigkeit und nationaler Identität. In dieser Aushandlungsphase befindet sich die postmigrantische Gesellschaft.

6. These

Eine Erzählung von Freiheit sollte daran erinnern, dass politisch und gesellschaftlich der Kampf um diese Rechte und Ressourcen legitim ist und sogar im Narrativ der pluralen Demokratie gründet. Auch die Positionalität verschiebt sich: Es sind nicht mehr nur die Mehrheiten, die Diskursmacht besitzen, vielmehr bringen Minderheiten sich in den hegemonialen Diskurs mit ein. Sie sind ab dem Zeitpunkt, da das Land als Einwanderungsland beschrieben wird, zu legitimen Diskursteilnehmenden aufgewertet worden – zumindest theoretisch. Die Zielsetzung, diese theoretische Gleichwertigkeit in strukturelle, kulturelle, soziale und identifikative Gleichbehandlung sowie Anerkennung umzusetzen, kennzeichnet die postmigrantische Gesellschaft.

1 Wolfgang Merkel: Kosmopolitismus versus Kommunitarismus: Ein neuer Konflikt in der Demokratie. In: Philipp Harfst, Ina Kubbe, Thomas Poguntke (Hrsg.): Parties, Governments and Elites. The Comparative Study of Democracy. Wiesbaden 2017, S. 9–23; Michael Zürn, Pieter De Wilde: Debating Globalization: Cosmopolitanism and Communitarianism as Political Ideologies. In: Journal of Political Ideologies 21 (2016), H. 2, S. 280–301.

2 Dieses Plädoyer wurde bereits 2019 im Rahmen einer Publikation der Heinrich-Böll-Stiftung veröffentlicht. Naika Foroutan, Christoph Möllers: Debatten zur Freiheit. Plädoyers und Argumente zur Orientierung. In: Heinrich-Böll-Stiftung (Hrsg.): böll.brief DEMOKRATIE & GESELLSCHAFT #18. Berlin 2019. Es basiert außerdem in Teilen auf Texten meines Buches »Die postmigrantische Gesellschaft. Ein Versprechen der pluralen Demokratie«. Bielefeld 2019, in dem die Genese und Idee einer pluralen Zugehörigkeit entwickelt werden.

3 Chantal Mouffe: Das demokratische Paradox. Wien 2008.

4 Ebd., S. 34.

5 Ebd., S. 35.

6 Ebd.

7 Gerry Stoker, Mark Evan: The »Democracy-Politics Paradox«. The Dynamics of Political Alienation. In: Democratic Theory 5 (2018), S. 26–36; Wolfgang Merkel [2014]: Is There a Crisis of Democracy? In: Democratic Theory 5 (2018), S. 11–25.

8 Mouffe, Das demokratische Paradox (Anm. 3).

9 Robert A. Dahl: Und nach der Revolution? Herrschaft in einer Gesellschaft freier Menschen. Frankfurt a. M. 1975; John Stuart Mill: On Liberty. London 1869; Hans Kelsen: Vom Wesen und Wert der Demokratie. Tübingen 1929; Reinhart Kößler, Henning Melber: Chancen internationaler Zivilgesellschaft. Frankfurt a. M. 1993; Ernst Fraenkel: Deutschland und die westlichen Demokratien. Stuttgart 1964.

10 Arend Lijphart: Patterns of Democracy: Government Forms and Performance in Thirty-Six Countries. New Haven 1999.

11 Benjamin R. Barber: Strong Democracy: Participatory Politics for A New Age. Berkeley 1984; Anthony Giddens: Studies in Social and Political Theory. London 1977.

12 Carl Schmitt: Der Begriff des Politischen. München 1932.

13 Charles Taylor: Multikulturalismus und die Politik der Anerkennung. Frankfurt a. M. 1993; Stuart Hall: Demokratie, Globalisierung und Differenz. Demokratie als unvollendeter Prozess. In: Okwui Enwezor (Hrsg.): Demokratie als unvollendeter Prozess. Berlin 2002, S. 21–39; Tariq Modood: Multiculturalism: A Civic Idea. Cambridge 2007.

14 Robert A. Dahl: Dilemmas of Pluralist Democracy – Autonomy vs. Control. New Haven, London 1982; Robert A. Dahl: On Political Equality. New Haven 2006.

15 Robert A. Dahl: Und nach der Revolution? Herrschaft in einer Gesellschaft freier Menschen. Frankfurt a. M. 1975, S. 15.

16 Reinhart Kößler, Henning Melber: Chancen internationaler Zivilgesellschaft. Frankfurt a. M. 1993.

17 Alex Honneth: Unsichtbarkeit. Stationen einer Theorie der Intersubjektivität. Frankfurt a. M. 2003, S. 15.

18 Thomas Piketty: Das Kapital im 21. Jahrhundert. München 2013.

19 Armin Nassehi: Die Theorie funktionaler Differenzierung im Horizont ihrer Kritik. In: Zeitschrift für Soziologie 33 (2004), H. 2, S. 98–118.

20 Frantz Fanon: Die Verdammten dieser Erde. Frankfurt a. M. 1966; Edward W. Said: Orientalism. New York 1978; Gayatry Chakravorty Spivak: The Post-Colonial Critic. Interviews, Strategies, Dialogues. New York, London 1990.

21 Paul Ricoeur: Wege der Anerkennung. Erkennen, Wiedererkennen, Anerkanntsein. Frankfurt a. M. 2006.

22 Seyla Benhabib: The Claims of Culture: Equality and Diversity in the Global Era. Princeton 2002; Judith Butler: Das Unbehagen der Geschlechter. Frankfurt a. M. 1991; Will Kymlicka: Multicultural Citizenship: A Liberal Theory of Minority Rights. Oxford 1995; Charles Taylor: Multikulturalismus und die Politik der Anerkennung. Frankfurt a. M. 1993.

23 Nancy Fraser, Axel Honneth: Umverteilung oder Anerkennung. Eine politisch-philosophische Kontroverse. Frankfurt a. M. 2003.

24 Axel Honneth: Kampf um Anerkennung. Zur moralischen Grammatik sozialer Konflikte. Frankfurt a. M. 1992, S. 271.

25 Michèle Lamont: Addressing Recognition Gaps: Destigmatization and the Reduction of Inequality. In: American Sociological Review 83.3 (2018), S. 419–444.

26 Klaus J. Bade: Integration muss weg vom Innenministerium. Klaus J. Bade im Interview mit Andrea Dernbach. In: Tagesspiegel, 7.10.2013. Zugriff: 23.11.2018. www.tagesspiegel.de/politik/vor-der-regierungsbildung-integration-muss-weg-vom-innenministerium/8894400.html, o.S.

27 Gayatri Chakravorty Spivak: Can the Subaltern Speak? In: Cary Nelson, Lawrence Grossberg (Hrsg.): Marxism and the Interpretation of Culture. Champaign/Illinois 1988, S. 271–323.

28 Mark Terkessidis: Die Banalität des Rassismus: Migranten zweiter Generation entwickeln eine neue Perspektive. Bielefeld 2004, S. 100.

29 Ebd., S. 97.

30 Ebd., S. 26.

SKADI JENNICKE

STREIT KULTUR

DILEMMATA ZWISCHEN NEUTRALITÄTSGEBOT UND KRITISCHER STELLUNGNAHME

BEISPIELE AUS DER LEIPZIGER KULTURPOLITIK

Ausgehend von dem Befund, dass sich das Bauhaus in einer Zeit der politischen Zuspitzungen behauptete und eine Schule der Streitkultur entfaltete, beschreibt Dr. Skadi Jennicke, Kulturbürgermeisterin der Stadt Leipzig, die gegenwärtigen Dilemmata, mit denen sich die Kulturpolitik in Leipzig konfrontiert sieht. Demokratiefeindlichkeit oder Rassismus – es gibt gegenwärtig reichlich Anlass, leidenschaftlich Position zu beziehen. Welche Problematik sich hierbei ergibt, diskutiert Jennicke an Beispielen aus der Leipziger Kulturpolitik. Diese entstehen für sie beispielsweise aus dem Neutralitätsgebot von Amtsträgern und staatlichen Institutionen einerseits und der Erwartung der Öffentlichkeit zur kritischen Stellungnahme und Grenzziehung andererseits.

Meine sehr verehrten Damen und Herren,

vielen Dank für die Einladung zur heutigen Tagung »Freiheit Kunst Gemeinschaft«, die nach den politischen Utopien und den sozialen Reformen im Umfeld des Bauhauses und nach deren Relevanz für die Gegenwart fragt. Ich finde es sehr überzeugend, im Reigen der Veranstaltungen rund um »100 Jahre Bauhaus« jenseits der gestalterischen Aspekte auch den Anspruch des Bauhauses zu thematisieren, verändernd in die Gesellschaft einzugreifen. Deshalb bin ich der Einladung gern gefolgt, aus Sicht der Leipziger Kulturbürgermeisterin zum »Bauhaus heute« zu sprechen.

Nun können Sie sich denken, dass ich keine ausgewiesene Bauhauskennerin bin, zumal wir in Leipzig – und das kann ich gern zugeben – nicht so umfangreich wie die angrenzenden Bundesländer mit dem Bauhaus »gesegnet« sind, um nicht zu sagen »gar nicht«. Und das nur am Rande: Wir – oder besser der Freistaat Sachsen – fassen das Bauen der Moderne im weitesten Sinne deshalb unter die Überschrift »Industriekultur« und begehen erst im kommenden Jahr ein entsprechendes Themenjahr. Dazu möchte ich Sie natürlich auch ganz herzlich einladen!

Ich möchte den heutigen Vortrag weniger als elaborierte Position zur Frage des »Bauhauses heute« gestalten. Vielmehr sehe ich die Tagung als willkommenen Anlass, um Ihnen beispielhaft einige Dilemmata vorzustellen, die mich als Kulturbürgermeisterin, als Kommunalpolitikerin, in dieser Stadt bewegen. Die Dilemmata, die ich Ihnen aufzeige, beziehen sich auf die (Leipziger) Streitkultur, auf leidenschaftliche Forderungen, in Zeiten der politischen Zuspitzungen Positionen zu beziehen, und rechtliche Aspekte, die nicht aus dem Blick geraten dürfen.

Dass das Bauhaus eine Schule der Streitkultur war, ist auch Nicht-Bauhaus-ExpertInnen bekannt. In der Gründungszeit des Bauhauses und in den folgenden 1920er Jahren hieß es, die Welt sei aus den Fugen. Es herrschte, so schrieb es Oskar Schlemmer 1923, ein »Kampf der Geister wie vielleicht nirgends sonst, eine dauernde Unruhe, die den Einzelnen fast täglich zwingt, zu tiefgreifenden Problemen grundsätzlich Stellung zu nehmen. Je nach Temperament des Einzelnen leidet er unter dieser Vielfältigkeit, oder sie ist ihm höchster Genuss, zersplittert ihn oder festigt ihn in seinen Anschauungen.« Schlemmer selbst schien hin- und hergerissen: »Ich finde mich wieder einmal glücklich-unglücklich in der Mitte.«[1]

Dieses Nebeneinander gesellschaftlicher und politischer Extreme erleben wir – in einem gewissen Grad – heute wieder. Man ist gefragt, grundsätzlich Stellung zu beziehen. Mich interessiert als Kulturpolitikerin, inwieweit ich Position beziehen will, darf oder muss und wo die Grenzen dieser Positionierung verlaufen, da diese das Neutralitätsgebot von AmtsträgerInnen berührt. Dazu möchte ich Ihnen zunächst kurz rechtliche Aspekte aufzeigen, die ich mir bewusst machen musste. Denn es besteht rechtlich ein Unterschied darin, ob ich als Politikerin und Bürgerin für eine bestimmte Sache kämpfe oder ob ich als gewählte Kulturbürgermeisterin, als AmtsträgerInnen in der Kommunalpolitik für eine Sache spreche. Politische Äußerungen von Amtsträgern unterliegen nach dem Gesetz dem sogenannten Neutralitätsgebot.

Der Hintergrund dieses Gebotes wird so beschrieben: »In der Demokratie des Grundgesetzes muss sich die politische Willensbildung von unten nach oben, also vom Volk zu den Staatsorganen vollziehen. Greifen hier Hoheitsträger, denen ein gewisser ›Vertrauensvorschuss‹ in der Bevölkerung zugesprochen wird, mit der Autorität ihres Amtes und mit staatlichen Ressourcen ein, besteht die Gefahr einer Umkehrung des Willensbildungsprozesses. Ihren Äußerungen werden daher rechtliche Grenzen gesetzt.«[2] Hier wird also das Recht auf Meinungsfreiheit (GG Art 5) in Schranken verwiesen, da ein weiterer Grundrechtsartikel kollidiert: ämlich das Recht der Parteien, gleichberechtigt an der politischen Willensbildung teilzunehmen (GG Art 21, Abs. 1). Hoheitsträger dürfen sich demnach nicht beliebig äußern, zum Beispiel in Bezug auf (gegnerische) politische Parteien. Auch muss eine Auseinandersetzung »sachlich korrekt« und »nicht diffamierend« geschehen.

Ich möchte Ihnen folgend ein Beispiel aus der jüngsten Rechtsprechung nennen, bevor ich zu den konkreten Leipziger Beispielen übergehe. Hier also zunächst der Fall »Lichter aus!« in Düsseldorf. Im Januar 2015 hatte der Düsseldorfer Oberbürgermeister auf eine Versammlung der Vereinigung »Dügida – Düsseldorfer gegen die Islamisierung des Abendlandes« mit einem Aufruf auf der Internetseite der Stadt reagiert. Dort hatte er die BürgerInnen aufgefordert, während der Versammlung die Beleuchtung an ihren Häusern auszuschalten. Auch an öffentlichen Gebäuden ließ der Oberbürgermeister die Beleuchtung ausschalten. In der Erklärung hieß es unter anderem: »Lichter aus! Düsseldorf setzt Zeichen gegen Intoleranz [...] Oberbürgermeister Thomas Geisel: ›Das ist das richtige Signal, dass in Düsseldorf kein Platz für das Schüren dumpfer Ängste und Ressentiments ist. Düsseldorf ist eine weltoffene Stadt, in der jeder willkommen ist.«

Das Bundesverwaltungsgericht hat mit Urteil vom 13. September 2017 die Rechtswidrigkeit von Äußerungen des Düsseldorfer Oberbürgermeisters festgestellt. Der Oberbürgermeister habe zwar nicht das Neutralitätsgebot verletzt, das dem Schutz der Chancengleichheit politischer Parteien diene; denn Dügida sei keine Partei. Verletzt sei aber das Sachlichkeitsgebot, das aus dem Rechtsstaats- und dem Demokratieprinzip herzuleiten sei. Der Aufruf, die Lichter zu löschen, sei keine sachlich vorgetragene Kritik. So verlasse der Oberbürgermeister die Ebene eines rationalen und sachlichen Diskurses, ohne für eine weitere diskursive Auseinandersetzung mit der gegnerischen Position offen zu sein.[3] Hätte es sich bei »Dügida« um eine Partei gehandelt, wäre durch den Aufruf des Oberbürgermeisters das Neutralitätsgebot verletzt worden. Da Dügida nicht als Partei organisiert ist, greift dies nicht, wohl aber das Sachlichkeitsgebot, wie oben aufgeführt. Ergebnis: Die Aktion des Oberbürgermeisters war rechtswidrig. Das bringt mich zum Nachdenken: Wie kann ich – was auch viele Leipzigerinnen und Leipziger erwarten – eine klare Haltung vertreten? Kann ich zuspitzen und politische Gegner benennen? Kann ich mich am Widerstreit der Meinungen beteiligen? Oder müssen meine Äußerungen ihren Stachel der Kritik verlieren? Bleibt somit nur übrig, die Neutralität öffentlicher Ämter und Institutionen – zweifelsohne ein hohes Gut – zu wiederholen?

Nun möchte ich ganz konkret von Beispielen berichten, die die Kulturpolitik in Leipzig betreffen. Wie beschrieben, unterliegen AmtsträgerInnen und staatliche Einrichtungen dem Neutralitätsgebot. Natürlich kann demgegenüber in der Parteipolitik weiterhin heftig gestritten werden. Und so sind es auch immer wieder Stimmen aus der Politik, die von der Stadtverwaltung Stellungnahmen einfordern. Das passiert in Leipzig konkret während der Stadtratssitzungen. Sollten Sie noch nicht bei einer dabei gewesen sein, holen Sie dies bitte umgehend nach! Dort werden beispielsweise Anfragen an die Stadtverwaltung gerichtet. Ich möchte Ihnen im folgenden zwei Anfragen vorstellen sowie auf einen weiteren Fall eingehen. Alle Beispiele zielen auf die aktuelle Streitkultur und Auseinandersetzungen um die Meinungs- und Kunstfreiheit.

Das erste Beispiel beschäftigt sich mit der Leipziger Buchmesse und der mehrmals im Stadtrat gestellten Anfrage, ob bestimmte Verlage von der Messe ausgeschlossen werden können. So lautete eine Einwohneranfrage zur Leipziger Buchmesse 2016, Zitat: »Mich interessiert, was die Stadtverwaltung unternehmen kann und wird, um die Teilnahme rechtspopulistischer und rechtsextremer Verlage und Zeitungen an der Buchmesse künftig zu unterbinden oder zumindest so zu gestalten, dass sie weniger konfliktträchtig ist.« Ein Jahr später fragte DIE LINKE in Bezug auf die Leipziger Buchmesse im Stadtrat, Zitat: »Welche Möglichkeiten sieht die Stadt als Gesellschafterin der Leipziger Messe GmbH, die Präsenz entsprechender Verlage, insbesondere auch Compact- und JUNGE FREIHEIT Verlag GmbH & Co, auf der diesjährigen Buchmesse zu verhindern?«

Die Stadtverwaltung antwortete, Zitat: »Die Leipziger Messe GmbH als Unternehmen in öffentlicher Trägerschaft ist an das Grundgesetz gebunden und kann die wirtschaftliche Tätigkeit nicht mit persönlichen Weltanschauungen verbinden. Das heißt: Alle Verlage, die sich auf dem Boden des Grundgesetzes bewegen, haben die Möglichkeit der Teilnahme an der Buchmesse. Auch wenn die Auseinandersetzungen mit gegensätzlichen Meinungen teilweise schmerzhaft sind, gehört es zu unserem demokratischen Werteverständnis, Meinungsfreiheit und Meinungsvielfalt zu gewährleisten.«

Hier hatten die Antragsteller eine klare Positionierung und einen Ausschluss rechter Verlage gefordert. Im Sinne des Neutralitätsgebots und der Gewährung der Meinungsfreiheit ist dies aber undenkbar. Was die Leipziger

Buchmesse tun kann und was sie erfolgreich tut, ist, Foren und Plattformen der Diskussion zu bieten, um miteinander ins Gespräch zu kommen und zu streiten.

Ein weiteres Beispiel spielt vor etwa einem Jahr, als die Partei DIE LINKE eine Anfrage zur Positionierung der Stadtverwaltung zum Film »Lord of the Toys« forderte, der im Rahmen von DOK Leipzig gezeigt wurde. Um den Film hatte es zum Teil heftige Kontroversen gegeben, da dieser nach Ansicht der Kritiker zu unterkomplex mit rechten Protagonisten umgegangen sei. Es wurde kritisiert, dass der Dokumentarfilm »unreflektiert« Akteure der rechten Szene sowie sexistische, homophobe und antisemitische Sprüche zeige. Auf die Frage, welche Haltung die Stadtverwaltung zur Filmauswahl vertrete, wurde geantwortet, dass die Programmhoheit beim DOK Leipzig liege, dass verschiedene Fachjurys die Programmauswahl vornehmen. Solange sich die Auswahl auf dem Boden des Grundgesetzes bewegt, ist diese gerechtfertigt. Es könne nicht die Aufgabe der Verwaltung sein, in Programme einzugreifen, vielmehr müsse diese den Raum eröffnen, in dem der Veranstalter im Rahmen seiner künstlerischen Verantwortung Haltung zeigen kann. Die Antragstellerin hatte eine politische Positionierung erwartet, vielleicht auch eine Sanktionierung des künstlerischen Programms. Aufgrund des Neutralitätsgebots und der Gewährung der Kunstfreiheit wäre dies aber unzulässig.

An diesen beiden Beispielen lässt sich sehr gut der Wunsch der Öffentlichkeit nach Sanktionierung, Grenzziehung und Ausschluss ablesen. Diese Anträge müssen aber aus den genannten Gründen entschieden zurückgewiesen werden. Das letzte Beispiel bezieht sich auf eine noch junge Debatte im Sommer des Jahres 2019: Ein Leipziger Künstler wurde von der 26. Leipziger Jahresausstellung ausgeschlossen. Die Debatte kennen vermutlich viele von Ihnen. Der Maler Axel Krause war im Mai von der Leipziger Jahresausstellung ausgeladen worden – offenkundig, weil andere Künstler wegen AfD-naher Äußerungen des Malers Druck auf den veranstaltenden Verein ausgeübt hatten. Zuvor hatte eine unabhängige Jury Krause-Werke für die Schau ausgewählt. Doch – so die Begründung des Vereins – man sehe sich nicht in der Lage, den Ablauf zu gewährleisten, und man wolle niemandem »die stark politisierte und aufgeheizte Situation« zumuten.

In diesem Fall wurde von der Stadtverwaltung, von der Kulturpolitik eine öffentliche Positionierung im Rahmen einer Diskussionsveranstaltung eingefordert. Zugegebenermaßen konnte ich in der hitzigen Situation und der rasanten Abfolge von Ausladung, Absage der Ausstellung bis hin zur Absage der Absage nicht immer sofort reagieren. Später wurden im Museum der bildenden Künste Leipzig und im Zeitgeschichtlichen Forum Leipzig Diskussionen über den Ausschluss geführt. Als privatrechtlich geführter Verein ist die Leipziger Jahresausstellung natürlich frei in ihren Entscheidungen und an kein Neutralitätsgebot gebunden – sie kann Ein- und Ausladungen frei aussprechen. Dass der Ausschluss unklug war und der Leipziger Kunstszene geschadet hat, darüber war man sich allerdings später einig. Denn hier wurden das Recht auf Meinungsfreiheit und die Kunstfreiheit schwer beschädigt.

Soweit die Beispiele. Kern meiner Überlegungen ist die Tatsache, dass in Zeiten politischer Zuspitzungen von der Kulturpolitik, von der Stadt Leipzig klare Positionierungen eingefordert werden. »Schluss mit der Geduld«, heißt es. Demokratiefeindlichkeit, Hetze und Rassismus nehmen zu – es gibt reichlich Anlass, nicht ohnmächtig oder gleichgültig zu sein, sondern leidenschaftlich zu handeln. Ich frage mich oft, wie dies als Kulturpolitikerin in Leipzig, als Amtsträgerin gut gelingen kann – wenn auf der einen Seite Sanktionierungen öffentlich eingefordert werden, auf der anderen Seite aber – und das ist auch gut so – das Neutralitätsgebot und natürlich die Grundrechte, die Meinungs- und Kunstfreiheit stehen.

Vielleicht sollten vielmehr die Forderungen nach deren Einschränkungen unter Verdacht stehen? Vielleicht schaden die Anfragen nach Verboten und Sanktionierungen der damit intendierten guten Sache? Denn sie verschaffen der rechten Seite Aufmerksamkeit, die sie sonst vielleicht nicht hätte, und geben ihr Auftrieb, indem sie sich in der Opferrolle gefallen kann. Und so kann die »gegnerische Seite« als die »eigentlich demokratische« erscheinen, das hatte übrigens schon Adorno in seinem Vortrag »Aspekte des neuen Rechtsradikalismus« aus dem Jahr 1967 beschrieben: »Man beruft sich auf die wahre Demokratie und schilt die anderen antidemokratisch [...].«[4]

Und dennoch möchte ich benennen, was im Rahmen der rechtlichen und politischen Handlungsoptionen möglich ist: Jeder Sachverhalt und die entsprechende Prüfung auf Handlungsbedarf stellt in meinen Augen eine Einzelfallbewertung unter Berücksichtigung der historisch eingebetteten Ereignisse, deren Bewertungen und Auswirkungen auf die Gegenwart dar. Wir können nur im Moment vor dem Hintergrund der zu diesem Zeitpunkt vorliegenden Informationen handeln. Dies beinhaltet auch das Wissen um die Vergänglichkeit dieser Situationslogik. Folglich ist anzuerkennen, dass ein abschließendes, allzeit gültiges Ergebnis vielleicht nie möglich ist, der Prozess der Auseinandersetzung jedoch im Fokus stehen sollte. Ich denke, dass der sachliche, differenzierte Diskurs der einzige Weg ist und bleibt. Es muss Streit in der Sache geben. Wohlbegründete Argumente und Perspektivübernahmen sind die Grundlage für den Erfolg demokratischer Prozesse und der differenzierten Meinungsbildung. Dies setzt ein Vertrauen in die »Kraft des Streitens« voraus. Dieses Vertrauen ist zugegebenermaßen heute sehr schwer geworden. Dennoch ist es Grundlage der politischen Arbeit in einem demokratischen Gemeinwesen.

1 URL: www.zeit.de/2016/53/bauhaus-jubilaeum-100-hochschule-gestaltung-kultur/komplettansicht, Zugriff 3. 11. 2019 (Ich habe als Beleg nur diesen Artikel gefunden; leider legt »DIE ZEIT« nicht die exakte Quelle dar).

2 Vgl. Wissenschaftlicher Dienst des Deutschen Bundestages: Ausarbeitung. Politische Äußerungen von Hoheitsträgern. 2018 (WD 3–3000–074/18).

3 Vgl. ebd.

4 Theodor W. Adorno: Aspekte des neuen Rechtsradikalismus. Ein Vortrag. Mit einem Vorwort von Volker Weiß. Frankfurt a. M. 2019, S. 37. Adorno hat diesen Vortrag am 6. April 1967 an der Wiener Universität gehalten.

STEVEN SCHÄLLER

ZWISCHEN VERFASSUNGS PATRIOTISMUS UND VOLKSGEMEIN SCHAFT

ZUR WIEDERKEHR EINES TOPOS DES POLITISCHEN

Das Volk als Subjekt des Politischen ist zurück. Womöglich war es nie ganz verschwunden. Zumindest für die alte Bundesrepublik lässt sich jedoch zunächst einmal behaupten, dass der Topos des »Volkes« für lange Zeit erfolgreich in den Hintergrund gedrängt werden konnte. Dies kann nicht zuletzt auch als die maßgebliche zivilisatorische Leistung der Aufbaugeneration nach dem Zweiten Weltkrieg beschrieben werden, die mit dem Grundgesetz eine moderne Verfassung nach westlichem Vorbild schrieb, diese in den politischen Alltag erfolgreich integrierte und schlussendlich selbst zu einem Volk von Grundgesetzbekennern wurde.

Das »Volk«, welches als symbolischer Fixpunkt der Einheitsstiftung bis hin zu den Homogenisierungsphantasmen der Nationalsozialisten diente, wurde im Laufe einer streitigen Aneignung der Akteure der frühen Bundesrepublik ersetzt durch eine Form eines nüchternen, bundesrepublikanischen Verfassungspatriotismus. Gegenwärtig lässt sich jedoch beobachten, dass das »Volk« als Paradigma der Einheitsstiftung einer politischen Gemeinschaft in die Diskurse zurückkehrt. Das hat womöglich auch Folgen für das liberale Selbstverständnis der Bundesrepublik und dem darin zum Ausdruck kommenden Verhältnis vom Individuum zur Gemeinschaft. Kehrt das »Volk« zurück auf die Bühne des Politischen, so ist nicht nur eine neuerliche politisch-kulturelle Auseinandersetzung um das hegemoniale Selbstverständnis der Bundesrepublik zu erwarten. Vielmehr dürfte dann auch eine polarisierende Neubestimmung des stets spannungsgeladenen Verhältnisses von Individuum und Gemeinschaft anstehen, welches einerseits zwischen einer liberalen Abwehr von Tugendzumutungen und andererseits einer kommunitaristischen Erinnerung an die Unhintergehbarkeit der Tatsache, dass jeder Mensch in eine ihm vorausgehende politisch-soziale Gemeinschaft hineingeboren wird, austariert werden muss.

Der sogenannte Verfassungspatriotismus der alten Bundesrepublik geht begrifflich auf Dolf Sternberger zurück.[1] In den 1970er Jahren, während der sozial-liberalen Koalition aus Sozialdemokraten und Freien Demokraten, führten die oppositionellen Christdemokraten zahlreiche Angriffe auf die Projekte der Regierungsparteien im Wege von Verfassungsklagen vor dem Bundesverfassungsgericht in Karlsruhe. Die Vehemenz, mit der sich die politischen Lager bei den Auseinandersetzungen um die politischen Projekte der Regierungsparteien jeweils auf das Grundgesetz bezogen, führte Sternberger zu der Beobachtung, dass die Deutschen eine Form des Verfassungspatriotismus entwickelten, der stark an den amerikanischen Patriotismus erinnere. Peter Graf von Kielmansegg ging in den frühen 1980er Jahren sogar so weit, die Deutschen als ein Volk von Grundgesetzbekennern zu beschreiben.[2]

Wie aber konnte ein solcher Verfassungspatriotismus in der Nachkriegsgesellschaft entstehen? Eine häufig zu lesende Erklärung lautet, dass der wirtschaftliche Aufschwung, der in den 1950er Jahren einsetzte, die Deutschen mit der Demokratie nach westlichem Vorbild versöhnt habe. Diese etwas vereinfachende Sicht auf die frühe Bundesrepublik übersieht die heftigen politisch-kulturellen Kämpfe um die Ausrichtung des Landes.[3] Emanzipative, liberalisierende, progressive Politiken, die mit der zeitgeschichtlichen Chiffre der 1968er verknüpft sind und in die Formel von »Mehr Demokratie wagen« gekleidet wurden, markierten die politisch-kulturellen Frontverläufe jener Zeit. Politisch-institutionell mündete dies in Verfassungsstreitigkeiten, in deren Rahmen die oppositionelle CDU die SPD-geführte Bundesregierung in nahezu allen strittigen Fragen vor das Verfassungsgericht zitierte und sich selbst als Verfassungspartei positionierte. Für die Ausbildung eines modernen Verfassungspatriotismus in der Bevölkerung war es dabei nicht von Belang, wer diese Streitigkeiten gewann – mal war es die CDU, wie etwa bei den Entscheidungen um die sogenannten Ostverträge oder zur Wehrpflichtnovelle, mal war es die SPD, wie etwa bei der Entscheidung zur Mitbestimmung von AmtsträgerInnen. Von Belang war vielmehr, dass sich alle wesentlichen politischen Akteure um das Grundgesetz und seinen Geltungsgehalt stritten. Denn das Paradoxe an diesem Verfassungspatriotismus scheint zu sein, dass er eine integrierende Wirkung für die politische Gemeinschaft entfaltet, gerade weil zum Teil sehr erbitterte Kämpfe darüber geführt wurden, wer auf dem Boden des Grundgesetzes stand und wer nicht. So verknüpften zwar unterschiedliche Akteure mit dem Text des Grundgesetzes je verschiedene Verständnisse. Aber alle waren sich darüber einig, dass es das Grundgesetz ist, um das man sich schart. Das Bundesverfassungsgericht in Karlsruhe als Interpret konnte so das Grundgesetz als einheitsstiftende Kraft der politischen Gemeinschaft der Bundesrepublik in Geltung setzen.

Das konkurrierende Angebot zur Einheitsstiftung der politischen Gemeinschaft durch den Volksbegriff war jedoch nie verschwunden. Im Staatsbürgerschaftsrecht der Bundesrepublik etwa existiert dieses »Volk« und seine essenzialistische Verankerung im sogenannten »ius sanguinis« weiter und wurde von der rot-grünen Koalition von 1998 durch das »ius soli« nur ergänzt. Überdies erinnerte der zentrale Slogan der Demonstrantinnen von 1989 »Wir sind das/ein Volk« sowie deren unbefangenes Schwenken von schwarz-rot-goldenen Fahnen Teile der westdeutschen, eher linksorientierten Bürgerschaft schmerzhaft daran, dass das Volk als Symbol der Einheitsstiftung einer politischen Gemeinschaft stets präsent geblieben war. Und nicht zuletzt waren es erhebliche Teile der alten und neuen Rechten, die auch weiterhin darauf beharrten, dass die politische Einheit der Deutschen nur durch ein exklusiv gefasstes Verständnis der politischen Gemeinschaft als Volk, als »ethnos«, nicht jedoch als »demos« gestiftet werden kann.

Nach dem Beitritt der fünf neuen Länder zum Geltungsbereich des Grundgesetzes brauchte es jedoch noch einmal etwa 25 Jahre, um die Gewissheiten der alten Bundesrepublik über den Konsens der deutschen Verfassungskultur aufzubrechen. Seit »PEGIDA« und der Alternative für Deutschland kann es als gesichert gelten, dass es in der Bevölkerung einen nicht unerheblichen Anteil gibt, der eine exklusive Konzeption der politischen Gemeinschaft präferiert, die durch das einheitsstiftende Symbol des Volkes versinnbildlicht wird.[4] So trifft im Rahmen neuerlicher politisch-kultureller Auseinandersetzungen ein alt-bundesrepublikanisch geprägter, im Osten aber vor allem als elitär wahrgenommener Diskurs auf eine in Teilen ethnozentrisch gestimmte Bevölkerung, die als Zivilgesellschaft von rechts auf den Straßen und Plätzen des Landes die Idee der Volksgemeinschaft zu revitalisieren sucht und dabei tatkräftige Unterstützung findet bei den – der Herkunft nach zumeist westdeutschen – Akteuren der Neuen Rechten.

Inwiefern diese dräuenden politisch-kulturellen Konflikte in einheitsstiftende Diskurse gewendet werden können, hängt mutmaßlich zu großen Teilen auch damit zusammen, wie die Vertreter eines liberalen Verfassungspatriotismus agieren. Hilfreich erscheint eine Haltung, die sich bereit zeigt, zu streiten. Dabei sollte politischer Streit als ein Modus des Austauschs von – fehlbaren – Argumenten verstanden werden, nicht als ein Beanspruchen von letzten Gewissheiten: Wer ohne Not die »Menschenwürde« argumentativ für sich vereinnahmt, entzieht diese zugleich dem Gegenüber, der sich unter der Hand als Menschenfeind abgestempelt sieht – nicht die besten Voraussetzungen für einheitsstiftende Diskurse.

1 Dolf Sternberger: Verfassungspatriotismus. In: Frankfurter Allgemeine Zeitung vom 23. 5. 1979, S. 1.
2 Peter Graf Kielmannsegg: Ist streitbare Demokratie möglich? Beobachtungen im dritten Jahrzehnt der Bundesrepublik. In: Frankfurter Allgemeine Zeitung vom 2. 6. 1979, S. 9.
3 Manfred Görtemaker: Kleine Geschichte der Bundesrepublik Deutschland. München 2002; Hans Vorländer: Verfassung und Konsens: Der Streit um die Verfassung in der Grundlagen- und Grundgesetz-Diskussion der Bundesrepublik Deutschland. Berlin 1981.
4 Hans Vorländer, Maik Herold und Steven Schäller: PEGIDA. Entwicklung, Zusammensetzung und Deutung einer Empörungsbewegung. Wiesbaden 2016; Hans Vorländer, Maik Herold und Steven Schäller: PEGIDA and New Right-Wing Populism in Germany. Basingstoke 2018.

THOMAS LOCHER

ZUGEHÖRIG KEITEN

Das Bauhaus als Schule, die Schule gemacht hat, hat neue Ideen und Vorstellungen zu Ästhetiken, künstlerischer Bildung und gesellschaftlichen Existenzformenformen entwickelt. Meine Frage betrifft weniger den historischen oder politischen Wert des Bauhauses, auch nicht die Radikalität des Bruchs mit dem Vergangenen oder die Komplexität der Bewegung der Moderne, für die das Bauhaus steht. Meine Fragen sind: Welche Beziehungen gehen KünstlerInnen in und mit der Kunst ein, die heute (wie in der Moderne) noch gültig sind? Wie funktionieren diese Beziehungen? Und: Welche Qualität von Zugehörigkeit ist notwendig, um als KünstlerIn in der Kunst einen Ort zu finden? Mit den folgenden Überlegungen versuche ich, Aspekte dieser Beziehungen zu skizzieren.

An Kunsthochschulen bildet die Klasse die soziale Einheit, in der Studierende und Lehrende sich zusammenfinden. Interessen, Inhalte und Themen – in Projekten und Diskurszusammenhängen – produzieren dabei unterschiedliche, sich wechselnd zusammensetzende Milieus und Gesprächszusammenhänge; jedoch bildet die Klasse immer wieder die stabile Entität, zu welcher Studierende gehören. Zugehörigkeit entsteht in einem Prozess der Selbstermächtigung, der wie eine ideologische Anrufung funktioniert.

Das KünstlerInnen-Subjekt entsteht wie aus dem »Nichts« heraus und geht nun in die entsprechende Ideologie über. Der Übergang ist nur dann erfolgreich, wenn die Spuren des Anrufungsprozesses getilgt werden und das KünstlerInnen-Subjekt den Prozess des Übergangs im Bewusstsein vollzieht, diese Entscheidung völlig autonom gefällt zu haben.

Das KünstlerInnen-Subjekt lässt so Ideologie funktionieren. Wie wir aus Erfahrung (als KünstlerIn oder Nicht-KünstlerIn) wissen, vollzieht sich der Übergang jedoch weder reibungslos noch ganz. Die Anrufung ist nie vollständig, irgendetwas – eine andere prä-ideologische Formation oder ein anderes Wissen, eine andere Erkenntnis – lassen die Geschlossenheit der Anrufung erodieren. Für den Psychoanalytiker Mladen Dolar scheitert somit die Anrufung als Totalität. Dem Subjekt wird zwar ein Ort (Klasse) zugewiesen, es geht aber mit dem Ort keine identische Verbindung ein. Das genau bildet die wesentliche Unterscheidung zum Anrufungskonzept von Louis Althusser. Für Mladen Dolar ist das Scheitern der vollständigen ideologischen Anrufung exakt die Bedingung, dass überhaupt ein Subjekt entstehen kann.

Für das KünstlerInnen-Subjekt stellen sich folgende Fragen: Bei welcher Gemeinschaft möchte ich dabei sein? Zu welcher Gruppe, welchem Kollektiv oder Milieu will ich gehören? Und von welchen distanziere ich mich? Immer wieder müssen KünstlerInnen eine Entscheidung treffen, die sie entlang ihrer künstlerischen Praxis verorten. Es ist vor allem eine inhaltliche Bestimmung, die getroffen werden muss: Zu welchem Denken fühle ich mich hingezogen, zu welcher Kunst empfinde ich ein Verwandtschaftsverhältnis? Und welches Denken kann ich produktiv in meine eigenen Überlegungen einweben? Es müssen keine großen Gesten sein, die uns anrufen, es sind oft kleine tangentengleiche Berührungen, die eine Veränderung auslösen oder eine Erkenntnis, ein Wissen oder ein Kunst-Wollen in Gang setzen.

Zugehörigkeit schließt ein und aus. Sie ist ein oszillierender Begriff, der Unterscheidungen ermöglicht und Unterschiede produziert, der trennt und verbindet, quer, längs und in alle Richtungen gehend; der Individuen, Gruppierungen und Kollektive miteinander zu verbinden vermag, andere Bündnisse zusammenfügt und Allianzen schmieden kann. Der aber auch spaltet. Zugehörigkeiten können immer wieder revidiert und neu bestimmt werden; ihre Zeitlichkeit ist offen: begrenzt oder von Dauer. Die Notwendigkeiten können nicht nur von Inhalten bestimmt sein, es sind auch Loyalitäten im Spiel, die erfüllt oder gebrochen werden müssen.

Zugehörigkeit kann ein Verhältnis, eine Verbindung oder eine Verbundenheit beschreiben, eine Freundschaft, ein Sympathie- oder eine Empathiebeziehung bis hin zu einer Identifikation. KünstlerInnen werden sich diese Frage während ihres Studiums stellen. Und sie wird im Verlauf ihres weiteren Schaffens immer wieder auftauchen. Es muss nicht immer eine radikale Begegnung sein wie die in der »Entarteten-Kunst«-Ausstellung von 1938, die als nationalsozialistische Propagandaausstellung die Kunst der Moderne – rassetheoretisch unterfüttert – als »entartet«, »bolschewistisch« und hässlich diskreditierte. Bei manch jüngeren (und gelegentlich älteren) BesucherInnen jedoch hat der Besuch der Ausstellung genau die entgegengesetzte Wirkung gehabt und eine unvorhergesehene Erkenntnis erzeugt, etwa in der Form: »Zu dieser hier vorgeführten und denunzierten Kunst möchte ich auch gehören«.

Zugehörigkeit zu Rasse, Nation und Geschlecht und auch zu ästhetischen Regimes kann eine Forderung sein. Oder wie in den letzten Jahren verstärkt erfahrbar: Soziale Kommunikationssysteme können bei TeilnehmerInnen über die Zugehörigkeit zu Milieus einen Druck erzeugen. Die Teilnahme an kulturellen, sozialen und wirtschaftlichen Prozessen – an »games«, wie es Pierre Bourdieu beschreibt – sind grundsätzlich keine fairen Spiele. Zugehörigkeiten können jederzeit zu einem wirtschaftlichen oder politischen Vorteil führen oder einen vorhandenen zunichte machen. Zwar werden Studierende an Kunsthochschulen über eine Begabten- oder Eignungsprüfung ermittelt; in unserem gegenwärtigen Bildungssystem wirken die institutionellen, wirtschaftlichen und pädagogischen Mechanismen sozial selektiv, sie tragen zur Reproduktion von Ungleichheitsverhältnissen bei.

Die Frage der Zugehörigkeit ist niemals abschließend geklärt, ist also kein einmaliges Ereignis, sie stellt sich permanent und immer wieder – und meine Zugehörigkeit ist nie völlig abgeschlossen, sie bleibt offen und kann immer wieder aufs Neue bestimmt werden. Sie kann selbstbestimmt sein, aber auch von KollegInnen im Milieu geprägt werden, die über die Aufnahme und den Ausschluss mitentschieden. Ein radikaler Ausschluss ist selten, eher erlischt die Zugehörigkeit langsam, man wird aussortiert, wenn man sich nicht produktiv zum Milieu verhält, also nichts in die Tauschverhältnisse, die sich nach Angebot und Nachfrage sortieren, einspeist. Der Beitrag zum Milieu kann unterschiedlich sein: Kontakte, Wissen, Diskursivität, Humor, Unterhaltung, Style, irgendeine Differenz oder einfach nur Nettsein. Man kann mehreren Milieus angehören, das bedeutet aber, die Art und Weise der Beziehungen zu verstehen, die notwendig sind, um anerkannt und somit ins Milieu aufgenommen zu werden.

Künstlerische Milieus benötigen immer eine interessante Zufuhr von Menschen, Ideen und intellektuellen Impulsen, dann ist die Aufnahme willkommen. Das Soziale hat somit auch einen kapitalen Wert, welchen die Mitglieder des Binnen-Milieus besitzen und der dieses befeuert. Es muss so etwas wie eine gegenseitige Anerkennung der Gleichheit der Voraussetzungen geben. Das wäre der Fall, wenn man in eine Ausbildung an einer Kunstakademie eintritt und endlich Zugang zu den sogenannten »erlauchten Hallen« der künstlerischen Ausbildung erfährt. Zunächst sind alle, die durch den Flaschenhals kommen, gleich, und Bourdieu beschreibt diese »Homogenität« als eine Art Kreditwürdigkeit, welche beim Eintritt in die Akademie als Talent, Style, Wissen, Coolness oder Kontakte eingebracht werden kann.

Die Frage nach Zugehörigkeit ist immer auch eine politische Frage, aber ebenso eine Frage der Verteilung des Rechts auf Zugehörigkeit. Im idealen Fall ein bedingungsloses Recht, welches wir anderen gewähren und welches andere einfordern können, weil es ihnen zusteht. Im Kontext der Idee der Freundschaft oder Gastfreundschaft kann Zugehörigkeit wie ein ethischer Imperativ wirken und den Anteil ihrer Unbedingtheit nach vorn schieben, ohne dass Aufgenommene bestimmte Aspekte einer spezifischen Zugehörigkeit vorbringen müssen. Man muss nicht viel besitzen, um etwas zu teilen. Man teilt etwas, weil eben etwas da ist, was geteilt werden kann, und weil jemand gerade da ist, mit dem man etwas teilen kann. Die Notwendigkeit, etwas zu tun, kann plötzlich gegeben sein, ohne dass es verhandelt werden muss. Die Notwendigkeit kann andere – Freunde oder Gäste oder irgendwelche – ohne Einschränkung aufnehmen, um sie ins Zentrum zu setzen.

JUSTUS H. ULBRICHT

NUR FREI SCHWINGER, SIEDLUNGS WÜRFEL, WOHN MASCHINEN?

FRAGEN AN DAS POLITISCH-RELIGIÖSE ERBE DES BAUHAUSES

Als wir Anfang des Jahres 2019 daran gingen, unsere Tagung für den Herbst desselben Jahres zu planen, war uns klar, dass uns nach Hunderten Vorträgen sowie Dutzenden Symposien und Ausstellungen zur Geschichte des Bauhauses und seiner Rezeption, dass wir uns also zum Ende von »Bauhaus 100« etwas Besonderes einfallen lassen mussten. Ausgezeichnet zu unserem Thema passt nun das, was seinerzeit die Buschtrommeln klammheimlich meldeten, nämlich dass unser Vorhaben hier vermutlich eine Nestbeschmutzung der ehrenwerten Bauhaus-Tradition werden würde – eine Art Ikonoklasmus, ein Schreddern des – für manche offensichtlich sakrosankten – Erbes der Klassischen Moderne.

Ich möchte auf solche Gerüchte nur insofern eingehen, dass man diesen Unterstellungen hätte vorbauen können, wenn diejenigen, die solche Vermutungen anstellten, die Planer und Veranstalter des Leipziger Tagungsvorhabens einfach gefragt hätten, was diese wirklich vorhatten. Doch andere zu labeln, statt sich mit ihnen offen und kritisch auseinanderzusetzen, ist aktuell die wohl problematischste Seite unserer offenen Gesellschaft geworden, die alle diejenigen anstrengen und verletzen muss, die anderer Meinung sind – was allerdings zur basalen Voraussetzung lebendiger Demokratien gehört.

Es ging uns mit diesem Tagungsvorhaben darum, genauer zu sondieren, welches politische Erbe wir antreten, in welche geistigen Sphären wir eintreten, wenn wir das Bauhaus-Erbe – was es zunächst freilich präziser zu definieren gälte – auf seine politischen Dimensionen hin befragen. Denn die anhaltende Faszination für die ästhetischen Impulse der drei Bauhäuser und einzelner ihrer ProtagonistInnen hat im kulturellen Gedächtnis der Öffentlichkeit bisweilen überdeckt, wie eminent politisch bestimmte Konzepte, Visionen und ästhetische Impulse des historischen Bauhauses gewesen sind. Es ging nie nur um schöne, praktische Gegenstände des Alltags oder um eine Revolution des Städte- und Wohnungsbaus. Dahinter stand immer auch der utopische Traum von einer »neuen Gesellschaft«, von der Bildung »neuer Menschen« auf dem Weg ästhetischer Erziehung.

Offensichtlich laborierten die revolutionäre Kunstschule bzw. einzelne ihrer Vertreter an der Frage herum, wie man der »transzendentalen Obdachlosigkeit« (Georg Lukács) vor allem moderner, gut gebildeter Menschen – nicht zuletzt von Intellektuellen und KünstlerInnen – entkommen könne.

»Bedecke deinen Himmel, Zeus« ... oder lieber doch nicht?

Wenn auch das Interesse der Leipziger Tagung primär den ästhetischen und politischen Dimensionen eines (möglichen) Bauhaus-Erbes galt, so lohnt doch ein genauerer Blick auf die religiösen Dimensionen avantgardistischer Kunstpraxen damals nach 1900 (und heute?). Ältere Gewährsleute neuer religiöser oder (nur) kunstreligiöser Gewissheiten fanden die modernen »transzendental Obdachlosen«,[1] von denen einige um 1900 eine »Neuklassik« und eine »Neuromantik« beschworen hatten,[2] in den Zeitgenossen der Wende um 1800, und zwar besonders in Friedrich Schleiermacher, Friedrich Schlegel und Friedrich von Hardenberg, genannt Novalis.

Diese drei Autoren führten 1799 in Briefen und Texten ein Geistergespräch, das um 1900 fortgesetzt wurde und neue Akzentuierung erfuhr. Schleiermacher veröffentlichte 1799 seinen erst später furoremachenden Text »Über die Religion. An die Gebildeten unter ihren Verächtern«.[3] Bereits dessen Untertitel zeigt, dass wir es bei kunstreligiösen Konzepten in der Regel mit spezifischen Formen von Intellektuellenreligiosität zu tun haben. Der protestantische Theologe versuchte seinerzeit, die Religion zu retten, indem er diese – noch stärker als bisher im Protestantismus ohnehin üblich – in der Innerlichkeit des einzelnen Glaubenden verankerte und landete schließlich bei der unnachahmlich poetischen Formulierung, »Religion« sei »Sinn und Geschma[c]k fürs Unendliche«.[4] Friedrich Schlegel wiederum notierte in seinen eigenen »Ideen« zum Text des Freundes: »Nur derjenige kann ein Künstler sein, welcher eine eigene Religion, eine originelle Ansicht des Unendlichen hat.«[5] Und Novalis kommentierte: »Der Künstler ist durchaus irreligiös – daher kann er in Religion wie in Bronze arbeiten. Er gehört zu Schleyerm[achers] Kirche.«[6]

Schon seit jener Zeitenwende 1800 also wurde das religionspsychologische, religionshistorische sowie symbolische und metaphorische Verhältnis von Kunst und Religion immer neu definiert und ist einem bis heute unabgeschlossen Gespräch zwischen Gebildeten geöffnet. Nicht nur die Neuromantik, Neuklassik und der Neuidealismus, sondern auch andere ästhetische Strömungen sowie weite Bereiche der avantgardistischen Kunstszene sind Erben dieses romantischen Konzepts ästhetischer Religiosität oder religiöser Kunst geworden – dem einst die kunstreligiösen, zumindest aber kunstenthusiastischen Konzepte der »Genieästhetik«[7] und der »Weimarer Klassik« vorausgegangen waren.[8]

Schon seit dem Fin de Siècle altklassischer deutscher Kultur um 1800 also versprach die Kunst neuen religiösen Sinn, und viele Künstler nutzen dies zur Mission für die eigene ästhetische Produktion wie für die Missionierung eines kunstgläubigen Publikums. Henry van de Velde etwa, einer der wohl wichtigsten Protagonisten der europäischen Avantgarde um 1900, nannte seine kunsttheoretischen Vorträge nicht zufällig »Laienpredigten«.[9] Dessen Nachfolger im Geiste, die KünstlerInnen des 1919 gegründeten Weimarer Bauhaus, verbanden ihre ästhetischen Konzepte, politischen Visionen und utopischen Hoffnungen mit eklektizistisch komponierten Religionsentwürfen höchst unterschiedlicher Art.[10] Von Kunst einen letzten Sinn zu erwarten oder in der Kunst einen, angeblich unzerstörbaren, letzten Sinn zu erkennen, blieb eine schwer zu schulternde Aufgabe für die Kunst – und forderte Theologen, Philosophen und andere Denker zu theoretischen Überlegungen über das Verhältnis von Kunst, Religion[11] und moderner Gesellschaft heraus.[12]

Angemerkt sei, dass die etablierten Konfessionen selbstverständlich für zahlreiche Zeitgenossen zwischen 1800 und 1900 ihre Gültigkeit trotz aller para- oder antichristlicher Neureligiosität und mannigfaltiger Weltanschauungskonzepte behalten hatten[13] und dass sich christliche Gebildete und intellektuelle Christen immer wieder deutlich von kunstreligiösen Konzepten distanziert haben. Schon Friedrich Wilhelm Basilius von Ramdohr hatte sich einst über Caspar David Friedrichs »Kreuz im Gebirge«

erregt, dass es sich dabei um eine unziemliche und unerträgliche Vermischung von landschaftsästhetischem Empfinden und religiöser Aussage handele.[14] Manch ein Theologe war auch damit nicht zu trösten, dass Friedrichs Weltkunst nie in der Kapelle des Schlosses Tetschen, sondern im dortigen Schlafzimmer der Fürstin gehangen hat.

Nur wer »Säkularisierung«[15] weiterhin fälschlicherweise als teleologisch gedachten Prozess des Verschwindens von Religion aus der modernen Gesellschaft versteht, statt sie als kulturell-gesellschaftliche Ortsverlagerung religiöser Ideen, Praktiken und Gewissheiten zu deuten, kann sich wundern, wie religiös gestimmt jene Jahre zwischen »Klassik« und »klassischer Moderne« tatsächlich gewesen sind. Phänomene wie die Sakralisierung der Nation, der seit den Befreiungskriegen emergierende Nationalprotestantismus[16] oder sämtliche Formen gläubiger Wissenschaft müssen hier als zeitgeistige Phänomene des Wilhelminismus und der frühen Zwanziger Jahre außer Betracht bleiben – doch gehören auch sie zum Ensemble von Versuchen, der wachsenden Kontingenz moderner Existenz zu entkommen.[17]

An dieser Stelle interessiert uns das weite Feld einer – von Thomas Nipperdey sogenannten – »vagierenden Religiosität«,[18] die kritische Zeitgenossen recht distanziert kommentierten und vor allem in den intellektuellen Milieus der Gesellschaft wahrnahmen. Max Weber etwa, dessen Soziologie großer Weltreligionen gerade Intellektuellen und deren Denk- und Lebensformen einen bedeutenden Stellenwert eingeräumt hatte, konnte mit den neureligiösen Gebildeten seiner eigenen Epoche jedoch (»religiös unmusikalisch« wie er nach eigenem Bekunden war) wenig anfangen. Sein 1917 erlassenes Verdikt des aktuellen religiösen Irrationalismus klang unmissverständlich.

»Das ›Opfer des Intellekts‹ bringt rechtmäßigerweise nur der Jünger dem Propheten, der Gläubige der Kirche. Noch nie aber ist eine neue Prophetie dadurch entstanden [...], dass manche moderne Intellektuelle das Bedürfnis haben, sich in ihrer Seele sozusagen mit garantiert echten, alten Sachen auszumöblieren, und sich dabei dann noch daran erinnern, dass dazu auch die Religion gehört hat, die sie nun einmal nicht haben, für die sie aber eine Art von spielerisch mit Heiligenbildchen aus aller Herren Länder möblierter Hauskapelle als Ersatz sich aufputzen oder ein Surrogat schaffen in allerhand Arten des Erlebens, denen sie die Würde mystischen Heiligkeitsbesitzes zuschreiben und mit der sie – auf dem Büchermarkt hausieren gehen. Das ist einfach: Schwindel oder Selbstbetrug.«[19]

Der Pädagoge Fritz Klatt, der selbst für die Rezeption indischer Philosophie in Berliner Kreisen der Jugendbewegung gesorgt hatte,[20] kommentierte nach Erstem Weltkrieg und Inflation, die er im Übrigen für die entscheidenden Ursachen der neuen Gläubigkeit hielt, die neue Religiosität seiner Gegenwart folgendermaßen: »Den Jungen droht kaum mehr die Gefahr zu ›verbürgerlichen‹, dafür aber in wachsendem Maße die Gefahr ›gläubig‹ zu werden. Zur Einschränkung: Philister von damals war nicht etwa der Großkapitalist, sondern der kapitalistische Gernegroß. So wird das Gläubigkeitsphilistertum der jüngsten Gegenwart nicht an denen haften, die wirkliches Wissen in Astrologie, in östlicher Weisheit, in den psychologischen Grenzwissenschaften und den politischen Hilfswissenschaften haben, sondern an denen, die bei dem Zeichen des Hakenkreuzes oder des Sowjetsterns oder bei einem Wort wie Yoga oder Rosenkreuzer sofort die Augen erheben und mit einem geheimen Blick des Einverständnisses feststellen: ja, du und ich, wir sind neue Menschen.«[21]

Man darf bei diesen Worten getrost an so manchen Schüler und so manche Schülerin des Bauhauses denken. Klatt rekurrierte auf eine der wichtigsten Sehnsuchtsformeln jener Jahre, den »neuen Menschen«, den man schon unmittelbar vor dem Ersten Weltkrieg beschworen hatte, dessen eigentliche Konjunktur als Verständigungsfloskel sehr unterschiedlicher geistiger und ästhetischer Entwürfe jedoch erst ab 1918 einsetzte.[22] Bildende Kunst und Literatur gestalteten diesen »neuen Menschen« in ästhetisch höchst heterogener Weise[23] – abgesehen von dieser Differenz aber ging es ihnen gemeinsam darum, den »neuen Menschen« zu erzeugen oder denen, die »neu« werden wollten, den Weg dorthin zu weisen. Dorthin – das bedeutete auch, den Pfad neuen Menschentums ins eigene Innere zu verlegen und diesem dann zu folgen. Webers eben zitiertes Diktum nannte in diesem Zusammenhang zwei wesentliche Begriffe: »Seele« und »Mystik«. Seele hatte – neben den Nerven[24] – Konjunktur, seitdem kulturkritische Diskurse die »Entseelung« der modernen Industrie- und Stadtgesellschaft variationsreich beklagten und Pädagogik, Psychologie und Psychoanalyse den wissenschaftlichen Zugriff auf das Innerste des Menschen gewagt hatten. Zur bewussten Wendung nach innen passte die Renaissance gnostischen, vor allem aber mystischen Denkens bzw. der eklektizistische Rekurs auf mittelalterliche oder ostasiatische Mystik-Bestände.[25] Diese mystischen Formen religiöser Neuorientierung[26] hat der Theologe und Religionshistoriker Ernst Troeltsch aus zeitgenössischer Perspektive kenntnisreich interpretiert. Er nannte die Mystik das »Asyl« des religiösen Bedürfnisses gerade hoch gebildeter Menschen.[27]

Als Eckart von Sydow zu Beginn der Weimarer Republik »Das religiöse Bewußtsein des Expressionismus« kritisch vermaß,[28] beobachtete er zutreffend: »das Wesentliche, was die moderne Kunst aus der christlichen Mythologie übernommen hat, ist nicht der Gedanke des transzendenten, persönlichen Gottes«.[29] Denn der »moderne Mensch ist zu selbstbewusst geworden, als dass er eine ewige Wirklichkeit jenseits der Sterne über sich dulden könnte.«[30] Von Sydow war der festen Überzeugung, »dass der deutsche Geist nun wieder den unmittelbaren Anschluß an die Weltseele gefunden [habe] wie in den Tagen des Mittelalters«.[31] In der Tat leistete sich die entfaltete und nach dem Ersten Weltkrieg manifest erschütterte Modernität ein eigenes Mittelalter,[32] aber in der Weise, wie dies der Theologe und Monist Albert Kalthoff schon 1906 in seinem bis heute höchst lesenswerten Buch »Die Religion der Modernen« skizziert hat. Dort heißt es: »Auch in der Religion will der Mensch seinen eigenen Stil haben.«[33] Dies ästhetisch angeeignete Mittelalter war voller imaginärer Kathedralen, Bauhütten,[34] mystischer Erlebnisse und einer spezifischen Form von Burgenromantik, der nicht zuletzt manch Jugendbewegter frönte. Romano Guardinis Versuch einer liturgischen Rekatholisierung der jungen Generation bediente sich nicht zufällig der Aura und Kulisse von Burg Rothenfels;[35] zugleich aber setzte er auf die Gewissheit, dass die Kirche eigentlich erst »in den Seelen« erwachen müsse.[36] Denn sonst wäre eine lebendige Kirche im Volk nicht möglich. Auch und gerade im mitteldeutschen Kulturraum[37] war nach 1918 die Wiederkehr mittelalterlicher Bauformen manifest.[38] Dies imaginäre und imaginierte Mittelalter stand für die damals angeblich existierende Einheit von Religion, Kunst und Volk, den Bezug zwischen innerweltlicher Gemeinschaft und außerweltlicher Transzendenz, einem geordneten Kosmos und ebenso harmonischen Weltverhältnissen – also all dasjenige, was man sich innerhalb wie außerhalb verfasster christlicher Religion von der eigenen Gegenwart erwartete. Der Bauhäusler Georg Muche machte mit seinem Bekenntnis »Cogito, ergo credo« Ernst und konvertierte zum Katholizismus; ebenso wie Hugo Ball oder viel später Alfred Döblin[39] – sowie viele andere KünstlerInnen und Intellektuelle, deren Interesse an der »Mutter Kirche« jedoch oftmals wohl eher ästhetischer Natur gewesen ist. Auch dies erinnert an die im Kern eigentlich protestantische Romantikergeneration und deren Faszination für ein deutsches Mittelalter, das nach 1918 orthodoxe katholische Theologen, konservative Staatsrechtler und Integralisten wegen seines »Ordo«-Denkens bewunderten und auf eine Renaissance des Ordnungsdenken in Politik und Gesellschaft ihrer eigenen Gegenwart hoffen ließ.[40]

In Kurt Heynickes Diktum »Es tut uns eine neue Religion der Seele not, ohne Dogma, ohne Gesetze, – nur Gefühl. Christus ward Kirche. Deshalb versagte er«,[41] findet sich ein entscheidender Hinweis auf den Charakter der neuen Gläubigkeit gerade vieler KünstlerInnen und Intellektueller: Denn oftmals war ausschließlich eine dezidierte Antikirchlichkeit deren maßgebliche neureligiöse Intention; die wachsende Entkirchlichung weiter, vor allem bürgerlicher Kreise ist der dazu gehörende sozialhistorische Befund. Dazu passt, dass die Wiederkehr des Heiligen in Literatur und Kunst in vielen Fällen eher auf eine »gottlose Mystik« rekurrierte.[42] Sieht man von einigen Versuchen Karl Muths und anderer moderner Katholiken einmal ab, Kunst, Moderne und Katholizismus zu versöhnen, so fand die Wiederkehr des Sakralen mithin eher in Distanz zum katholischen oder protestantischen Mainstream statt, deren geistiges und ästhetisches Inventar allerdings kreativ adaptiert, umgeformt und erweitert wurde. Für die zahlreichen Erlöser- und Christusgestalten, die seit den Tagen des späten Naturalismus, vor allem aber in der ersten deutschen Nachkriegszeit in der Literatur beschworen und der bildenden Kunst gestaltet wurden,[43] gilt, was Romano Guardini über die Kirche gesagt hat. Der moderne Christus erwacht als ästhetisches Phänomen ebenfalls in den Seelen, denen der Künstler nämlich, und nimmt dann primär die Gestalt der höchst individuellen Sehnsüchte der prometheischen Schöpfer solcher Retterfiguren an. Der Streit um Emil Noldes Christus-Zyklus 1912,[44] der es später zur Inkunabel der berüchtigten Schmähausstellung »Entartete Kunst« gebracht hat, die erregten Debatten um Ludwig Gieß' Kruzifix für Lübeck, die Attacken gegen Barlach und zahlreiche andere Dispute zeigen, das der wiedergekehrte Kunst-Christus zwar alte religiöse Überlieferungen und Bildwelten bewusst beerben und damit auch revitalisieren wollte, dass jedoch das strikt individualistische Prinzip modernen Kunstschaffens vielfach quer zu den immer noch vorherrschenden Formen traditioneller Kunst und Gläubigkeit lag.

Eine Kunstgeschichtsschreibung, die auf die Avantgarde der Moderne fixiert ist, verkennt bisweilen die Proportionen und freut sich an Gebäuden oder Objekten, die mit Recht den Weg ins kulturelle Gedächtnis der selbstreflexiven, aber auch selbstbezogenen, wenn nicht manchmal gar selbstverliebten Moderne gefunden haben. Im Blick auf die Jahre zwischen 1880 und 1930 gilt es aus historischer Perspektive festzuhalten, das wenig davon seinerzeit mehrheitsfähig war und in die Breite geschmacksbildend wirkte. Um dies im wahrsten Wortsinne zu sehen, muss man sich aber in publizistischen und ästhetischen Flachländern bewegen, die es auch im Land der Moderne gab, die jedoch Kunstgeschichte und Germanistik zumeist lieber der Volkskunde überlassen.

Unser Interesse an den religiösen Renaissancen der Klassischen Moderne hat aber nicht nur kunsthistorische Forschungsinteressen oder persönliche Geschmacksvorlieben zum Hintergrund. Die Beschäftigung mit den religiösen Landschaften nach 1900 kann zur Selbstbegegnung werden, wenn man verstanden hat, dass die Frage nach dem Verhältnis von Religion und Kunst, Weltbezogenheit und Transzendenzsehnsucht nicht nur – wie Nietzsche sagen würde – »antiquarischen« Charakter besitzt. Die »Wiederkehr der Götter«,[45] die »Götterdämmerung«[46] oder die »Rückkehr der Religion«[47] in unserer eigenen Epoche,[48] also die aktuelle Präsenz religiöser wie religionskritischer Diskurse verweist auf die weiterhin existierende Ambivalenz der Modernität, die von vielen als bedrängend empfundene Kontingenz[49] der Existenz, mithin auf Fragen, die in der modernen Gesellschaftsentwicklung vorgeblich postsäkularer[50] Zeiten ständig neu gestellt werden und originell zu beantworten sind – durch Kunst wie durch Theologie oder Wissenschaft.

Es ist ein Bestandteil des »Sozialmythos« Moderne, dass in unserer wissenschaftlich-technischen Welt Religionen oder andere Transzendenzversprechen langfristig überflüssig würden. Offensichtlich aber haben noch vor 100 Jahren viele bürgerliche Kunstenthusiasten von der Kunst neben der Schönheit auch eine Orientierungsfunktion, oft auch den Ausdruck nationaler Größe erwartet und vom Kunstwerk die Erhebung über den Alltag einer Gesellschaft erhofft, die sich rasant industrialisierte, verstädterte, politisch und weltanschaulich pluralisierte und zugleich massenhafte soziale »Kollateralschäden« generierte. Kommt uns das noch bekannt vor?

Bestimmte Aspekte der aktuellen Revolten gegen die moderne Welt und deren bisweilen schwer erträgliche Herausforderungen lassen uns jedenfalls – so scheint es mir – kritischer und skeptischer auf die Glücksversprechen neoliberaler Globalisierungserscheinungen blicken. Nicht wenige unserer Zeitgenossen haben ein großes Bedürfnis nach Erlösungspolitiken; andere erwarten – man könnte sagen – wieder einmal von kunstreligiösen Angeboten eine Sinnorientierung, die ihnen das laufende Geschäft und Getriebe der Welt nicht zu bieten scheinen. Hört man genauer außerhalb der eigenen intellektuell-akademischen Blase zu, so wird man mit Formen ausgeprägter sozialer Verunsicherung, der Sehnsucht nach »Ordnung«, »Sicherheit«, »Gemeinschaft« und »Glück« konfrontiert – und mit dem, was Erich Fromm in den Zwanziger Jahren als »Furcht vor der Freiheit« interpretiert hat.

»Hier bin ich Mensch, hier kauf' ich ein«, hieß es vor wenigen Jahren in einer Werbung der Drogeriemarkt-Kette »dm« – gilt das auch für den Handel mit avantgardistischer Kunst? Und wird aus Stahlrohrmöbeln und Wagenfeld-Lampen, aus Freischwingern und Designteppichen, die sich die globale Mittelschicht massenweise in ihre »Buden« stellt, nicht irgendwann auch Kitsch oder nur noch ein ästhetisches Inventar zur Destinktionsmarkierung gegenüber dem Massengeschmack der Möbelmarkt-Kundschaft, die den Namen »Bauhaus« nur noch auf Baumärkte bezieht?

Es ging also an beiden Tagen unseres Symposium unter anderem auch um den Zusammenhang von Kunstpraxis und gesellschaftlicher Sinnsuche, um den Wunsch nach kultureller Identität in Zeiten krisenhaften, unberechenbaren und beängstigenden sozialen Wandels. Schon die Avantgarde um 1900 war ja europäisch-international vernetzt, und damit lockerte sich bei manchem Künstler sowie dessen Bewunderern der zwingende Zusammenhang von Bild und Konkretion, Ausdruck und Eindruck, gar von Kunst und Nation. Und noch schlimmer (wie viele Zeitgenossen meinten): Das gebildete Bürgertum konnte sich über einen eindeutigen, verbindenden und damit vergemeinschaftenden Kunstbegriff nicht mehr einigen. Die Fragmentierung der Gesellschaft, die Vielfalt der Weltbilder, kehrte wieder im Pluralismus der Stile und -ismen. Und die wachsende Abstraktion im Werk moderner KünstlerInnen, die Auflösung der Form oder die ungewöhnliche Erweiterung der Farbpalette standen quer zum Bedürfnis vieler Kunstbetrachter nach einem eindeutigen, klaren und verbindlichen Ausdruck.

Zwar ging es dem »Arbeitsrat für Kunst«, dem Bauhaus oder einzelnen Künstlergruppen ebenfalls um »Gemeinschaft in Gesellschaft«, gar um »Volksgemeinschaft« – nach 1918 ein Begriff aller politischer Lager – um »Utopie«, »Zukunft«, »Frieden« und »Glück« –, doch die kulturelle Praxis der Kunstavantgarden der Weimarer Republik traf nur bei einer Minderheit der Eliten auf enthusiastische Begeisterung und mäzenatische Unterstützung. Die Masse der Bevölkerung verstand all dies nicht; eine starke Mehrheit im konservativ-deutschnationalen Bürgertum wollte das nicht. Man muss sich nur an die westdeutschen Kunstdiskussionen der 1950er Jahre oder den »Formalismus-Streit« der frühen DDR erinnern, um zu erkennen, dass das auch noch nach 1945 kein schwarz-brauner Schnee von gestern war. Auch die heutige Kanonisierung modernster Kunst in den Museen, Feuilletons und in der Kunstwissenschaft täuscht manche bisweilen darüber hinweg, dass es dabei weiterhin um eine Eliten- und Mittelschichtbegeisterung geht, die viele unserer MitbürgerInnen eben nicht teilen.

Friedrich Schiller, der kurz vor der Leipziger Tagung, genauer gesagt am 10. November 2019, 260 Jahre alt geworden wäre, meinte einmal, dass es die Schönheit sei, durch die wir zur Freiheit wandern; und dass Kunst das wesentliche Medium der Selbstvervollkommnung jedes Menschen sei – aber weder »der Markt« noch »die Politik«. Wenn das noch für einzelne Bauhäusler galt – welcher von den Bauhaus-Erben heute würde einen solchen Satz noch unterschreiben? Ist das nur noch musealer Bildungsbürgerballast, über den *digital natives* müde lächeln oder sich postwendend dazu das betreffende emoji schicken?

Gerade weil wir in Zeiten neuer »Unübersichtlichkeit« (Habermas), der »reflexiven Moderne« (Ulrich Beck) oder in einer »Gesellschaft der Angst« (Heinz Bude) leben, gieren viele Menschen nach Eindeutigkeit, Orientierung und Sinn. Wilde anarchische Kunstpraxen stören dabei allerdings sehr. Populismus, Rassismus, Ausgrenzung und Fremdenfeindlichkeit haben stattdessen Konjunktur, denn sie machen unsere Weltbilder einfacher und klarer. Wer andere ab- oder ausgrenzt, wertet sich selbst auf, denn Abwertungs- und Selbstaufwertungsdiskurse gehören zusammen. In solchen Kontexten und Problemlagen kann Kunst wohl kaum unpolitisch sein, auch wenn es legitimerweise immer auch darum geht, auf den Selbstwert künstlerischer Praxis und die Freiheit künstlerischer Produktion zu achten. Schon das Zulassen oder die Absage von Veranstaltungen verlangen Augenmaß und einen festen politischen Standpunkt – im Fall von »Feine Sahne Fischfilet« und dem Dessauer Bauhaus konnten wir das Anfang 2019 beobachten. Wahrgenommen werden solche Dispute von der Öffentlichkeit ohnehin als politische Entscheidung.

Insofern war das alte Bauhaus und ist unser Bauhaus-Erbe immer politisch – was dann nicht stört, wenn der menschen- und strafrechtliche Rahmen ebenso wenig verlassen wird wie die demokratischen Regeln unseres Grundgesetzes. Dies gilt im Übrigen auch für die radikalen KritikerInnen bürgerlicher Kunst- und Lebensweisen. Unsere Freiheit ist fraglos ein Glück. Da aber Freiheit immer auch der Zwang zur Entscheidung ist, gilt für sie, was Karl Valentin einmal über die Kunst gesagt hat: Sie ist schön, macht aber viel Arbeit. Ich ergänze: Das gilt letztlich wohl auch für unsere Demokratie.

1 Justus H. Ulbricht: »Transzendentale Obdachlosigkeit«. Ästhetik, Religion und »neue soziale Bewegungen« um 1900. In: Wolfgang Braungart, Gotthart Fuchs, Manfred Koch (Hrsg.): Ästhetische und religiöse Erfahrungen der Jahrhundertwenden II: um 1900. Paderborn u. a. 1998, S. 47–67.

2 Vgl. Justus H. Ulbricht: Neuromantik – eine Rettungsversuch der Moderne mit Nietzsche. In: Nietzsche-Forschung. Jahrbuch der Nietzsche-Gesellschaft, Band 11 (2004), S. 63–72; ders.: »Das klassische Ideal«, der »Wille zum Stil« und die »Falschmoderne«. Bewältigungsversuche des Fin de Siècle in Weimar. In: Jan Andres, Wolfgang Braungart, Kai Kauffmann (Hrsg.): »Nichts als die Schönheit«. Ästhetischer Konservatismus um 1900. Frankfurt a. M., New York 2007, S. 96–126.

3 Friedrich Schleiermacher richtete seine für die Religionsgeschichte der Moderne höchst einflussreiche Schrift »Reden über Religion« gerade an diejenigen, die hoch gebildet und in wachsende Distanz zur verfassten Kirchlichkeit ihrer Zeit gegangen war. Zu Schleiermacher siehe Susanne Lanwerd: ›So ein kurzer Cursus der Schriftstellerei‹. Friedrich Schleiermachers Reden »Über die Religion« (1799). In: Karl-Heinz Grözinger, Jörn Rüpke (Hrsg.): Literatur als religiöses Handeln? Berlin 2000, S. 275–290; Jan Rohls: Philosophie und Religion in Schleiermachers Entwicklung. In: Bernd Auerochs, Dirk von Petersdorff (Hrsg.): Einheit der Romantik? Zur Transformation frühromantischer Konzepte im 19. Jahrhundert. Paderborn u. a. 2009, S. 189–215. Die religiöse Situation des damaligen Bürgertums skizziert Lucian Hölscher: Die Religion des Bürgers. Bürgerliche Frömmigkeit und protestantische Kirche im 19. Jahrhundert. In: Historische Zeitschrift 250 (1990), S. 595–630. Nun auch ausführlich ders.: Geschichte der protestantischen Frömmigkeit in Deutschland. München 2005.

4 Friedrich Schleiermacher: Über die Religion. Reden an die Gebildeten unter ihren Verächtern [1799]. Hrsg. v. Günter Meckenstock. Berlin, New York 2001, S. 80 [darin »Zweite Rede. Über das Wesen der Religion«].

5 Friedrich Schlegel: Ideen. In: ders.: Kritische Schriften. Hrsg. v. Wolfdietrich Rasch. München 1971, S. 89–108; Zitat S. 90.

6 Novalis: Randbemerkungen zu Friedrich Schegels ›Ideen‹ [1799]. In: ders.: Werke, Tagebücher und Briefe Friedrich von Hardenbergs. Hrsg. v. Hans-Joachim Mähl. Richard Samuel. Band 2: Das philosophisch-theoretische Werk. Hrsg. v. Hans-Joachim Mähl. Darmstadt 1978, S. 721–729; Zitat S. 722.

7 Fernwirkungen des Genie-Kultes untersucht Jochen Schmidt: Die Geschichte des Genie-Gedankens in der deutschen Literatur, Philosophie und Politik 1750–1945. Zwei Bände; für unseren Zeitraum insbes. Band 2. Darmstadt 1985. Für unseren religionshistorischen Kontext wichtig ist Edgar Zilsel: Die Geniereligion. Ein kritischer Versuch über das moderne Persönlichkeitsideal, mit einer historischen Begründung [1918]. Hrsg. und eingeleitet v. Johann Dvořak. Frankfurt a. M. 1990.

8 Um die Anmerkungen zu entlasten, verzichte ich hier auf weitere Ausführungen; wichtige Hinweise finden sich bei Auerochs (Anm. 3).

9 Henry van de Velde: Kunstgewerbliche Laienpredigten [1902]. Mit einem Nachwort zur Neuausgabe von Sonja Günther. Berlin 1999.

10 Zur Religion am Bauhaus siehe Justus H. Ulbricht: Die fünfte »Verlockung« des Oskar Schlemmer. Religionshistorische Kontexte der frühen Bauhaus-Geschichte. In: »Kathedrale der Zukunft«. Zur Gründung des Bauhauses vor 80 Jahren. [= Thesis. Wissenschaftliche Zeitschrift der Bauhaus-Universität Weimar 45 (1999), H. 4/5; Sonderheft], Weimar 1999, S. 54–55; Christoph Wagner (Hrsg.): Esoterik am Bauhaus. Eine Revision der Moderne? Regensburg 2009; Justus H. Ulbricht: »Bauhaus-Aufgabe: Registratur alles Besten der Vergangenheit« – Zur weltanschaulichen »Architektonik« der Bauhaus-Bibliothek. In: Michael Siebenbrodt, Frank-Simon Ritz (Hrsg.): Die Bauhaus-Bibliothek. Versuch einer Rekonstruktion. Weimar 2009, S. 51–103.

11 Gute Überblicke zu diesem Feld bei Richard Faber, Volkhard Krech (Hrsg.): Kunst und Religion. Studien zur Kultursoziologie und Kulturgeschichte. Würzburg 1999; dies. (Hrsg.): Kunst und Religion im 20. Jahrhundert. Würzburg 2001.

12 Höchst orientierend ist hier Ulrich Barth: Religion in der Moderne. Tübingen 2003; vgl. dort für unseren Zusammenhang vor allem die S. 127–165: »Säkularisierung und Moderne. Die soziokulturelle Transformation der Religion«.

13 Zum Umbau des religiösen Feldes im Wilhelminismus immer noch wichtig ist Thomas Nipperdey: Religion im Umbruch. Deutschland 1870–1918. München 1988. Zum Protestantismus siehe ausführlich Lucian Hölscher: Geschichte der protestantischen Frömmigkeit in Deutschland. München 2005.

14 Dazu Justus H. Ulbricht: »Warenmarkt der Transzendenz«. Religion, Religiosität und Glauben in der Moderne. In: Dresdner Hefte 29 (2011), H. 106, S. 89–99.

15 Hubert Knoblauch: Jenseits von Säkularisierung und Wiederkehr der Götter. In: Aus Politik und Zeitgeschichte 52 (2008), S. 15. Der Titel dieses knappen, präzisen Aufsatzes bezieht sich auf Detlef Pollack: Säkularisierung – ein moderner Mythos? Studien zum religiösen Wandel in Deutschland. Tübingen 2003; und Friedrich Wilhelm Graf: Die Wiederkehr der Götter. Religion in der modernen Kultur. München 2004. Zur ausufernden Säkularisierungsdebatte siehe auch Johannes Zachhuber: Die Diskussion über Säkularisierung am Beginn des 21. Jahrhunderts. In: Christina von Braun, Wilhelm Gräb, ders. (Hrsg.): Säkularisierung. Bilanz und Perspektiven einer umstrittenen Kategorie. Berlin 2007, S. 11–42; sowie den international orientierten Sammelband von Karl Gabriel, Christel Gärtner, Detlef Pollack (Hrsg.): Umstrittene Säkularisierung: Soziologische und historische Analysen zur Differenzierung von Religion und Politik. Berlin 2012. Knapp und anregend ist nun Detlef Pollack: Säkularisierungstheorie. In: Docupedia-Zeitgeschichte, 7. 3. 2013, ULR: http://docupedia.de//zg/.

16 Als Überblick siehe Heinz-Gerhard Haupt, Dieter Langewiesche (Hrsg.): Nation und Religion in der deutschen Geschichte. Frankfurt a. M., New York 2001; Manfred Gailus (Hrsg.): Nationalprotestantische Mentalitäten. Konturen, Entwicklungslinien und Umbrüche eines Weltbildes. Göttingen 2005.

17 Boris Krause: Religion und die Vielfalt der Moderne. Erkundungen im Zeichen neuer Sichtbarkeit von Kontingenz. Paderborn u. a. 2012. Krauses katholisch-theologische Dissertation klärt den Kontingenz-Begriff und entfaltet souverän ein Panorama der wichtigsten aktuellen Theorieansätze zum Verständnis des Zusammenhangs von Moderne und Religion.

18 Vgl. Nipperdey (Anm. 13), S. 143.

19 Max Weber: Wissenschaft als Beruf. In: ders.: Gesammelte Aufsätze zur Wissenschaftslehre. Hrsg. v. Johannes Winckelmann. Tübingen 1988 (7. Aufl.), S. 582–613, Zitat S. 611. – Weber zielt hier eindeutig gegen die Verlagsreligion des Eugen Diederichs und dessen »Lagarde-Kapelle« auf der Buch- und Graphik-Ausstellung in Leipzig 1914, siehe dazu Justus H. Ulbricht: Wider das »Katzenjammergefühl der Entwurzelung«. Intellektuellen-Religion im Eugen Diederichs Verlag. In: Buchhandelsgeschichte (1996), H. 3, S. 111–120.

20 Zum Kontext von Klatts Asienbegeisterung siehe Ulrich Linse: Asien als Alternative? Die Alternativkulturen der Weimarer Zeit: Reform des Lebens durch Rückwendung zu asiatischer Religiosität. In: Religionswissenschaft und Kulturkritik. Hrsg. v. Hans G. Kippenberg und Brigitte Luchesi. Marburg 1991, S. 325–364.

21 Fritz Klatt: Neue Religiosität. In: ders.: Ja, Nein und Trotzdem. Gesammelte Aufsätze. Jena 1924, S. 170–176; Zitat S. 171.

22 Zur Idee des neuen Menschen aus religionshistorischer Sicht siehe Gottfried Küenzlen: Der Neue Mensch. Zur säkularen Religionsgeschichte der Moderne. München 1994; bildungsgeschichtlich vgl. Ulrich Herrmann (Hrsg.): »Neue Erziehung«, »Neue Menschen«. Erziehung und Bildung zwischen Kaiserreich und Diktatur. Weinheim 1987; insbes. S. 11–32.

23 Ein beeindruckendes Panorama findet sich in Kai Buchholz u. a. (Hrsg.): Die Lebensreform. Entwürfe zur Neugestaltung von Leben und Kunst um 1900. Zwei Bände. Darmstadt 2001.

24 Vgl. die einschlägigen Gesamtdarstellungen von Volker Ulrich: Die nervöse Großmacht 1871–1918. Aufstieg und Untergang des deutschen Kaiserreiches. Frankfurt a. M. 1997; Joachim Radkau: Das Zeitalter der Nervosität. Deutschland zwischen Bismarck und Hitler. München 1998.

25 Dazu hat der Verf. mehrfach und ausführlich publiziert; vgl. Justus H. Ulbricht: »Meine Seele sehnt sich nach Sichtbarkeit deutschen Wesens«. Weltanschauung und Verlagsprogramm von Eugen Diederichs im Spannungsfeld zwischen Neuromantik und ›Konservativer Revolution‹. In: Gangolf Hübinger (Hrsg.): Versammlungsort moderner Geister. Der Eugen Diederichs Verlag – Aufbruch ins Jahrhundert der Extreme. München 1996, S. 335–374; ders.: Durch »deutsche Religion« zu »neuer Renaissance«. Die Rückkehr der Mystiker im Verlagsprogramm von Eugen Diederichs. In: Moritz Baßler, Hildegard Chatellier (Hrsg.): Mystik, Mystizismus und Moderne in Deutschland um 1900. Strasbourg 1998, S. 165–186; ders.: »Theologia deutsch«. Der Diederichs-Verlag und die Suche nach einer modernen Religion für Deutsche. In: Justus H. Ulbricht, Meike G. Werner (Hrsg.): Romantik, Revolution und Reform. Der Eugen Diederichs Verlag im Epochenkontext 1900 bis 1949. Göttingen 1999, S. 156–174; ders. »Transzendentale Obdachlosigkeit«. Ästhetik, Religion und »neue soziale Bewegungen« um 1900. In: Wolfgang Braungart, Gotthart Fuchs, Manfred Koch (Hrsg.): Ästhetische und religiöse Erfahrungen der Jahrhundertwenden II: um 1900. Paderborn u. a. 1998, S. 47–67.

26 Dazu neben Baßler/Chatellier (Anm. 25) auch Uwe Spörl: Gottlose Mystik in der deutschen Literatur der Jahrhundertwende. Paderborn u. a. 1997.

27 Zitiert nach Wolfgang Marhold: Kirche, Sekte, Mystik. Ernst Troeltschs Idealtypen religiöser Vergesellschaftung. In: Karl Gabriel, Hans-Richard Reuter (Hrsg.): Religion und Gesellschaft. Texte zur Religionssoziologie. Paderborn 2010 (2. Aufl.), S. 117 f. Die Formulierungen stammen von Troeltsch selbst aus dessen Werk »Die Soziallehren der christlichen Kirchen und Gruppen« (1912). Troeltschs sensiblen, fairen und kenntnisreichen Umgang mit außerkirchlicher Religiosität würdigt Volkhard Krech: Zwischen Historisierung und Transformation von Religion: Diagnosen zur religiösen Lage um 1900 bei Max Weber, Georg Simmel und Ernst Troeltsch. In: ders., Hartmann Tyrell (Hrsg.): Religionssoziologie um 1900. Würzburg 1995, S. 323–349.

28 Eckart von Sydow: Das religiöse Bewußtsein des Expressionismus. In: Neue Blätter für Kunst und Dichtung 1 (1918/19), Januar, S. 193–194, 199. Zit. n. Thomas Anz, Michael Stark (Hrsg.): Expressionismus. Manifeste und Dokumente zur deutschen Literatur 1910–1920. Stuttgart 1982, S. 243–247.

29 Ebd., S. 244.

30 Ebd., S. 244.

31 Ebd., S. 245.

32 Zur Sehnsucht schon der Vorkriegsavantgarde nach dem Mittelalter vgl. Magdalene Bushart: Der Geist der Gotik und die expressionistische Kunst. Kunstgeschichte und Kunsttheorie 1911–1925. München 1990. Zahlreiche Hinweise zu den religiösen und mittelaltersehnsüchtigen Aspekten expressionistischer Kunst auch in Cornelia Nowak, Kai Uwe Schierz, Justus H. Ulbricht (Hrsg.): Expressionismus in Thüringen. Facetten eines kulturellen Aufbruchs. Jena 1999. – Zur nach 1918 andauernden Mittelalter-Begeisterung siehe Otto Gerhard Oexle: das Mittelalter und das Unbehagen an der Moderne. Mittelalterbeschwörungen in der Weimarer Republik und danach. In: ders.: Geschichtswissenschaft im Zeichen des Historismus. Göttingen 1996, S. 137–162.

33 Albert Kalthoff: Die Religion der Modernen. Jena, Leipzig 1905, S. 9.

34 Stefanie Muhr: »Man kann ein Weltkind und gläubig sein«. Die Bauhütten-Idee als Nachkriegsutopie. In: Gertrude Cepl-Kaufmann, Gerd Krumeich, Ulla Sommers (Hrsg.): Krieg und Utopie. Kunst, Literatur und Politik im Rheinland nach dem Ersten Weltkrieg. Essen 2006, S. 65–71.

35 Winfried Mogge: »Dies uralte Haus auf Felsengrund …« Rothenfels a. M.: Geschichte und Gestalt einer unterfränkischen Burg. Würzburg 2012; Walther Zahner: »Die Kirche erwacht in den Seelen«. Romano Guardini und Burg Rothenfels. In: Christus: Zur Wiederentdeckung des Sakralen in der Moderne. Hrsg. von Anne-Marie Bonnet, Gertrude Cepl-Kaufmann, Klara Drenker-Nagels. Düsseldorf 2012, S. 229–254.

36 Walther Zahner: »Die Kirche erwacht in den Seelen«. Romano Guardini und Burg Rothenfels. In: Bonnet, Christus (Anm. 35), S. 229–254.

37 Auch dieser Raum wurde gemacht; vgl. Justus H. Ulbricht: Wo liegt Kaisersaschern? Mitteldeutsche Mythen und Symbolorte. Eine Spurensuche »deutschen Wesens«. In: Jürgen John (Hrsg.): »Mitteldeutschland«. Begriff – Geschichte – Konstrukt. Jena, Rudolstadt 2001, S. 135–158; ders.: »Wartburg – Weimar – Lebensgefühl« oder: In »deutscher Mitte«. Zur Konstruktion einer imaginären Region in wirklicher Landschaft. In: Gertrude Cepl-Kaufmann, Georg Mölich (Hrsg.): Konstruktionsprozesse der Region in europäischer Perspektive. Kulturelle Raumprägungen der Moderne. Essen 2010, S. 123–139.

38 Holger Brülls: Neue Dome. Wiederaufnahme romanischer Bauformen und antimoderne Kulturkritik im Kirchenbau der Weimarer Republik und der NS-Zeit. Berlin, München 1994.

39 Döblin gab seine Konversion im Kreise deutscher Exilanten 1943 bekannt; darob schrieb Bertolt Brecht sein Gedicht »Peinlicher Vorfall«. Beides ist Anlass für einen anregenden Artikel von Hans Joas: Braucht der Mensch Religion? In: ders.: Braucht der Mensch Religion? Über Erfahrungen der Selbsttranszendenz. Freiburg 2004, S. 12–31.

40 Die Geschichte und Dimensionen dieses Ideologiesyndroms, dessen Filiationen in bildender Kunst und Malerei der Moderne noch weitgehend zu erforschen wären, kann hier nur angedeutet werden. Zahlreiche Hinweise bei Richard Faber: Roma aeterna. Zur Kritik der »Konservativen Revolution«. Würzburg 1981; ders.: Abendland. Ein politischer Kampfbegriff. Berlin 2002; Dagmar Pöpping: Abendland. Christliche Akademiker und die Utopie der Antimoderne 1900–1945. Berlin 2002; Richard Faber, Uwe Puschner (Hrsg.): Preußische Katholiken und katholische Preußen im 20. Jahrhundert. Würzburg 2011; Richard Faber, Elmar Locher (Hrsg.): Italienischer Faschismus und deutschsprachiger Katholizismus. Würzburg 2013.

41 Kurt Heynicke: Der Willen zur Seele. In: Theorie des Expressionismus. Hrsg. v. Otto F. Best. Stuttgart 1976, S. 105–106; Zitat S. 105.

42 Vgl. Spörl, Mystik (Anm. 26); Daniel Hoffmann: Die Wiederkehr des Heiligen. Literatur und Religion zwischen den Weltkriegen. Paderborn u. a. 1998.

43 Neben den in Anm. 7 genannten Titeln finden sich zahlreiche Hinweise bei Eva-Maria Kaffanke: Der deutsche Heiland. Christusdarstellungen um 1900 im Kontext der völkischen Bewegung. Frankfurt a. M. u. a. 2001. – Anders als der Untertitel suggeriert, behandelt die Autorin nicht nur das im engeren Sinne völkische Feld von Kunst und Religion.

44 Zu den Debatten über Noldes religiöse Bilder bzw. Bildthemen vgl. Wolf-Dieter Dube: Zeichen des Glaubens – Expressionismus. In: Wieland Schmied (Hrsg.): Zeichen des Glaubens – Geist der Avantgarde. Religiöse Tendenzen in der Kunst des 20. Jahrhunderts. Stuttgart 1980, S. 109, insbes. S. 103; Manfred Reuther: Die »biblischen und Legendenbilder«. In: ders.: (Hrsg.): Emil Nolde. Die religiösen Bilder. Köln 2011, S. 9–22; Andreas Fluck: »Das grosse Werk« – Der Gemäldezyklus »Das Leben Christi« von 1911/12. In: ebd., S. 93–107.

45 Friedrich Wilhelm Graf: Die Wiederkehr der Götter. Religion in der modernen Kultur. München 2004. Dort S. 133–178 das Kapitel »Alter Geist und neuer Mensch« zur religiösen Situation um 1900.

46 Vgl. den anregenden Essay von Volkhard Krech: Götterdämmerung. Auf der Suche nach Religion. Bielefeld 2003.

47 Vgl. die Beiträge in Richard Faber, Frithjof Hager (Hrsg.): Rückkehr der Religion oder säkulare Kultur? Kultur- und Religionssoziologie heute. Würzburg 2008. Anregend ist auch Karl Gabriel: Jenseits von Säkularisierung und Wiederkehr der Götter. In: Aus Politik und Zeitgeschichte 52 (2008), Dezember-Heft, S. 9–15.

48 Solche Titelformulierungen setzen im Übrigen stillschweigend voraus, dass die Religion vorher entschwunden ist.

49 Hans Joas (vgl. die Anm. 39, 50) wird nicht müde zu betonen, dass Religion bzw. religiöse Erfahrungen nicht in der Funktionslogik von Kontigenzbewältigung aufgehen; er operiert mit der Kategorie der »Selbsttranszendenz« und der »Ergriffenheit«. Letzteres kann als Hinweis darauf gelesen werden, warum sich Religion und Kunst oftmals so nahe sind. Vgl. zur Geschichte des Begriffs der Selbsttranszendenz Hans Joas: Selbsttranszendenz und Wertbindung. Ernst Troeltsch als Ausgangspunkt einer modernen Religionssoziologie. In: Friedrich Wilhelm Graf, Friedemann Voigt (Hrsg.): Religion(en) deuten. Transformationen der Religionsforschung. Berlin, New York 2010, S. 51–64.

50 Den Begriff des »post-säkularen Zeitalters« hat zuerst wohl Jürgen Habermas in seiner Friedenspreisrede im Oktober 2011 geprägt. Kritisch dazu Hans Joas: Religion post-säkular? Zu einer Begriffsprägung von Jürgen Habermas. In: ders., Braucht der Mensch Religion? (Anm. 39), S. 122–128. Vgl. auch ders.: Führt Modernisierung zur Säkularisierung? In: Peter Walter (Hrsg.): Gottesrede in postsäkularer Kultur. Freiburg, Basel, Wien 2007, S. 10–18.

»KLASSISCHE MODERNE« BIS

88

MARIE ROSENKRANZ

EVIDENZ UND PLASTIK
AKTIVISMUS IN DER ARCHITEKTUR BEI FORENSIC ARCHITECTURE UND PINAR YOLDAS

98

FRIEDRICH VON BORRIES

DESIGN FORMT GESELLSCHAFT
EIN ESSAY

SYLVIA LEMKE

DIE BAU GEBUNDENE KUNST DER DDR AUF DEN SPUREN DES BAUHAUSES

DRESDNER BEISPIELE

Es gehörte zum Selbstverständnis einiger vor allem abstrakt arbeitender KünstlerInnen, sich in der Nachfolge der Bauhaustraditionen zu sehen. Doch wie viel Bauhaus steckt wirklich in der baugebundenen Kunst der DDR und entstand abseits von staatlich verordneten Inhalten und Formen?

Um diese Frage beantworten zu können, soll die baugebundene Kunst der DDR am Beispiel der Bestände des Büros für architekturbezogene Kunst (BfaK) des Rates des Bezirkes Dresden (1973–1990, nachfolgend als Institut für Urbanistik und Umweltgestaltung, bis 1991) ablaufschematisch und inhaltlich, aber auch – soweit es das historische Selbstverständnis des Bauhauses überhaupt erlaubt – stilistisch befragt werden. Die besprochene Werkgruppe wird heute im Kunstfonds[1] der Staatlichen Kunstsammlungen Dresden bearbeitet, der sich das zugehörige Archivmaterial vor allem mit dem Hauptstaatsarchiv Dresden teilt. In den Grundzügen geht die hiesige Betrachtung auf einen Artikel der Autorin in den »Dresdener Kunstblättern« zum 100-jährigen Bauhausjubiläum zurück, zieht hier allerdings Beispiele der Komplexstandorte zum Vergleich heran.[2]

Die Kunstlandschaft der DDR war sicherlich kein wertungsfreier oder gar leicht zu bedienender Raum. Zahlreiche kulturpolitische Debatten mit Einfluss auf ohnehin immer vorhandene Stilfragen, neue Möglichkeiten, aber auch Anforderungen von Material, Oberflächen, Formaten und Sichtbeziehungen eröffneten ein heterogenes Arbeitsfeld, auf dem sich vielseitige Kunstwerke entwickelten. In Abhängigkeit von der jeweiligen Lesart dieser Kunstepoche[3] spiegeln sich damals wie heute an den Objekten entweder Anerkennung[4] oder eine missbilligende, weil politisch verfärbte Rezeption von Kunst- und Kulturwissenschaftlerinnen. Dennoch ermöglichten die Umstände einer zentralisierten Steuerung auch die geplante und umfassende Gestaltung der Umwelt – mit allen Vor- und Nachteilen, die sich daraus ergaben.

Teil der zentralisierten kulturellen Verwaltung waren die Büros für Bildende (ab 1963) bzw. für Architekturbezogene (ab 1973) Kunst, wie sie in allen Bezirken der DDR eingerichtet worden waren. Sie fungierten als Kommunikations- und Kontrollorgan zwischen Auftraggebern, Künstlern, Handwerksbetrieben sowie den Begünstigten am Standort unter der Maßgabe kulturpolitischer Vorgaben. Neben der Auftragsbetreuung im BfaK oblag die Künstlerverwaltung dem Verband Bildender Künstler der DDR (VBK-DDR), der seine Mitglieder in eine Art Künstler-Fördernetzwerk aufnahm, wenn ihrem Antrag auf Mitgliedschaft stattgegeben wurde. Die Mitgliedschaft war freiwillig, wenngleich es ohne Aufnahme sehr viel schwerer war, an Aufträge und Ankäufe zu kommen und sich als KünstlerIn zu behaupten. Grundlegend sollte hier die didaktische Ausbildung zum Künstler zu den Mindeststandards gehören, während stilistische und politische Fragen offiziell nicht von Belang waren – nur wenige Künstler, wie der in Weimar und Dresden lebende französische Künstler Roger Bonnard, besaßen keine Mitgliedschaft.[5] Die Ausbildung an den verschiedenen Hochschulen des Landes verband auf diese Weise KünstlerInnen aller Gattungen im VBK-DDR zu einer Einheit. So zumindest der Gedanke, wenngleich es hier nicht um das gemeinsame Schaffen an sich, sondern die Verbindung der KünstlerInnen in geplanten Projekten ging. Somit ergab sich neben dem sozialen Aspekt auch eine Art produktive Vernetzung. Verstärkt wurde diese durch die Funktion der sogenannten »Künstlerischen Konsulenten«, wie sie in den Auftragsunterlagen des BfaK genannt sind. In der Regel wurden zwei Künstler den Abnahmesitzungen für baugebundene Aufträge als Beisitzer und Berater zur Seite gestellt und so in eine Art Werkstattgespräch mit dem ausführenden Künstler eingebunden.

Einen eigenen Zusammenschluss unternahmen im Jahr 1958 die Mitglieder der Genossenschaft Bildender Künstler Kunst am Bau[6] mit Sitz im ehemaligen Atelierhaus des Künstlers Edmund Moeller[7] in Dresden. Weit über 1990 hinaus hielt diese Verbindung, und noch heute findet sich die Nachfolgeeinrichtung am gleichen Ort.[8] Werke, die aus dieser Genossenschaft für den Bezirk Dresden hervorgingen, sind nicht selten mit dem Bestand des Kunstfonds verknüpft, sei es nun in Grafik, Malerei, Plastik oder auf dem Gebiet der baugebundenen Kunst. Eine Genossenschaft mit eigenem Brennofen für Keramikarbeiten und vergleichsweise viel Platz im Atelierhaus, dazu ein BfaK mit angegliederten Werkstätten und Kontakten zu ausführenden Handwerkern und Betrieben waren gute Voraussetzungen für die kostspielige und aufwendige Kunst im öffentlichen Raum.

Den Kontakt mit der überregionalen und internationalen Kunstwelt erfuhren die KünstlerInnen über Symposien und Ausstellungen, beispielsweise die »REDUKTA«-Ausstellung in Warschau/Polen,[9] wo eine weniger strenge Einreisepolitik und Offenheit für abstrakte Kunst herrschten. Dies alles unterstrich den Gruppen- und Vielfaltsgedanken, der die verschiedenen Künstlercharaktere und Gattungen auch über die Ausbildung sowie die Fach- und Genregrenzen hinaus miteinander verband – was zuvor auch im Bauhaus eine zentrale Rolle gespielt hatte. Auf regionaler Ebene unterstützte dieses Netzwerk die staatliche Anordnung eines für Kunst reservierten Prozentsatzes der Gesamtkosten für einen öffentlichen Neubau; ab 1973 betrug dieser 0,5 Prozent, was sich besonders an Komplexstandorten mit öffentlichen Einrichtungen lohnte.

Das Gesamtkunstwerk eines (öffentlichen) Gebäudes erstreckte sich in der DDR, wie auch bereits im Bauhaus, von der Gestaltung des Umfelds, über die Architektur bis in den Innenraum hinein auf das Mobiliar und teilweise sogar die Gegenstände darin. In der Summe wirkte sich dies auch auf die Wechselwirkung zwischen dem Lebensraum Stadt und dem einzelnen Bauwerk aus, die speziell in umfassenden Planungen aufeinander eingingen. Da öffentliche Gebäude meist Bestandteil komplexer Wohnbaustandorte waren, griff dieser Prozess ebenso im Privaten. Dort zeigt sich nicht nur die Bedeutung der Stadt für den Menschen, sondern auch die des Menschen als Individuum innerhalb der Gesellschaft. Wenngleich diese Bedeutung in der DDR politisch motiviert gewesen sein mag, führt der Weg der Entwicklung des sozialistischen Gesellschaftsbilds dennoch über die Wertschätzung des Lebensumfelds für den Menschen als Teil dieses Sozialgefüges. Nicht zuletzt war über die Kunst im öffentlichen Raum an Gebäuden und in Bezug auf diese auch eine direkte oder indirekte, vor allem aber stete Einflussnahme möglich.

Dem traditionsbewussten Standort Dresden wird keine besonders enge Bindung zur abstrakten Kunst nachgesagt,[10] denn die avantgardistische Formensprache, wie sie auch das Bauhaus anwandte, entsprach nicht den allgemein bekannten Vorgaben des »Sozialistischen Realismus«,[11] wie er in der DDR gewünscht wurde. Im Spannungsfeld aus wechselhafter Kulturpolitik, finanziellen Möglichkeiten und den Entscheidungen zwischen Tradition und Fortschritt, aber auch der Erhaltung und Planung von Stadtraum entstand so ein nur schwer einzuordnendes Stadtbild, dessen Genese Matthias Hahndorf und Martin Neubacher als »traditionell emotional umrungen« treffend beschreiben.[12]

Während vor allem in den 1950er und 1960er Jahren von offizieller Seite figürliche und gesellschaftspolitisch lesbare Formen gefordert wurden, erinnert sich der Künstler Karl-Heinz Adler, Gründungsmitglied der Genossenschaft Kunst am Bau und damals wie heute überregional bekannter Vertreter der Konkreten Kunst, wie sehr ihn die russische und Bauhaus-Avantgarde oder die Zeitschrift »de Stijl« inspirierten, die Ästhetik in Wissenschaft, Technik und Forschung zu entdecken und damit die Kunst in die Lebenswelt einer neuen Gesellschaft einzubinden.[13] Unter seinen Kollegen war er damit sicher kein Solitär. Besonders mit Friedrich Kracht verband ihn die Konkrete Kunst, auf deren Grundlage sie 1973 gemeinsam das Patent für ihr serielles Betonformstein-Programm anmeldeten,[14] dessen künstlerische Komponente die von Adler und Kracht entwickelten Versatzpläne in abstrakter oder gar figürlicher Form bildeten. Der serielle Betonformstein erzählt vom schmalen Grat zwischen Kunst und Kunsthandwerk. Er war ein Exponat auf der VIII. Kunstausstellung der DDR in Dresden,[15] und als Teil der Stadtgestaltung wurde er in den meisten Fällen von den Künstlern Adler und Kracht in unikater, dem Standort angepasster Formation angeordnet. Dennoch wurde er bis auf wenige Ausnahmen in den umliegenden Kreisstädten[16] keiner der vom BfaK betreuten künstlerischen Gestaltungen, sondern der Ornamentik und dem Kunsthandwerk zugeordnet. Ein ähnliches Schicksal erfuhr die Schriftgestaltung und Leuchtreklame in der DDR,[17] die sich zwischen figürlicher und abstrakter, kommerzieller und ideologischer Gestaltung des öffentlichen Raumes bewegte, aber nur in seltenen Fällen in den Unterlagen des BfaK finden lässt.[18] Auch am Bauhaus gehört die Werbegestaltung und Gebrauchsgrafik zu den heute weniger prominenten Gattungen.[19]

In seiner Erinnerung fand Adler die vereinenden Komponenten der Bauhaus-Kunst und des Anspruchs an die Kunst in der DDR: Die Kunst sollte ein essenzieller Baustein der Gesellschaft werden, diese prägen und verbinden. Stilistische Ähnlichkeiten ergänzten diese Nähe, wenngleich sie im Bauhaus selbst gegenüber inhaltlichen und handwerklichen Aspekten nachgeordnet waren. Da stilistische Mittel fernab der figürlichen Darstellung im kulturpolitischen Rahmen der DDR jedoch nur mit argumentativem Geschick zu realisieren waren, sind sie in der Betrachtung des Bauhaus-Erbes nicht zu unterschätzen.

Hajo Düchting erwähnt in seiner Publikation »Wie erkenne ich Bauhaus?« das von Walther Gropius geforderte Bauhaus-Programm eines Zusammenwirkens aller Künste (Gattungen) unter Leitung der Architektur.[20] Schon dieser

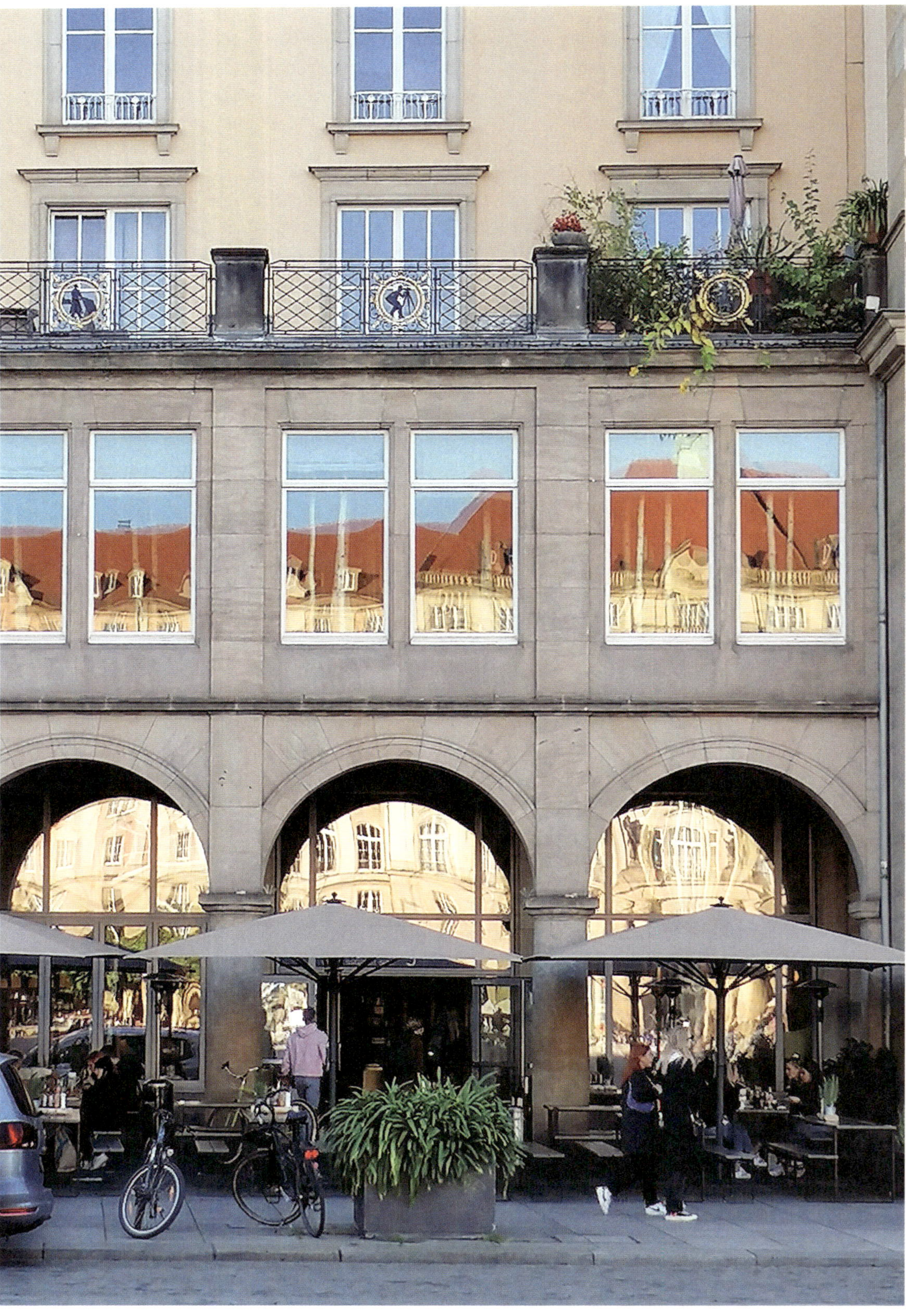

Gedanke macht ein figürliches Formenprogramm schwer integrierbar und unterstützt das hohe Aufkommen abstrakter Formen im Bauhauskontext. Auch die KünstlerInenn der DDR, die sich auf den Bauhaus-Spuren bewegten, folgten diesem Ansatz, sobald Architektur und Kulturpolitik es zuließen.

So waren nach dem Zweiten Weltkrieg architektonische, ökonomische und gesellschaftliche Aufbauleistungen zu unternehmen, die auch ideologische Probleme beinhalteten. Der Aufbau der neuen Lebensumwelt war demnach eine ebenso heterogene Aufgabe wie die Lösung, die er erforderte. Die Ideen des 1919 gegründeten Bauhauses boten hierfür einen möglichen Ansatz, denn sie beinhalteten ein ganzheitliches Konzept der ästhetischen Stadtgestaltung und der Zugänglichkeit von Kunst für jeden – ob KünstlerIn oder BetrachterIn. Auf der Suche nach dem richtigen Stil entspann sich an der Vorgabe des Sozialistischen Realismus, die den systemgerechten Menschen formen sollte, und der ästhetischen Auffassung eines Zusammenwirkens von Bau- und bildender Kunst 1959 die emotional stark aufgeladene Formalismusdebatte.[21] Die avantgardistische Kunst, die dem neuen formreduzierten Bauen viel zuträglicher war, rechnete man dem westlichen kapitalistischen Ausland zu und boykottierte daraufhin ihre Anwendung.[22]

Die nachstehenden Beispiele komplex geplanter Standorte betrachten die Bauhausspuren in Dresden, die neben künstlerischen auch in Wohnsiedlungsprojekten wie beispielsweise der Siemensstadt[23] oder Spandau-Haselhorst[24] ihr Vorbild finden. Im hiesigen Rahmen kann jedoch nicht tiefer auf Beispiele eingegangen werden, weshalb auf weiterführende Betrachtungen an anderer Stelle oder vor Ort verwiesen wird.

Dresdner Beispiele

Am Ensemble des Dresdner Altmarkts[25] (Bauzeit 1953 bis 1962) war die Anwendung avantgardistischer Formensprache und der Einheit von Architektur und Kunst noch nicht möglich. Die Entscheidung für traditionsbewusstes Bauen war getroffen, und so trug das Ensemble im spöttisch sogenannten »Zuckerbäckerstil« die barocke Formensprache in sich und verzerrte die ornamentreiche Formensprache disproportional auf die Größe von langen mehrgeschossigen Wohnriegeln. Dennoch bildet hier die Ausgestaltung des Areals durch eine Reihe junger KünstlerInnen in Bildhauer- und Mosaik-Arbeiten an den Wänden eine frühe Referenz für die künstlerische Stadtgestaltung. Die inhaltliche »sozialistische Persönlichkeitsentwicklung« wurde hier allerdings noch nicht versucht. Sich aus finanziellen und ideologischen Gründen von dieser traditionsverbundenen Bauweise zu verabschieden, bedeutete neben kostengünstigerem Plattenbau auch ein Umdenken bezüglich des Verhältnisses von Architektur und Kunstwerk.

1 Balkongitter im »Zuckerbäckerstil« am Altmarkt, Dresden 2021, Foto: Sylvia Lemke

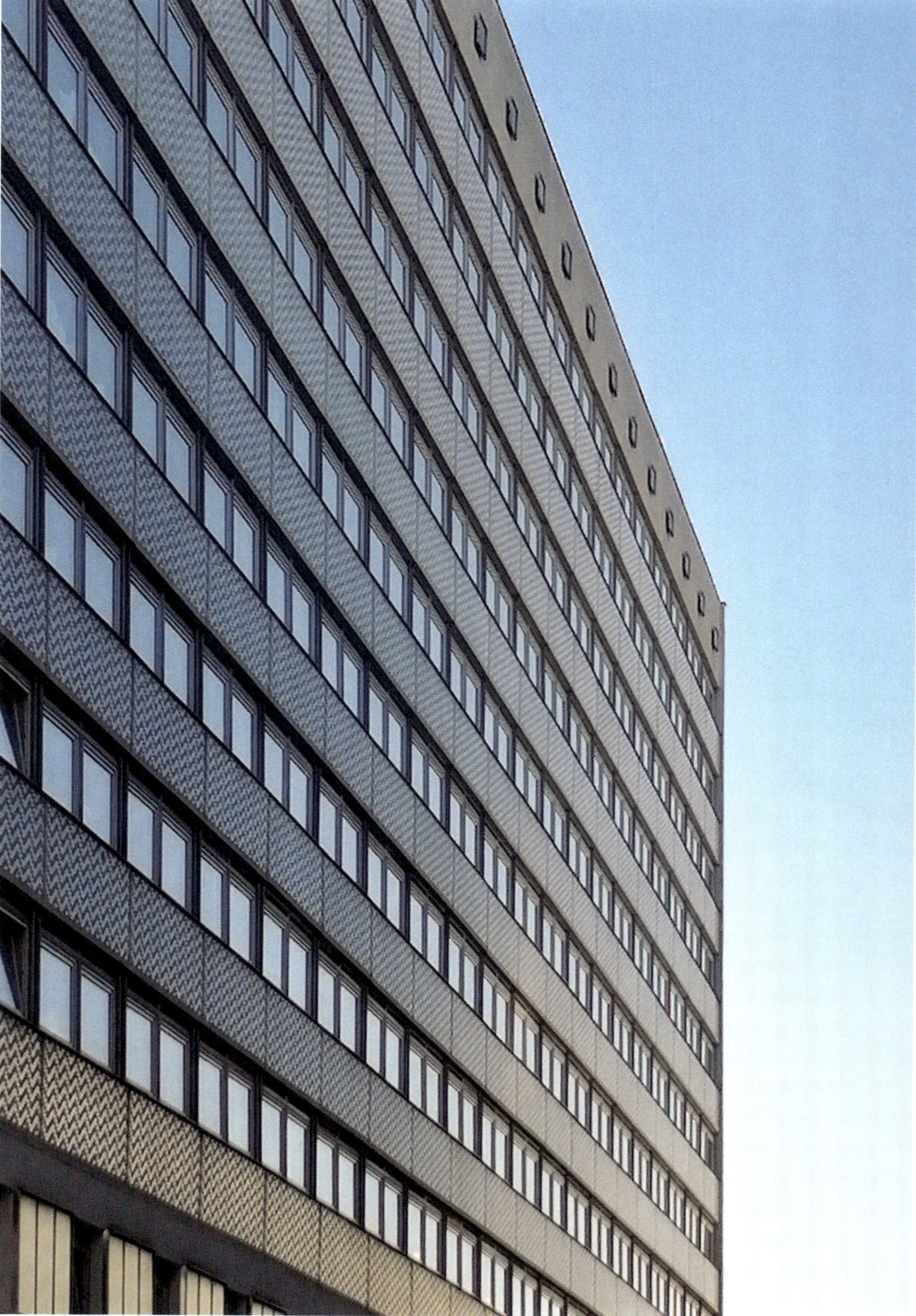

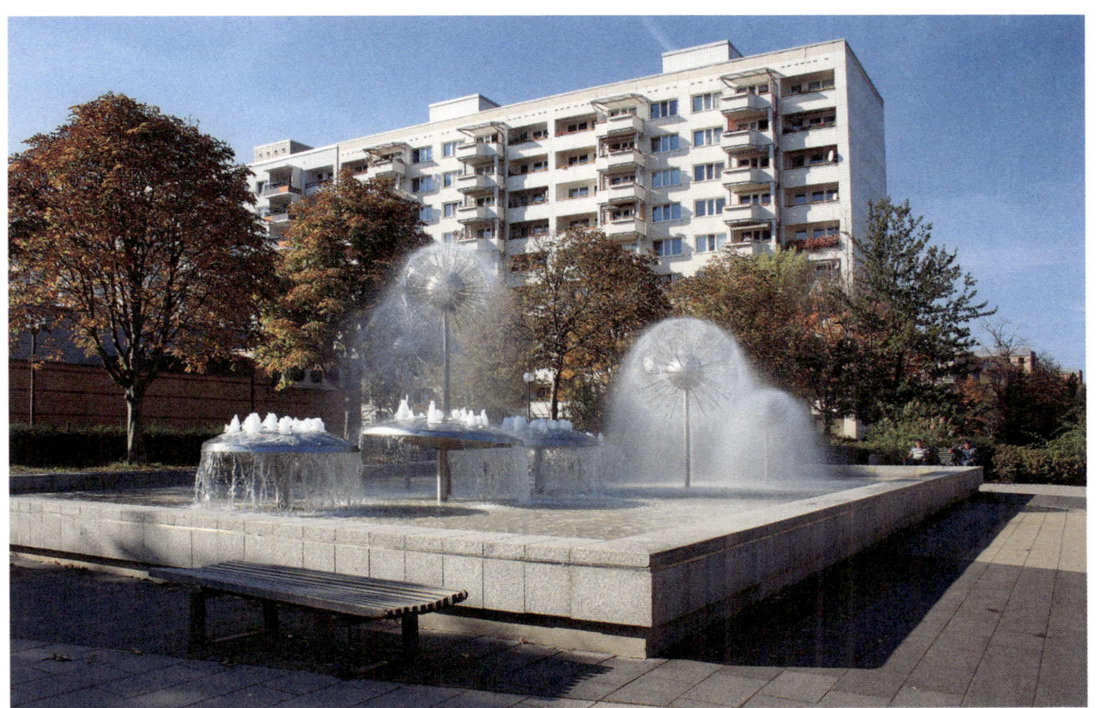

2 Glaskeramik-Mosaik, Fassade eines Ibis-Hotels in der Prager Straße, Dresden 2021, Foto: Sylvia Lemke

3 Leoni Wirth, Schalen- und Pusteblumenbrunnen, Stahl, 1969, hier nach der Reinstallation 2009 in Dresden-Prohlis 2017. Foto: Sylvia Lemke

An der Prager Straße[26] (Bauzeit 1965 bis 1972, künstlerische Ausgestaltung 1969 bis 1986) hingegen schien man auf die neu gewonnene Erkenntnis zu reagieren, indem man der Architektur mehr Eigenständigkeit einräumte und sie mit ornamentalem Fassadenschmuck versah, der eigens an die Sichtbarkeit angepasst wurde: Die hohen Fassaden erhielten eine strukturelle Auflage, während in direkter Nähe oder Sichtbeziehung zu den PassantInnen die Figürlichkeit zum großen Teil erhalten blieb. Ein großes Natursteinmosaik mit dem Motiv der Partnerstadt Leningrad von Franz Tippel, Kurt Sillacks Porzellanwandbild »Dresden, Stadt der Wissenschaft, Kunst und Kultur, grüßt seine Gäste« sowie Karl Schönherrs Bronzefigur zum Märchen »Tischlein deck Dich« und weitere figürliche Arbeiten in den Touristengärten zwischen den Hotels boten figürliche Anblicke. Ein Trinkbrunnen von Vinzenz Wanitschke, die Großplastik zum Thema Völkerfreundschaft von Wolf-Eike Kuntsche, Leoni Wirths Schalen- und Pusteblumenbrunnen und die Fassadengestaltung des Rundkinos durch den Künstler Gerhard Papstein bespielten den öffentlichen Raum mit abstrakter Kunst. Auf diese Weise wurde die Prager Straße für BesucherInnen der Stadt zum imageschmeichelnden Spiegel des zeitgenössischen Dresdner Kunstverständnisses.

Die 1973 vorgelegte künstlerische Konzeption für den Planstadtteil Prohlis[27] (künstlerische Ausgestaltung 1970 und 1973 bis 1989) aus der Hand des Künstlers Johannes Peschel, einem der Mitglieder der Genossenschaft Kunst am Bau, legte den Grundstein für die Ausgestaltung eines komplexen Wohnungsbau-Standorts im Südosten Dresdens. Hier kamen zur Gestaltung des frei zugänglichen Bereichs auch privatere Standorte wie Kindergärten und Schulen oder ein »Feierabendheim« für SeniorInnen hinzu. Die Spannweite der künstlerischen Aufgabe erstreckte sich deshalb von weitsichtigen großformatigen Flächen über die öffentliche Platzgestaltung bis hin zu kleineren Hofstrukturen.

Das Wandbild hatte in Dresden hier seine Hochphase an den Fassaden großer gleichförmiger Wohnquader entlang der Prohliser Allee und an der Herzberger Straße, die es für Anwohner und Gäste zu bespielen galt. Von den drei Prohliser Wandbildern ist eines noch vollständig am Ort erhalten – bezeichnenderweise ist es die mosaizierte Version konstruktivistischer Druckgrafiken des Künstlers Klaus Dennhardt, in denen er um 1977 weiche Formen im Druck miteinander überlagerte und mit ihren Wechselwirkungen experimentierte.[28] In direkter Nachbarschaft befanden sich einst auch Klaus Dennhardts plastische Elemente aus ähnlichen Versuchen mit Kugeln.

Am historischen Wahrzeichen der Stadt, dem Goldenen Reiter, öffnet der Neustädter Markt den Eingang zur Hauptstraße (künstlerische Ausgestaltung ab 1976). Zwei abstrakte Brunnen des Künstlers Friedrich Kracht, ebenfalls Mitglied der Genossenschaft Kunst am Bau, flankieren das barocke Reiterstandbild und finden in einem der anliegenden Höfe ihre Fortsetzung in einer von Friedrich Kracht und Karl-Heinz Adler entwickelten bewegten freistehenden Formsteinwand, die nur als Kunstwerk gelesen werden kann.

In direkter Nachbarschaft zur neustädtischen Hauptstraße, die als Pendant zur Prager Straße im Zentrum verstanden werden darf und sich hauptsächlich durch figürliche Freiflächen- und Innenraumgestaltungen auszeichnet, befindet sich das Hotel Bellevue (künstlerische Ausgestaltung 1983 bis 1986)[29] am Elbufer, welches im Gebäude und dem elbseitigen Garten eine üppige Ausstattung an Wand- und plastischen Gestaltungen erfuhr. Bemerkenswert erscheint hier der hohe Anteil an ungegenständlichen Kunstwerken: Neben einer großen Wandbildfläche aus dem international bekannten Meissener Porzellan im Foyer von Klaus Dennhardt schmückt sich das Hotel im chinoisen Stil mit einer Stahlplastik der Dresdner Ikone des Konstruktivismus, dem Künstler Hermann Glöckner.[30] Zahlreiche Textilobjekte von künstlerischem Wert erinnerten stark an die Weberei des Bauhauses.

Noch tiefer in den Innenraum dringt die Kunst im noch wenig erforschten Gästehaus »Glasewalds Ruh« (künstlerische Ausgestaltung 1984/85)[31] im Norden der Stadt vor. Hier gestalteten KünstlerInnen unter der Betreuung durch das BfaK im Außen- und Innenraum sogar Gebrauchsgegenstände und Geschirr. Ein Set mundgeblasener Gläser der Künstlerin Karin Korn gehört zu diesen Besonderheiten.[32] Näher konnte man dem Bauhaus in der DDR kaum kommen.[33]

Auf den ersten Blick scheint das Bauhaus sehr wenig mit der baugebundenen Kunst der DDR zu tun zu haben – staatlich verordnetes Auftragswesen und komplexe Hochhaussiedlungen trennen die beiden Ereignisse jedoch weniger voneinander, als sie die Verbindung der Künste mit der Architektur und Stadtlandschaft sowie die Entwicklung einer avantgardistischen Formensprache gegen kulturpolitische Widerstände vereinen. Damit erinnert die baugebundene Kunst der DDR daran, dass es, auf den ersten Blick verborgene, Spuren der Bauhaus-Rezeption in einer Gesellschaft gegeben hat, der noch bis heute oftmals jegliche Modernität abgesprochen wird.

1 Diese Sammlung ohne Museum besteht aus über 36 000 Werken nicht musealer Kunstwerke aller Gattungen mit Bezug zu Sachsen, die nach 1945 entstanden sind, und wird bis heute jährlich durch die Förderankäufe (seit 1992) der Kulturstiftung des Freistaates Sachsen und Schenkungen oder Nachlässe erweitert. Zudem setzt sich die heterogene Sammlung aus den Beständen des Büros für Bildende Kunst (RdB, Gründung 1963) und des Büros für Architekturbezogene Kunst (RdB, Gründung 1973), aber auch treuhänderisch verwalteten Werken aus ehemaligen Parteien- und Massenorganisationen, d. h. öffentlichen Einrichtungen, zusammen. Der Großteil der Akten aus dem Büro für architekturbezogene Kunst des Rates des Bezirkes Dresden (BfaK) wurde 1991 nach dessen Abwicklung dem Sächsischen Staatsarchiv – Hauptstaatsarchiv Dresden übergeben. Inventarverzeichnisse und Bildmaterial des Dresdner BfaK befinden sich im Kunstfonds. Die Beforschung weiterer Bestände steht noch an. Baugebundene Werke im Bezirk Dresden, die vor 1973 datiert werden, sind meist im städtischen (Rat der Stadt, Abteilung Kultur) oder ministerialen (Ministerium für Kultur, Gründung 1954) Kontext entstanden. 1985 erfolgte eine Verschmelzung laufender Aufträge der baugebundenen Kunst städtischer und Bezirksherkunft unter der Betreuung des BfaK.

2 Sylvia Lemke: Ideen des Bauhauses in der architekturbezogenen Kunst der DDR. In: Staatliche Kunstsammlungen Dresden (Hrsg.): Dresdener Kunstblätter (2019), H. 1, S. 42–51.

3 Besonders um und noch mehr als eine Dekade nach 1990 erscheinen zum Teil systemkritische Retrospektiven auf das Kunstgeschehen in der DDR, die mit Bedacht zu lesen sind, weil sie wenig Raum für den wertungsfreien internationalen Vergleich des Kunstgeschehens in der DDR und die, auch unter staatlicher Kontrolle bewahrte, Künstlerpersönlichkeit lassen. Zum Beispiel: Hannelore Offner, Klaus Schroeder (Hrsg.): Eingegrenzt – Ausgegrenzt. Bildende Kunst und Parteiherrschaft in der DDR 1961–1989. Berlin 2000.

4 Zeitgenössische Anerkennung fand die Architektur und bauplastische Kunst von staatlicher Seite aber auch von Künstlern und Architekten in zahlreichen Publikationen, unter denen hier die folgende beispielhaft genannt werden kann: Josef Adamiak, Rudolf Pillep: Kunstland DDR. Ein Reiseführer. Leipzig 1979. Auch heute gibt es Kunst- und ArchitekturwissenschaftlerInnen und LiebhaberInnen der Ostmoderne, die mit Bildern, Vorträgen und Publikationen an die Öffentlichkeit treten. Beispielhaft können hier die Erscheinungen von Christoph Liepach und Martin Maleschka für eine ganze Reihe von Ergebnissen stehen: Vgl. Christoph Liepach, Ben Kaden: Gera Ostmodern. Leipzig 2019; Martin Maleschka (Hrsg.): Architekturführer Eisenhüttenstadt. Berlin 2021.

5 Vgl. Dietmar Eisold (Hrsg.): Lexikon: Künstler in der DDR. Berlin 2010.

6 Vgl. Antje Kirsch, Sylvia Lemke: Produktionsgenossenschaft Kunst am Bau Dresden 1958–1990. Dresden 2011.

7 Vgl. Stefan Dürre in Antje Kirsch: Edmund Moeller. Auf der Suche nach einem vergessenen Dresdner Bildhauer. Dresden 2005, S. 7.

8 Vgl. www.freie-akademie-dresden.de/ (Zugriff: 11. 11. 2020).

9 Kunstverein IDEA Hünfeld-Fulda (Hrsg.): 20 Jahre Jürgen Blum. Kunstaktivitäten in Osthessen. 1994, S. 112.

10 Vgl. Birgit Dalbajewa: Eine Kunst der Zukunft. Die Rezeption der Malerei von de Stijl, Bauhaus und Konstruktivismus in den 1920er Jahren in Dresden. In: Susanne König, Gilbert Lupfer, Maria Obenaus (Hrsg.): Drehscheibe Dresden. Lokale Kunstszene und globale Moderne. Dresden 2018, S.112–124, hier S. 114.

11 Vgl. Hermann Meuche: Raum und Bild des Menschen. Beiträge zur Architektur und Bildenden Kunst. Berlin 1980, S. 177.

12 Matthias Hahndorf, Martin Neubauer: Die Geschichte einer zwiespältigen Liebe – Dresden und die Architektur der Ostmoderne. In: Moderne in Dresden. Spurensuche in einer Barockstadt. Dresdner Hefte. Beiträge zur Kulturgeschichte 37 (2019), Nr. 137, S. 26–34, hier S. 34.

13 Bozena Kowalska: Adler. Auf der Suche nach Ordnung und Raum. Berlin, Dresden 2005, S. 21.

14 Sylvia Lemke: Die Entwicklung und Bedeutung des seriellen Betonformsteinsystems anhand der Unterlagen aus dem Nachlass des Künstlers Friedrich Kracht unter Berücksichtigung der Doppelautorenschaft mit Karl-Heinz Adler (Masterarbeit an der Technischen Universität Dresden). Dresden 2015, S. 89 [Veröffentlichung in Kürze].

15 Ministerium für Kultur der DDR, Verband Bildender Künstler der DDR (Hrsg.): Katalog VIII: Kunstausstellung der DDR in Dresden. Dresden 1977/78, S. 235 (ohne Abbildung).

16 Das Archiv des Kunstfonds, die Staatlichen Kunstsammlungen Dresden und das Hauptstaatsarchiv Dresden geben Hinweise auf eine solche Betreuung, die ihren Ursprung vermutlich in der Aufwandsminimierung hatte.

17 Vgl. Dietmar Kreutzer, Beate Hellbach, Andreas Fack (Hrsg.): Plaste und Elaste. Leuchtreklame in der DDR. Berlin 2010.

18 Aus dem BfaK Dresden hervorgegangene Unterlagen und Akten befinden sich in Teilen im Kunstfonds der Staatlichen Kunstsammlungen Dresden und dem Hauptstaatsarchiv Dresden.

19 Vgl. Erich Mrozek: Plakat »Welt-Hölzer« (um 1932). Tempera, Tusche/Bütten. In: Peter Hahn u. a. (Hrsg.): Experiment Bauhaus. Berlin 1988, S. 186 f.

20 Hajo Düchting: Wie erkenne ich Bauhaus? Stuttgart 2019 (3. Aufl.), S. 56.

21 Vgl. Yvonne Fiedler: Kunst im Korridor. Private Galerien in der DDR zwischen Autonomie und Illegalität. Berlin 2013, S. 34 f.; Michael Berg, Knut Holtsträter, Albrecht von Massow (Hrsg.): Die unerträgliche Leichtigkeit der Kunst. Ästhetisches und politisches Handeln in der DDR. Köln, Weimar, Wien 2007; Offner/ Schröder (Anm. 3).

22 Kirsch/Lemke (Anm. 6), S. 9.

23 Hahn, Experiment Bauhaus (Anm. 9), S. 326 f.

24 Ebd., S. 324 f.

25 Vgl. Antje Kirsch: Kunst im Stadtraum. Dresden 2015, S. 70–101.

26 Vgl. ebd., S. 102–117.

27 Vgl. ebd., S. 138–151.

28 Dies geht zurück auf ein 2018 geführtes Gespräch der Autorin mit dem Künstler in dessen Atelier.

29 Archiv des Kunstfonds, Staatliche Kunstsammlungen Dresden.

30 Vgl. Franziska Stöhr, Michael Hering (Hrsg.): Hermann Glöckner – ein Meister der Moderne. Ausstellungskatalog. Köln, München 2019; Werner Schmidt: Hermann Glöckner. Maler und Werk. Dresden 1982; Staatliche Kunstsammlungen Dresden (Hrsg.): Christian Dittrich, Werner Schmidt: Glöckner: Gemälde und Zeichnungen. 1904–1945. Werkverzeichnis der Gemälde und Zeichnungen. Dresden 2010.

31 Archiv des Kunstfonds, Staatliche Kunstsammlungen Dresden.

32 Ebd.

33 Vgl. zum Beispiel Wilhelm Wagenfeld: Saucière mit Untersatz (1924), Neusilber, Ebenholzgriffe. Abbildung in: Hahn, Experiment Bauhaus (Anm. 19), S. 134 f.

LOUIS VOLKMANN

BAUHAUS UND OSTMODERNE

EINE BEGEGNUNG IN FOTOGRAFIEN

1
Das bin ich mit sieben Jahren im Garten vor unserem Haus, welches meine Eltern gebaut hatten. Das Grundstück dafür hatten sie gegen eine Wohnung eingetauscht. Es ist das Jahr 1990 in der DDR, die Mauer ist gerade ein paar Monate offen, und endlich konnten wir fehlendes Baumaterial einfach kaufen.

Fotos: Louis Volkmann

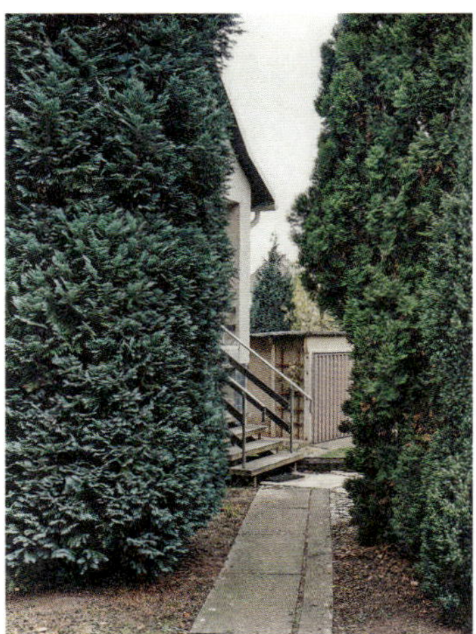

2

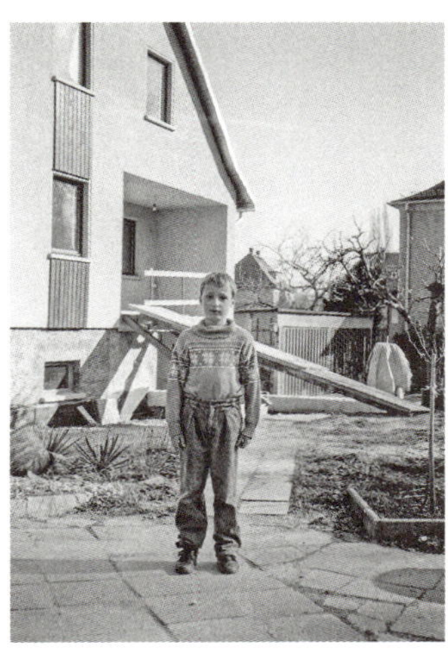

1

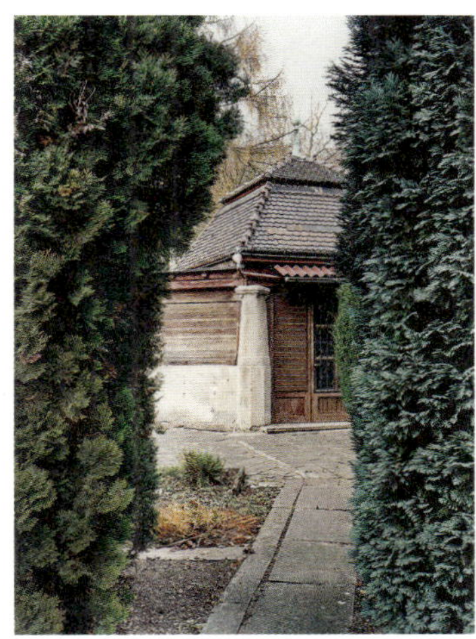

3

2 | 3
Das ist ein Foto 18 Jahre später, das Haus gehört jetzt nur noch meiner Mutter und wird ein Jahr später verkauft. Und hier die Richtung, in die mein Blick geht. Ein alter Gartenpavillon. Fotografie geht für mich immer in zwei Richtungen, sie zeigt in einer Weise das, was vor der Kamera war, und was dahinter. Mit diesem Bild lässt sich eine Haltung des Fotografen erkennen, es ist eine Reflexion eines Moments. Man schaut sich ein Foto an und verbindet damit etwas – ein Gefühl, eine Erinnerung, einen Ort, Menschen.

Auch in Beziehung zur Architektur lässt sich so ein Gefühl herstellen, wenn ich an bestimmte, prägende Orte zurückkehre. Was aber, wenn es diese Orte nicht mehr gibt oder sie extrem transformiert sind? In meiner theoretischen Diplomarbeit »Bildräume der Kindheit – Zur Wahrnehmung von Raum und Fotografie« schrieb ich 2009 eine subjektive autobiografische Nacherkundung von Kindheitsorten und -erinnerungen. Ein Ausschnitt aus dem Text »Werkstatt« im Kapitel »Außenraum«: »Die Werke körperlicher Arbeit waren an allen Stellen des Grundstücks wie Eingriffe in das Bild des Gartens. Vor dem Hausbau entstanden zwei Fertigteilgaragen, in denen die Werkstatt untergebracht war (Abb. 1 | 2 im Hintergrund). Später kamen noch die Werkstatt im Keller des Hauses und ein Arbeitsraum im alten Schuppen dazu. Überall im Garten lagen große Steine,

Ziegel, Rohre und Bretter aufgestapelt, in den Garagen waren die Werkzeuge versammelt. Es gab Werkzeuge zum Bohren und Schleifen und auch zum Trennen und Verbinden. Eine feste Verbindung schuf der Vorgang des Schweißens, er faszinierte mich am meisten. Es fand vor der Garage statt und mir wurde gesagt, dass ich nicht ins Licht sehen dürfe. Nicht zu lang und nicht zu nah, da das Licht hell blitzte und knisternde Geräusche von sich gab. Ich wusste, dass das gleißende Licht eine Gefahr sein musste, trotzdem schaute ich bei Gelegenheit einen Augenblick hin. Es war für mich ein kurzes Schauspiel ohne Zuschauer, ein geheimnisvolles Blendwerk. Mit ungeschützten Augen musste ich der künstlichen Sonne fernbleiben, die durch die extreme Hitze den Stahl zusammennähte und dabei weißes Feuer ausstrahlte. Der, der mit den hohen Temperaturen am Stahl operierte, war deshalb mit dem Lichtbogen allein und hatte immer eine eigenartige Maske oder Brille mit tiefdunklen Gläsern auf. Selbst gegen die volle Sonne gehalten konnte ich dadurch wenig erkennen. Aus dem Augenwinkel heraus mochte ich mich aber, während es für Sekunden blitzte und Funken sprühte, dem hochenergetischen Schauspiel nicht verschließen.«

Mit 20 Jahren zog ich von Gera nach Leipzig und begann ein Praktikum beim Fotografen Frank-Heinrich Müller. Am Anfang meiner fotografischen Entwicklung entdeckte ich Leipzig und fuhr in die Regionen außerhalb der Großstadt, um dort meine Themen zu finden und Formen zu lernen. Erst später begriff ich, dass die Orte, an denen ich mich sowieso alltäglich bewegte oder aufgewachsen war, mich schon geprägt hatten. Und die Menschen natürlich auch. Sei es die Radrennbahn, auf der ich fünf Jahre trainierte, mit dem blauen Geländer und den Formsteinwänden in Kreisform. Oder die Neubauschule Typ »Erfurt«, die Ende der 90er Jahre abgerissen wurde. Die Begründung war, es gäbe zu wenig SchülerInnen. Die deutlich ältere Realschule gegenüber aus der Zeit der Jahrhundertwende wurde hingegen saniert. Heute stehen billige Einfamilienhäuser dort, wo ich Ethikunterricht hatte.

Seit 2002 fotografiere ich also Architektur, gebaute Formen, die für mich immer auch soziale und politische Räume sind. Abwesende Menschen in meinen Bildern erhöhen nur die Konzentration auf die Spuren von ihnen. Meine kindliche Begeisterung, neue unbekannte Räume zu erkunden, setzte sich im Jugendalter fort mit dem Aufsuchen und Einsteigen in verlassene Wohnhäuser, Fabriken und ehemalige öffentliche Gebäude. Manchmal waren da auch die industrielle Moderne und das Bauhaus dabei.

Im Gespräch mit meinem Kollegen Axel Rachwalski, der das Museum »formgestaltung in der ddr« in Wernigerode betreibt, kamen wir auf folgende Aspekte: Wenn es ein Bauhaus-Erbe in der DDR gibt, dann vielleicht im pädagogischen Konzept der Ausbildung an den Hochschulen, also die Verbindung von Kunst, Handwerk und industrieller Serie. Dazu gehört auch im Prinzip die Zuwendung zum Industriellen überhaupt, also die Einbindung von studentischen Aktivitäten in die unmittelbare Produktion von Serienartikeln sowie die komplexe Umweltgestaltung und der Beginn industrieller Baumethoden. Nicht der elitäre Gestaltungswillen ist dabei leitend, sondern der Anspruch einer Arbeit für die Masse der Menschen.

In der DDR waren etwa 20 ehemalige BauhäuslerInnen in der Lehre, in der Bundesrepublik etwa 40, also arbeiteten im sozialistischen Staat eigentlich mehr Bauhaus-Erben als im Westen – bezogen auf die Bevölkerungszahl.

Offene Prinzipien, wie zum Beispiel WBS 70 (Wohnungsbausystem 1970), MDW (Möbelprogramm Deutsche Werkstätten), die Motorräder von Simson und MZ (Motorradwerk Zschopau), also die Veränderbarkeit, Flexibilität und die Reparaturfähigkeit, wurden von Anfang an mitgeplant. Individualität ist also nicht neben oder trotz der Serie, sondern durch die industrielle Serie gedacht und gewünscht. Die in der DDR am meisten gebauten Neubauwohnungen wurden ab 1973 aus dem WBS 70 realisiert. Dabei wurden regionale Prägungen und städtische Standorte in der Gestaltung berücksichtigt. Regionale Materialien wurden bei Balkonbrüstungen oder Fassaden- und Giebelgestaltungen zur Differenzierung des Erscheinungsbilds verwendet. Bei den ab den 1980er Jahren einsetzenden Innenstadtsanierungen ermöglichten neu entwickelte, kleinteiligere Sortimente ein lebendiges Erscheinungsbild. Dieses System aus sehr vielen einzelnen Bauteilen wurde kontinuierlich weiterentwickelt. Nur experimentell erprobtes innenwandfreies Wohnen mit änderbaren Grundrissen durch die Nutzer blieb aus verschiedenen Gründen Wunschdenken. Das ab 1967 von den Deutschen Werkstätten Hellerau produzierte Vollmontagesystem MDW 60 (Entwurf Rudolf Horn, Eberhard Wüstner, HIF Halle – Burg Giebichenstein) jedoch ermöglichte es, einen Möbeltyp in vielen Varianten selbst nach eigenen Vorstellungen zu planen und aufzubauen. Die bekannten und weltweit exportierten Motorräder von Simson und MZ sind noch heute beliebt wegen ihrer einfachen Konstruktion und Reparaturfähigkeit. Karl Clauss Dietel, Lutz Rudolph und andere Gestalter konnten die konstruktive Haltung der Hersteller, ihre Fahrzeuge bei feststehendem Grundprinzip aus sich selbst heraus stetig weiterzuentwickeln, im Sinne einer nachaltigen Nutzung zum beiderseitigen Gewinn beeinflussen.

Wie heute war ab den 1960er Jahren scheinbar alles da zum Leben, nur irgendetwas für den normalen Menschen mit seinen alten Gewohnheiten, der jetzt neu und individuell sein sollte, hat gefehlt. Aber die Grundfunktionen, der Bau von Verkehrswegen, die Nahversorgung, ausreichend viele und gut erreichbare Schulen, die gesamte Infrastruktur der Dienstleistungen, außerdem Kunst im öffentlichen Raum und Grünanlagen, das finde ich auch heute nicht selbstverständlich, obwohl es das längst sein sollte. Dieses Funktionieren aufrechtzuerhalten, ist heute schon Aufgabe; dann kommt jedoch dazu das jeweils weitere Anpassen an aktuelle Erfordernisse, was dann aber behutsam und mit Respekt vor der Vergangenheit und ihren Biografien passieren sollte. Ein neu gebauter, zentral geplanter Ort, der nach 30 Jahren schon wieder alterte, begegnete mir in der Leipziger Altstadt.

Bevor ich Fotografie an der Leipziger Schule studieren konnte, schrieb ich mich an der Universität ein und lernte den Campus in der Innenstadt als Student kennen. Die von 1968 bis 1978 neu gebaute Anlage gehörte für mich zum Stadtbild, doch Veränderung kündigte sich durch Neubaupläne und Abriss an. Von 2004 bis 2006 fotografierte ich die Hörsaal- und Seminargebäude, den Innenhof und auch die Mensa vor der Sanierung. Mir gefielen die Funktionalität der Bauten und die entstandene Hofsituation mitten in der Stadt. Seminarräume konnten durch Falttüren erweitert oder abgetrennt werden. Von einem Hörsaal konnte man in den nächsten wechseln und die Mensa auf zwei Etagen mit Südfenstern und Terrasse genießen.

Auch die Kunst am Bau erschien mir durch die Sozialisation in der DDR und nach der sogenannten Wende als selbstverständlich und sinnvoll mit der Architektur zusammengehörend. Erst mit dem bewussten Hinschauen und Fotografieren während meines Studiums wurde ich auf Verluste aufmerksam und versuchte, auch Bilder zu finden, die noch eine Spur zeigen von etwas, was einmal da oder dort gewesen war. Wenn ich heute Kunst am Bau und gestalteten Stadtraum anschaue, fehlt mir von den Realisateuren der Blick fürs Ganze oder auch der menschliche Maßstab. Da steht die Plastik nur noch als Dekoration am Rand, statt an prominenter Stelle eines Platzes. Fassadengestaltung reduziert sich scheinbar nur noch auf Farbflächen, die selten in einem harmonischen Verhältnis zur Umwelt stehen.

Was hat das Ganze jetzt mit Bauhaus zu tun? Auch zur Beantwortung einer solchen Frage möchte ich mich daran erinnern, wo und wie ich aufgewachsen bin. Das Bewusstsein für das Bauhaus und dessen Ansätze bzw. die Moderne und deren ästhetische und politische Haltung war bei mir nicht speziell ausgeprägt, aber die Formen sprachen mich an. Das gab einem das Gefühl, sich wie ein Mensch zu fühlen, die Proportionen schienen einfach zu stimmen. Erst 2005 blieb ich einen Tag länger in Dessau, als wir als FotostudentInnen ein Architekturprojekt mit der Stiftung Bauhaus fotografierten, und schaute mir die unterdessen zu »Klassikern« gewordenen Bauten an. 2015, bevor ich aus Leipzig wegzog, habe ich ausführlich das alte Hauptpostamt am Augustusplatz fotografiert und einen Kurzfilm darin gedreht. Dieser Film mit dem Titel »Post« lief dann 2015 in der offiziellen Auswahl des Leipziger Dokfilmfestivals. Die Schalterhalle kannte ich noch als Kunde, und dass dieser große Komplex so lange leer stand, hat es mir ermöglicht, meinen Blick auch dort zu üben.

4|5

In der Einzelausstellung in der galerie archiv massiv zum Herbstrundgang der Baumwollspinnerei 2015 kamen viele Menschen zu mir und erzählten mir ihre Erlebnisse, zum Beispiel, dass sie vor 1989 bis zu sechs Stunden auf einen Telefonanruf ins Ausland hatten warten müssen.

Kurt Nowotny, eigentlich kein Bauhaus-Schüler, entwarf direkt für das Postministerium viele technische Bauten, so auch die Fernseh- und UKW-Türme auf dem Kulpenberg/Kyffhäuser und in Dresden-Wachwitz. Die in der DDR zumindest von Formgestaltern und Architekten versuchte Einheit von Kunst und Architektur findet sich am Hauptpostamt in schöner Zurückhaltung wieder. Das Haus selbst ist ein künstlerisches Werk. Zwei mir bekannte Wandbilder von Bert Heller im Sozialistischen Realismus, dafür Muster im Steinfußboden, hochwertiges Parkett, schicke Typografie an den Türen, Klinken von Wolfgang Dyroff, spezielle Möbeleinbau-

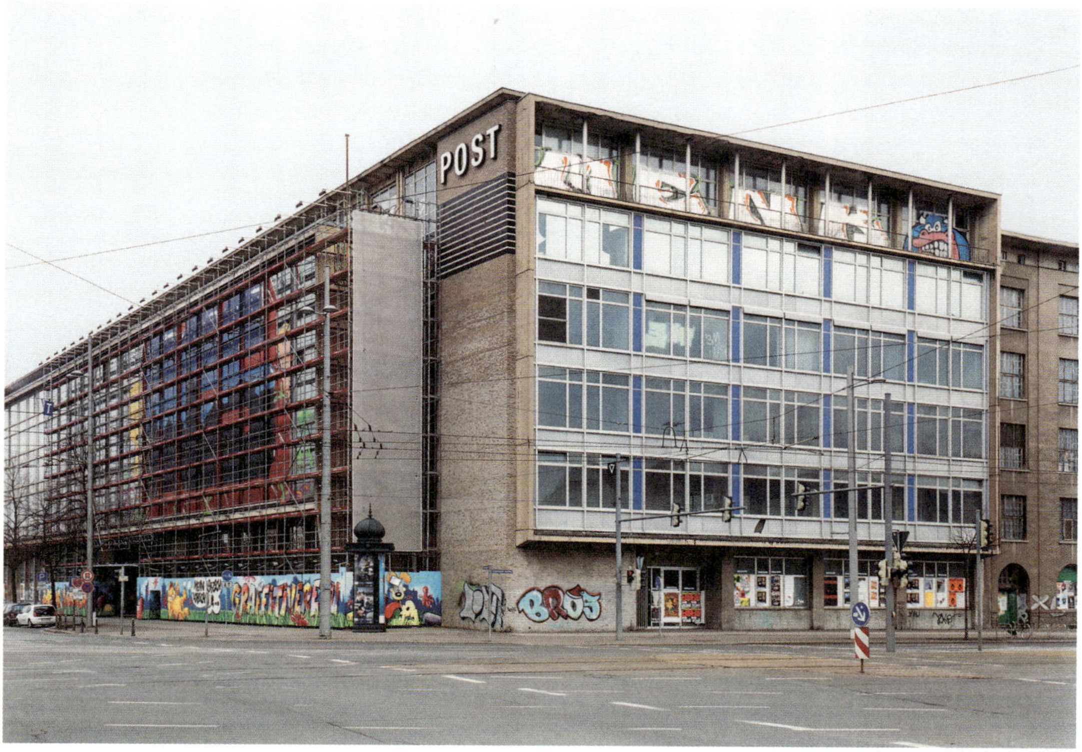

4|5

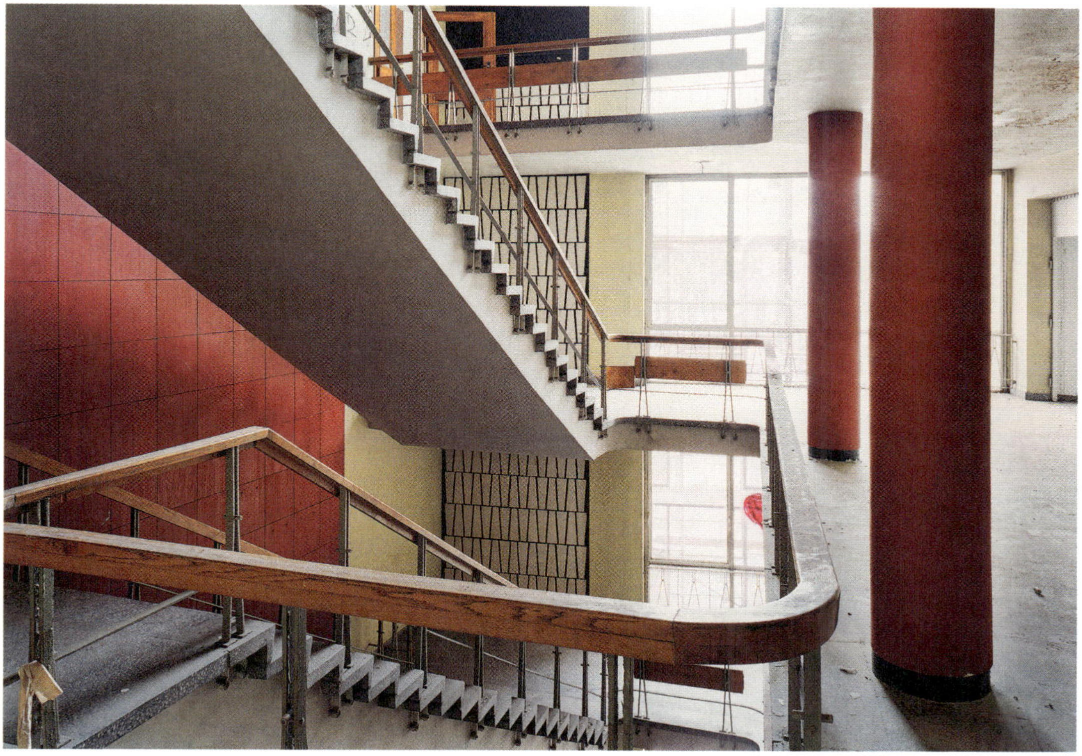

ten und eine der ersten Aluminium-Glas-Vorhangfassaden der DDR. Als stadtbestimmende Elemente vom ganzen Platz aus sichtbar waren die Uhr und die POST-Schrift vom Leipziger Grafiker und Maler Paul Zimmermann, den ich kurz vor seinem Tod noch kennenlernen durfte. Neben dem Postgebäude war der ganze Komplex damals ein Zentrum für alle Dienstleistungen rund um Brief, Paket und Kommunikation.

6–9
Fast zeitgleich wurden in der Dresdner Neustadt, auch an einer Kreuzung von Hauptstraße und Nebenstraße, ein neues Hauptpostamt mit Verwaltungsbau sowie eine Kantine mit Schalterhalle und Kiosk realisiert. Hier durfte die Typografie klein und verschieden sein. Um den Haupteingang gefliest sind übrigens Kacheln aus Meissener Porzellan von E. G. Clauss. In den Treppenhäusern finden sich Buntglasfenster und Farbgestaltungen, die Kantine öffnet sich mit einer großen Glasfassade zu einer Grünfläche. Der Lieferverkehr erfolgt rückwärtig über eine extra Zufahrt. Meine hier gezeigten Fotos sind übrigens alles analoge Aufnahmen auf Rollfilm bzw. Großformatnegativ mit 4 × 5 Zoll Fachkamera.

6–9

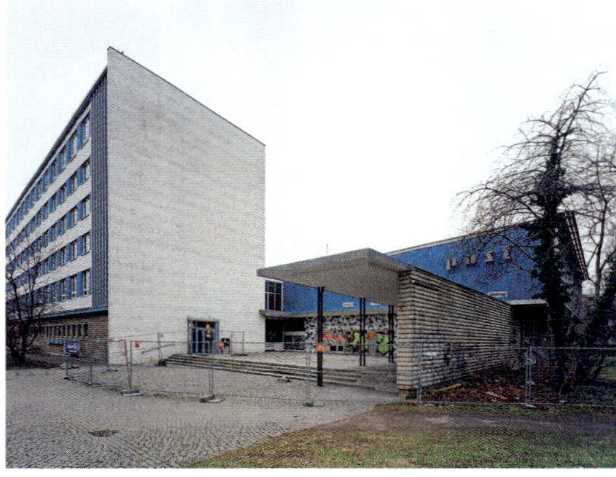

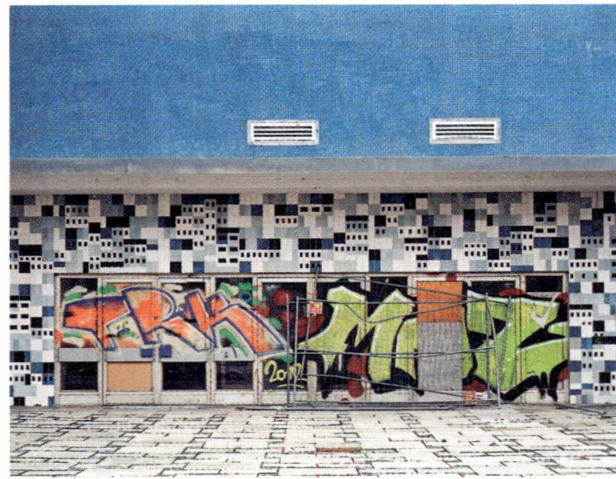

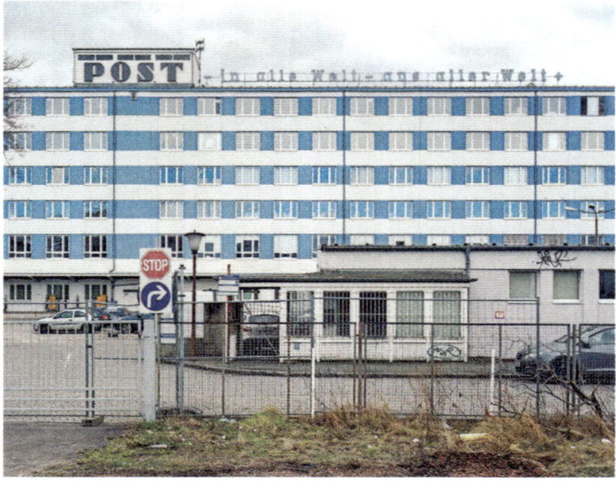

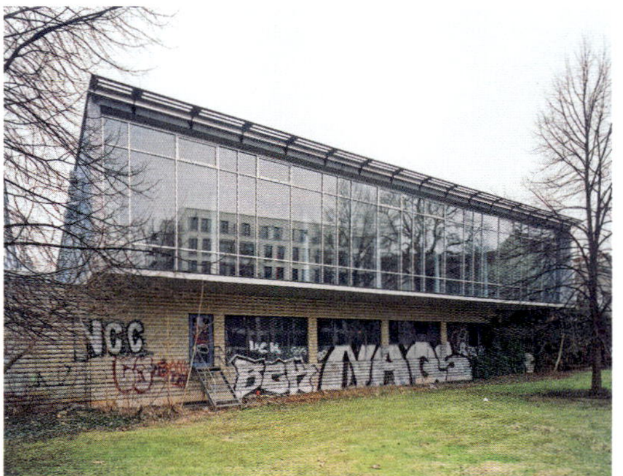

10–13
Mein aktuelles Projekt ist das Haus der Kultur in Gera, ein Komplex der späten Ostmoderne, fertiggestellt 1977 bis 1981, mit einer langen Planungsgeschichte. Als eines der letzten großen realisierten Kulturhäuser der DDR ist es wieder in meine Aufmerksamkeit gerückt. Mein Vater war dort seit Beginn Hausfotograf für Veranstaltungen und vieles andere, sein Archiv ist ein zeitgeschichtlicher Schatz für mich. In den Sälen und Foyers habe ich auch mein Abitur gefeiert, diverse Konzerte erlebt und das Kinderfilmfestival »Goldener Spatz« besucht. Heute ist das Haus am Zentralen Platz nicht voll ausgelastet, aber ohne Unterbrechung in Betrieb und natürlich sanierungsbedürftig. Neben dem großen Saal mit fast 1700 Plätzen und mehreren versenkbaren Bühnenelementen und verschiedenen Bestuhlungsvarianten gibt es andere Multifunktionsräume für Veranstaltungen, Konferenzen, Gaststätten.

Jeweils 180 Menschen arbeiteten im Kulturbereich und in den sechs gastronomischen Einrichtungen. Die Hauptattraktion ist aber eine durchgehende Reliefwand aus Freyburger Kalkstein über drei Etagen und 450 Quadratmeter, genannt »Lied des Lebens«. Unter der Leitung des in

10–13

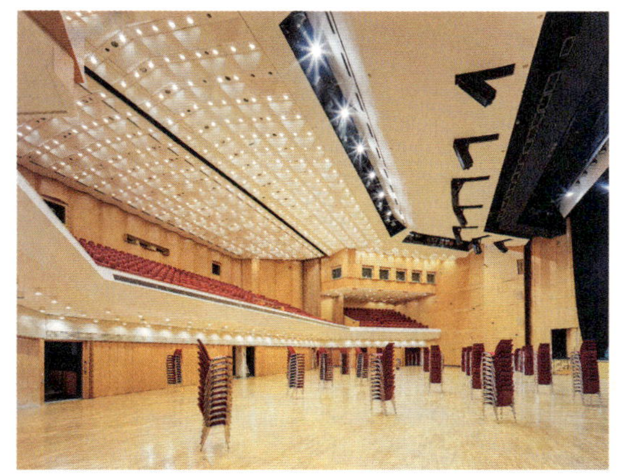

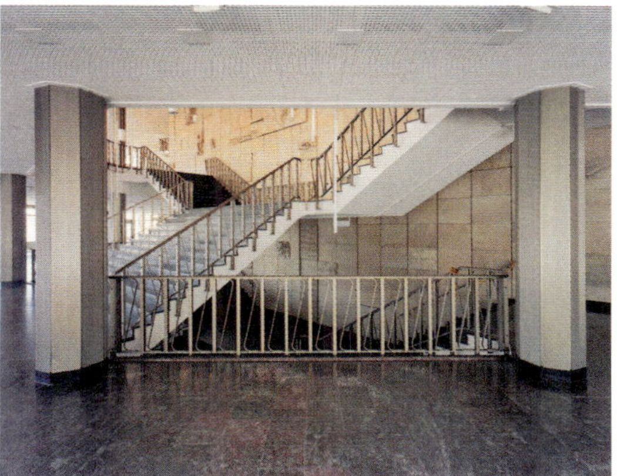

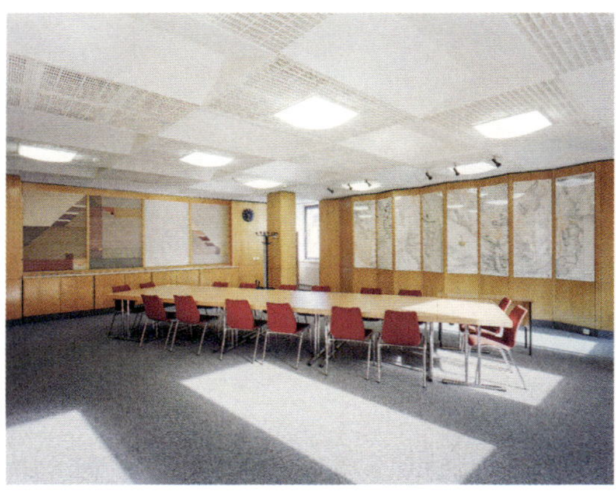

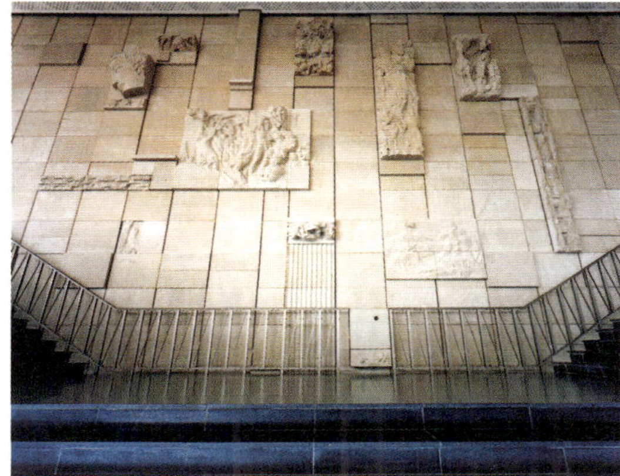

der DDR bekannten Bildhauers Jo Jastram sind fast 30 Künstler und Bildhauer mit über 50 Arbeiten dort integriert. Auch hier sehe ich einen Anspruch, verschiedene Künste und KünstlerInnen sowie HandwerkerInnen in einem Werk zu vereinen und etwas Gebautes als Gesamtes zu begreifen. Weiterhin gibt es im Haus keramische Wandarbeiten und Gefäße, textile Arbeiten, Zeichnungen, Malereien und Kleinplastiken als Türgriffe. Die Tische und Stühle, Stahlrohr mit schwarzem Leder, waren die gleichen wie im Gewandhaus Leipzig, gestaltet vom VEB Innenprojekt Halle. Weiterführend empfehle ich das Buch »HdK – Haus der Kultur Gera« (sphere publishers 2020), in dem zahlreiche Fotos meines Vaters und von mir gedruckt sind und ein geschichtlicher Überblick von Oliver Sukrow steht.

14
Als Schlussbild noch einmal der Blick vom Foyer nach draußen auf den Zentralen Platz. Seine Platzgestaltung mit Wohnblöcken, Brunnen, Treppen und Bänken hat dieser schon lange verloren. Verschiedene Bebauungspläne sind nie realisiert wurden, und hier ist auch meine Hoffnung, dass diese städtebaulichen Leerstellen als Chance begriffen werden und ostmoderne Architektur erhalten bleibt – weil sie für viele Menschen ein Teil ihres Lebens war und sie auch heute noch gute Architektur und Kunst am Bau darstellt.

Das Sehen von Bauten und die kulturelle Prägung dieser Blicke sind für mich die Fragen von heute. Betont ästhetisierende und dramatisierende Inszenierungen von Architektur haben ihren Wert. Für die Frage nach der Rolle von Architektur für individuelle und kulturelle Prägungen sind sie nur eingeschränkt aussagekräftig. Für meine eigenen Arbeiten folge ich daher einem anderen Ansatz. Anhand eigener Bildbeispiele aus der Region Mitteldeutschland stellte ich meine Herangehensweise an moderne Architektur und moderne Fotografie bzw. Film als Medium der Auseinandersetzung mit dieser Architektur dar. Dabei spielt auch die eigene Biografie in erlebten Räumen eine Rolle. Aus der Vergangenheit kann man lernen – allgemein und individuell. Aber es gelingt nur, wenn das Überlieferte, in diesem Fall also die Architektur, in einen gegenwärtigen Kontext gesetzt wird.

Für die Vermittlung dieses Beitrags danke ich dem Netzwerk ostmodern aus Dresden. 2006 als Bürgerinitiative gegründet, um den damaligen Abriss des Centrum-Warenhauses kritisch zu begleiten, besteht sie aus BürgerInnen, WissenschaftlerInnen und Vereinen, die nachkriegsmoderne Architektur wertschätzen. Wichtige Ziele sind Wissenstransfer und Durchlässigkeit bei den Themen Geschichte und Hintergrund, Kunst am Bau, Dokumentation, Inventarisierung und Vermittlung. Ein aktueller Erfolg ist die Rettung der robotron-Kantine des ehemaligen Mikroelektronikkombinats in Dresden.

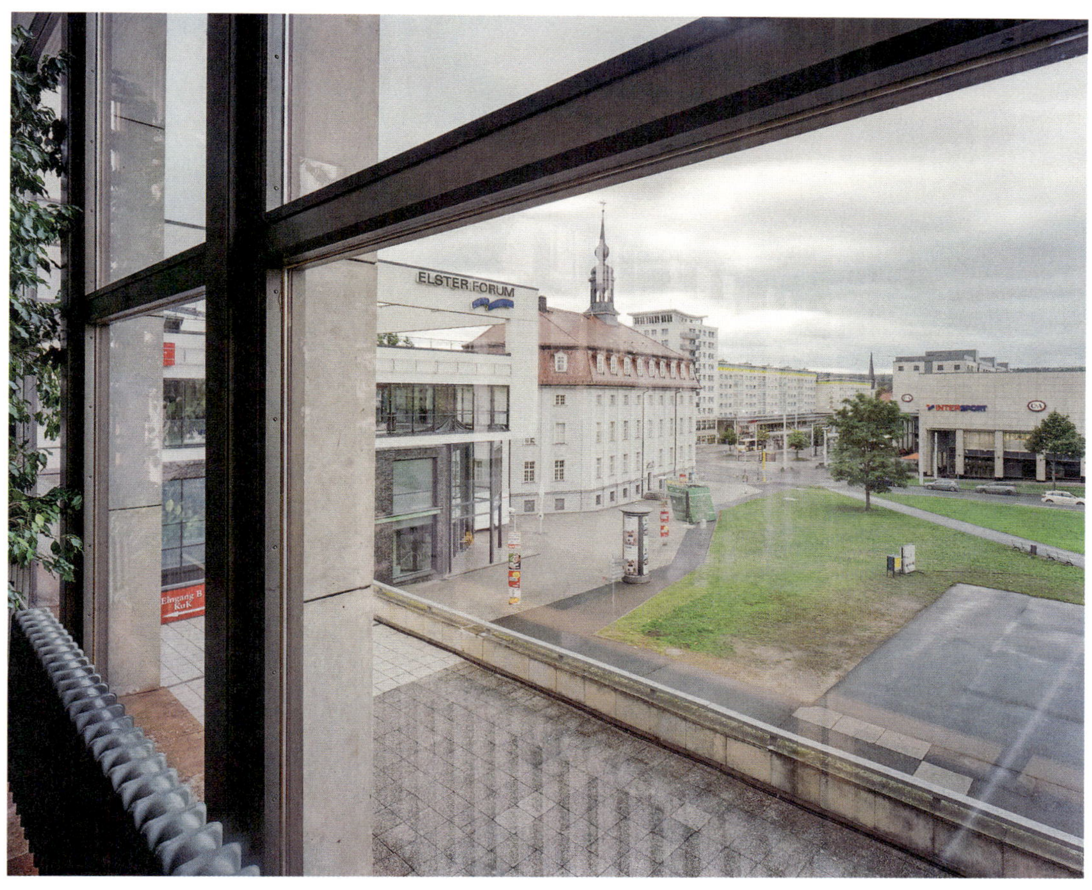

14

MARIE ROSENKRANZ

EVIDENZ UND PLASTIK

AKTIVISMUS IN DER ARCHITEKTUR BEI FORENSIC ARCHITECTURE UND PINAR YOLDAS

»Relational art«,[1] »participatory art«,[2] »direct action«[3] – das Einmischen der Kunst in die Gesellschaft hat Konjunktur – und viele Namen. Was ich in diesem Beitrag als künstlerischen Aktivismus bezeichne, ist ein Trend zum zunehmend direkten Eingriff der Kunst in die Politik, der seit 2011[4] nicht nur die bildende Kunst erfasst. Prominente Beispiele, die diesen Trend auch mit der Architektur verweben, ist das 2011 gegründete Londoner ArchitektInnenkollektiv »Forensic Architecture«, das Architektur dazu nutzt, Verbrechen aufzudecken. Auch die türkische Architektin und Künstlerin Pinar Yoldas verfolgt eine politische Praxis: Mit ihren Installationen macht sie zum Beispiel auf die Verschmutzung des Ozeans aufmerksam. Anhand dieser Beispiele fragt mein Beitrag: Was tun ArchitektInnen heute, um Gesellschaft zu verändern? Was zeichnet ihr politisches Handeln heute aus?

Während sich die sozial engagierte Kunst besonders für soziale Beziehungen als formbares Material interessiert – und dafür teilweise unter Verdacht steht, das Sinnliche zu vernachlässigen, um sich einer »ästhetischen Verantwortung«[5] zu entziehen –, scheinen die von ArchitektInnen hervorgebrachten aktivistischen Projekte etwas eindeutiger auch von ästhetischen Prinzipien bestimmt zu sein.[6] Was Joseph Beuys als »soziale Plastik« beschrieben hat, wird durch aktivistische Projekte von ArchitektInnen im besonderen Sinne doppelt erfüllt: Nicht nur die sozialen und politischen Verhältnisse gelten als formbar, sondern die Strategien und Konzepte des Eingriffs selbst sind Verfahren ästhetisch-politischer Formgebung und auf Sinnlichkeit angelegt. Während die Bezeichnung »plastisch« als Stoffeigenschaft vor allem Formbarkeit – und somit, im politischen Sinne, Kontingenz – betont, werden im Alltagsjargon[7] Darstellungen als »plastisch« beschrieben, denen eine besondere Erfahrbarkeit und Eingängigkeit zugeschrieben wird.[8] Beide Bedeutungen begründen den Versuch, durch Kunst politische Verhältnisse nicht nur zu thematisieren, sondern sie auch zu formen, und dabei gleichzeitig eine Erfahrbarkeit von Veränderung zu produzieren, die über das reine Verändern hinausgeht – ein ästhetischer Politisierungseffekt. Ich möchte zwei Beispiele behandeln, die diesen Zusammenhang veranschaulichen.

Architektur als Analysetool

»Forensic Architecture« ist eine 2011 gegründete Forschungsagentur mit Sitz in Goldsmiths, University of London, die Menschenrechtsverletzungen und Gewalt durch Staaten, Polizeikräfte, Militärs und Unternehmen untersucht. Das Kollektiv arbeitet mit zivilgesellschaftlichen Institutionen und Medien zusammen, um Ermittlungen mit und im Auftrag von Gemeinschaften und Einzelpersonen durchzuführen, die von Konflikten, Polizeibrutalität, Grenzregimen und Umweltgewalt betroffen sind. »Forensic Architecture« nutzt für seine Untersuchungen Open Source Daten, Techniken der räumlichen und architektonischen Analyse sowie immersive Technologien. Es werden Bilder, Videos und Informationen zusammengetragen und Fälle visuell aufbereitet.[9] Zu den Fällen des Kollektivs

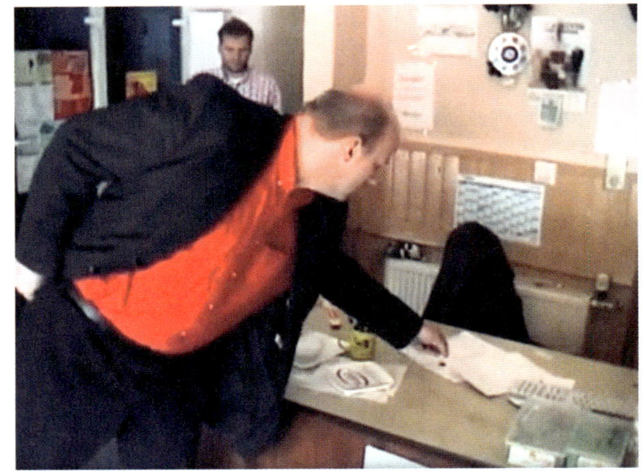

1 Kurz nach seiner Verhaftung 2006, Andreas Temmes Nachstellung, wie er das Internetcafé verlässt. Video Still, Youtube

gehört eine Untersuchung zum Brand des Londoner Grenfell Towers 2017, bei dem 72 Menschen ums Leben kamen, die Explosion im Hafen von Beirut 2020, Polizeibrutalität bei den Protesten der Black-Lives-Matter-Bewegung sowie unterlassene Hilfeleistung gegenüber Geflüchteten am und im Mittelmeer.

Eyal Weizmann, der Gründer des Kollektivs »Forensic Architecture«, sieht Architektur als »political plastic«, als »soziale Kräfte, die sich verlangsamen und in einer Plastik gerinnen«.[10] Gebäude dokumentieren demnach gesellschaftliche Verhältnisse, im Falle von Verbrechen sind sie Beweismaterial. »Die ›Architektur‹ in der ›forensischen Architektur‹ bedeutet [...] mehrere [...] Dinge: Architektur ist abwechselnd Gegenstand der Untersuchung, die Forschungsmethode und die Art der Präsentation.«[11] Der Arbeit des Kollektivs liegt dabei ein Verständnis von Architektur zugrunde, das das politische Potenzial von Architektur vor allem im Analytischen und Wehrhaften (»Counter-Forensics«[12]) verortet – nicht etwa im utopischen Entwerfen und Bauen. Dabei spielen dennoch nicht nur architektonische Verfahren eine Rolle, sondern die räumliche Umgebung von Verbrechen wird als konstitutiv für die Aufklärung erachtet.

Nicht nur auf die Praxis von »Forensic Architecture«, sondern auch auf die politischen Kontexte, in denen das Kollektiv agiert, möchte ich mit meinem Beitrag die Aufmerksamkeit lenken. Eine Kontinuität zur Zeit des Bauhauses besteht nämlich auch in den aktuell wieder erstarkenden »rechten Bedrohungsallianzen«.[13] So ist »Forensic Architecture« in Deutschland vor allem durch die Rekonstruktion des Mordfalls Halit Yozgat bekannt geworden, den ich als Beispiel vorstellen möchte.

Am 6. April 2006 wurde der 21-jährige Halit Yozgat am Schreibtisch seines familiengeführten Internetcafés in Kassel ermordet. Sein Tod war der neunte von zehn Morden, die zwischen 2000 und 2007 in Deutschland vom Nationalsozialistischen Untergrund (NSU) begangen wurden – mit erheblichen Verzögerungen in der Aufklärung, welche auch Anlass boten für eine Auseinandersetzung durch »Forensic Architecture«. Das Internetcafé der Familie Yozgat und die neuneinhalb Minuten, in denen die Tat begangen wurde, beschreibt »Forensic Architecture« als »Mikrokosmos des NSU-Komplexes«,[14] an dem sich vieles rekonstruieren lässt. Zum Zeitpunkt des Mordes saß der Geheimdienstoffizier Andreas Temme, zu dieser Zeit Mitarbeiter des Verfassungsschutzes, im Nebenzimmer. Temme hatte im anschließenden Verhör sowie später vor Gericht behauptet, er habe den Mord nicht bemerkt. Seine Aussage wurde als gültig anerkannt. Ende 2015 gelangten jedoch Dokumente aus der ursprünglichen polizeilichen Untersuchung des Mordes ins Internet – Berichte, Zeugenaussagen, Fotos sowie Computer- und Telefonprotokolle. Im November 2016 beauftragten zivilgesellschaftliche Organisationen »Forensic Architecture«, Temmes Aussage auf Basis dieses Materials noch einmal zu überprüfen. Einer der wichtigsten Beweise war ein Video, in dem Andreas Temme in den Minuten nach Yozgats Mord seinen Weg aus dem Internetcafé nachstellte (Abb. 1). »Forensic Architecture« baute ein physisches Modell des Internetcafés im Maßstab 1:1 nach und stellte wiederum Temmes Nachstellung nach, um dessen Aussage zu untersuchen. Die Untersuchung ergab, dass Temme »die Schüsse gehört, den Rauch gerochen und den Körper am Boden gesehen haben müsste«[15] – er also nicht nur Zeuge des Verbrechens war, sondern auch im Moment der Rekonstruktion des Mordes eine Straftat beging.[16]

Transfer

»Forensis« leitet sich auch von »Forum« ab und wird bei »Forensic Architecture« als Transfer von Beweismaterial zwischen Wissenschaft, Staat und Öffentlichkeit verstanden.[17] In der Praxis schlägt sich das in einem Austausch mit Institutionen der Kunst, Gerichten und politischen Institutio-

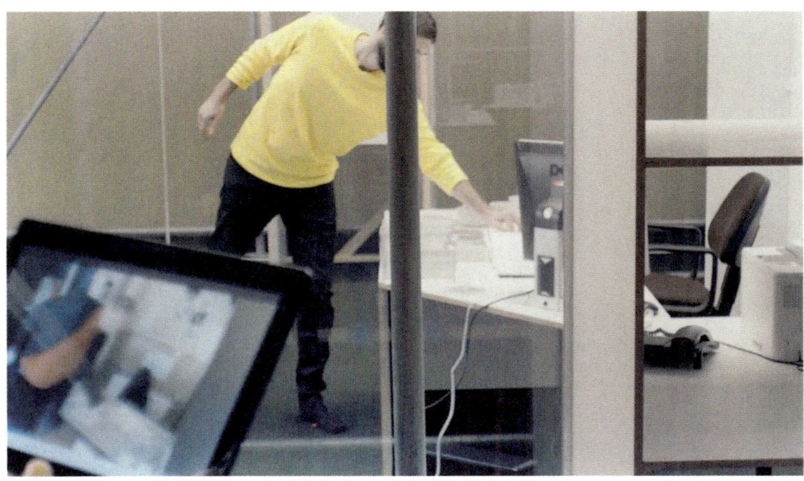

2 Nachstellung der Nachstellung durch »Forensic Architecture«, 2017

nen nieder. Die visuelle Rekonstruktion (Abb. 2) wurde unter anderem auf der documenta 14 in Kassel gezeigt und war mit daran beteiligt, die öffentliche Debatte zum NSU-Komplex auszuweiten.

Die Counter-Forensis von »Forensic Architecture« ist ein aktuelles Beispiel dafür, wie architektonische Verfahren und Modellierungen konkret zur Auseinandersetzung mit gesellschaftlichen Missständen wie rassistischen und kriminellen Strukturen eingesetzt werden können. Dabei ist Architektur nicht nur ein illustratives Mittel, Produkt oder diskursiver Kontext, sondern der zentrale modus operandi. Der Hebel zum Gestalten der Gesellschaft wird – anders als beim Bauhaus – nicht im utopischen Entwerfen und Bauen gesehen, sondern in einer Praxis der Gegenwehr, die auf ein ganz anderes Repertoire an Technologien und Daten zurückgreift. Doch auch in seiner Ausrichtung als Gegenpraxis lässt sich das Projekt in gewisser Weise utopisch verstehen: »Forensic Architecture« macht sich zu einer grenzüberschreitenden, öffentlichen und partizipativen Recherche-Agentur, die die Verfahren der Architektur der Gesellschaft zur Verfügung stellt.[18]

Die Gegenwart, in der sich die Frage dieses Beitrags »Was tun ArchitektInnen heute, um Gesellschaft zu verändern?« stellt, ist jedoch noch von weiteren Krisen geprägt. Eine Vielzahl von kunstaktivistischen Projekten wendet sich zum Beispiel auch der Klimakrise und der Zerstörung von Natur zu.[19] Auch hier spielen Informationen eine wichtige Rolle – und ihre plastische Darstellung.

3 Rendering der Installation »Hollow Ocean« bei der Biennale in Venedig, Stand April 2021, Pinar Yoldas

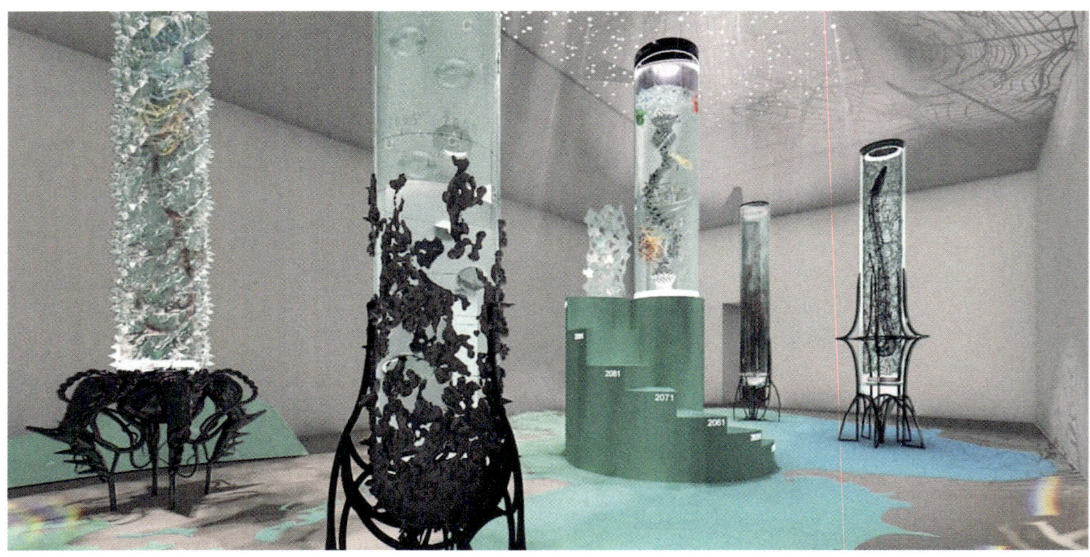

Die türkisch-amerikanische Architektin Pinar Yoldas stellt für die Architektur-Biennale in Venedig 2021 einen begehbaren Ozean her. In ihrer Installation »Hollow Ocean« (Abb. 3), die mit fünf bis zur Decke ragenden Säulen andeuten soll, dass die BesucherInnen sich unterhalb der Wasseroberfläche befinden und dort zu Fuß umsehen können, konfrontiert Pinar Yoldas das Publikum mit sechs »Kapiteln« der Zerstörung des Ozeans.

Das erste Kapitel, »Plastic Ocean«, befasst sich mit der Invasion von Wasserlebewesen durch künstliche synthetische Polymere – Plastik. Das zweite Kapitel, »Dark Ocean«, befasst sich mit Ölbohrungen, im dritten Kapitel geht es um die Phantomnetze, die durch Fischerei im Ozean vagabundieren und sich mit Körpern von Meeresschildkröten, Haien und Delfinen verflechten. Im Kapitel »Acid Ocean« geht es um die Übersäuerung der Ozeane, und das spekulative Kapitel »Empty Ocean« ist der globalen Erwärmung gewidmet – hier werden die Auswirkungen der Klimaerwärmung auf die Ozeane thematisiert. Jede Säule markiert eines dieser Themen, wobei die Säule »Acid Ocean« zur Interaktion einlädt und durch Stufen umrahmt ist, die die BesucherInnen besteigen sollen – analog zum Anstieg des Säuregehalts im Wasser. Die mit Jahreszahlen markierten Stufen vergrößern sich Schritt für Schritt, um das exponentielle Voranschreiten dieser Entwicklung zu zeigen. Die dystopische, immersive Installation[20] oszilliert zwischen einem schockierenden und mystischen Moment. Das Tageslicht schimmert durch Strahler von der Raumdecke auf den Boden, die Wassersäulen stützen das bei näherem Hinsehen fragile ökologische Gleichgewicht der imaginierten Wassermassen, schön und bedrohlich zugleich.

»It is time to think of art as a powerful tool«,[21] sagte Pinar Yoldas in einem Vortrag zum Kunstverständnis hinter ihrem Projekt. Dabei sind einerseits die Dringlichkeit (»it is time«), andererseits der Einsatz der Kunst als Werkzeug (»tool«) zwei Aspekte kunstaktivistischen Denkens, die sich nicht nur bei Yoldas finden[22] und die angesichts der Autonomie der Kunst historisch gesehen durchaus kontingent erscheinen. Während »Forensic Architecture« das Wissen der Architektur forensisch einsetzt, sieht Pinar Yoldas die Kunst dazu in der Lage, wissenschaftliche Erkenntnisse über den Einfluss des Menschen auf den Ozean erfahrbar zu machen, das Wissen mit Neugier und anderen Affekten zu verbinden – eine Plastik im vielfachen Sinne, die die Formbarkeit der politischen Verhältnisse, der Rolle der Kunst, sowie die ästhetische Erfahrung betont. Dass es dabei auch um Plastik als zerstörerischen Stoff des Anthropozäns geht, ist eine Ironie der Begrifflichkeiten.

Dass Architektur und Kunst nicht schon immer als Werkzeuge begriffen wurden, sondern ihnen in spezifischen historischen Momenten diese Rolle zukommt, macht letztlich auch die anhaltende Faszination utopischer Bewegungen wie die des Bauhauses aus. So ist es auch als kontingent zu betonen, dass KünstlerInnen heute die Rolle als Agenten der Forensik und Wissenschaftskommunikation annehmen. Dies ist eine Entwicklung, die sich zwar in die Diversifikation der KünstlerInnenrolle[23] in der Spätmoderne einfügt, gleichzeitig aber in einer Aufgabe der Außenseiterrolle resultiert und eindrücklich markiert, wo heute gesellschaftlicher Handlungsbedarf besteht und wo Hebel zur Veränderung gesehen werden. Das Postfaktische lässt sich als verbindende Problematik markieren, derer sich aktivistische KünstlerInnen und ArchitektInnen durch ihre Arbeitweise widmen, und das wie eine Querkategorie die inhaltlichen politischen Debatten durchzieht, in denen KünstlerInnen und ArchitektInnen zunehmend mitmischen.

Klar: Architektur ist auch abseits des Aktivistischen, welches sich durch eine besondere Offensichtlichkeit des politischen Handelns auszeichnet, verschränkt mit politischen Fragestellungen. Der gebaute Raum ist nicht zuletzt seit dem »Aufstieg der kreativen Klasse«,[24] den der amerikanische Philosoph Richard Florida konstatiert hat und der Städte zum Spielfeld der Wertsteigerung hat werden lassen, ein Politikum, das gerade die Architektur und Stadtplanung ins Zentrum politischer Debatten gestellt hat. Auch die Innenschau der Architekturbranche unterliegt zahlreichen politischen Fragestellungen, etwa der Nachhaltigkeit, im Zusammenhang mit der sozial-ökologisch zu stellenden Bodenfrage und regenerativen Designparadigmen, im Zusammenhang mit Arbeitsbedingungen und der internationalen Zusammenarbeit (z. B. im Zusammenhang mit dem Brexit) – die Liste ließe sich fortsetzen. Eine Metareflexion dieser Entwicklungen findet in aktivistischen künstlerischen Praktiken statt – zur Gentrifizierung sei hier nur das Projekt »Park Fiction«[25] in Hamburg genannt, zu den Arbeitsbedingungen etwa das Projekt »GULF Labor«[26] zum Bau des Guggenheim Abu Dhabi. Künstlerischer Aktivismus ist auch deshalb wissenschaftlich in den Blick zu nehmen: Hier wird meine heutige Frage, wie sich Kunst, Architektur und Politik verhalten, intensiv bearbeitet.

Jubiläen wie 100 Jahre Bauhaus und 100 Jahre Joseph Beuys sind ein Anlass, um auf die heutigen Praxen aktivistischer Kunst und Architektur ein besonderes Augenmerk zu legen – und um nach Brüchen und Kontinuitäten zur heutigen Praxis zu fragen. Den ganzen historischen Bogen vom Bauhaus bis »Forensic Architecture« müsste man in einem eigenen Buchprojekt spannen, das unterschiedliche theoretische Verständnisse von Veränderung, Ansätze und Strategien vergleicht. Für die Kunst gibt es bereits einige Publikationen, die den heutigen künstlerischen Aktivismus zu seinen Vorläufern in Beziehung setzen.[27] In Rahmen dieses Buchbeitrags muss ich es bei einer These belassen, die eine – womöglich offensichtliche – Kontinuität betrifft und zugleich eine Differenz aufmacht. Das gesellschaftsverändernde Potenzial, das heutiger Kunstaktivismus und das Bauhaus der Kunst und Architektur unterstellen, verbindet das Bauhaus und die hier verhandelten Beispiele.

Trotzdem weisen die Projekte von »Forensic Architecture« und Pinar Yoldas den historischen Vergleich selbst von sich. Sie zeichnen sich durch eine eigentliche Zeitlichkeit, eine Dringlichkeit aus, die sie radikal im Jetzt situiert. Sie berufen sich selbst auf keine Tradition aktivistischer Kunst oder gesellschaftsverändernder Architektur, sie arbeiten sich nicht an einem historischen Erbe oder an den weitreichenden Debatten der künstlerischen Autonomie ab,[28] sondern performen stattdessen das, was sie auch für die Gesellschaft geboten halten: politisches Handeln. Dabei nutzen sie ästhetische Verfahren, mit denen sie nicht nur ein kurzes Bild der Betroffenheit erzeugen, sondern Informationen ins Gedächtnis der BetrachterInnen einschreiben, die zu ignorieren es einiger Anstrengung bedarf. Nicht die Utopie des Bauhauses, sondern Dystopie und der radikale Realismus der Forensis präsentieren sich hier als Modi von aktivistischer Produktion und Imagination.

Finden Sie das unbefriedigend? Ich glaube, ich nicht. Wenn der Gehalt auch dystopisch ist, der Einsatz der Kunst bewahrt sich ein utopisches Moment. Aktivistische Architektur präsentiert sich hier als ästhetische Wissenspraxis, die Politik verändern kann – und dass, ohne sich mit ihr gemein zu machen.

1 Nicolas Bourriaud: Relational Aesthetics. Art of the 1990s. In: Right about Now. Art and Theory since the 1990s. Amsterdam 2008.

2 Claire Bishop: Artificial Hells: Participatory Art and the Politics of Spectatorship. Brooklyn/NY 2012.

3 Karen van den Berg, Cara M. Jordan, Philipp Kleinmichel: The Art of Direct Action: social sculpture and beyond. Berlin 2019.

4 Hier war z. B. Occupy Wall Street eine Zäsur. Yates McKee: Strike Art: Contemporary Art and the Post-Occupy Condition. New York 2016.

5 Marc James Léger: Aesthetic Responsibility: A Conversation with Krzysztof Wodiczko on the Transformative Avant-Garde. In: Third Text 2014, Heft Nr. 28/2. S. 123–136.

6 Der Kultursoziologe Tasos Zembylas gebraucht den Begriff »künstlerische Praktiken« zur Abgrenzung von »ästhetische[n] Praktiken«. Er fasst als »künstlerische Praktiken« nicht einen rein materiellen Schaffensprozess durch KünstlerInnen, sondern allgemeiner Praktiken der Kunst als Feld, in dem gearbeitet und gehandelt wird. Vgl. Tasos Zembylas: Artistic practices: social interactions and cultural dynamics. London, New York 2014. Um dies so verstandene »Feld« geht es hier, da sich diese Projekte eben nicht dadurch auszeichnen, nur für einen Kunstdiskurs produziert zu werden.

8 Achim Trebeß (Hrsg.): Metzler Lexikon Ästhetik: Kunst, Medien, Design und Alltag. Stuttgart, Weimar 2006.

9 »Forensic Architecture« bekommt projektbezogen Förderungen von unter anderem den Open Society Foundations und dem European Research Council.

10 Eyal Weizman: Forensic Architecture: Notes from Fields and Forums. Forensische Architektur: Notizen von Feldern und Foren. Berlin 2016, S. 16 (Übers. der Verf.).

11 Eyal Weizman: Forensic Architecture: Violence at the Threshold of Detectability. New York 2017, S. 58.

12 Thomas Keenan: Photography and Counterforensics. In: Grey Room 2014, Heft Nr. 55, S. 58–77.

13 Manuela Freiheit, Peter Sitzer, Wilhelm Heitmeyer: Rechte Bedrohungsallianzen. Berlin 2020.

14 Forensic Architecture: The Murder Of Halit Yozgat. https://forensic-architecture.org/investigation/the-murder-of-halit-yozgat, Zugriff: 26. 4. 2021.

15 Ebd. Übers. der Verf.

16 Zahlreiche Medien berichteten über dieses Material, z. B. Tom Sundermann und Sybille Klormann auf ZEIT Online: NSU Mord in Kassel: Nichts gehört, nichts gesehen oder doch schlicht gelogen? 6. April 2017.

17 Weizman, Forensic Architecture (Anm. 10)

18 Die Gruppe organisiert sich nicht nur selbst als Kollektiv, sondern die Fälle werden kollaborativ mit zivilgesellschaftlichen Organisationen, WissenschaftlerInnen, JournalistInnen gemeinsam umgesetzt, es können sowohl Fälle als auch Material eingereicht werden.

19 »Forensic Architecture« behandelt so z. B. auch ein Ecocide in Indonesien, sowie »forensische Ozeanographie«. Vgl. Forensic Architecture: https://forensic-architecture.org/category/forensic-oceanography, Zugriff: 26. 4. 2021.

20 Die Installation ist mir zum Zeitpunkt des Schreibens nur als Rendering und durch einen Vortrag von Pinar Yoldas zugänglich, der im April 2021 im Rahmen der Ringvorlesung »Apokalypse und Weltrettung« an der Zeppelin Universität gehalten wurde. Vgl. https://www.zu.de/lehrstuehle/kunsttheorie/apokalypse-und-weltrettung_ringvorlesung.php, Zugriff: 26. 4. 2021.

21 Vgl. Pinar Yoldas' Website Eintrag zum Projekt »Hollow Ocean«: https://yoldas.medium.com/hollow-ocean-986d40ca5e28, Zugriff: 26. 4. 2021.

22 Ein Beispiel ist etwa die Bewegung der Arte Útil rund um die kubanische Künstlerin Tania Bruguera: Vgl. z. B. das Museum of Arte Útil, https://www.arte-util.org/studies/museum-of-arte-util/ Zugriff: 26. 4. 2021. »Arte Útil«.

23 Beatrice von Bismarck: Auftritt als Künstler: Funktionen eines Mythos. Köln 2010.

24 Richard Florida: The Rise of the Creative Class. New York 2002.

25 Park Fiction: »... die Wünsche werden die Wohnung verlassen und auf die Straße gehen«. https://park-fiction.net, Zugriff: 26. 4. 2021.

26 Andrew Ross (Hrsg.): The Gulf. High Culture Hard Labour. New York, London 2015.

27 Claudia Mesch: Art and Politics: A Small History of Art for Social Change since 1945. London 2013; Yates McKee: Strike Art: Contemporary Art and the Post-Occupy Condition. New York 2016.

28 Uta Karstein, Nina Tessa Zahner (Hrsg.): Autonomie der Kunst? Zur Aktualität eines gesellschaftlichen Leitbildes. Wiesbaden 2017.

FRIEDRICH VON BORRIES

DESIGN FORMT GESELLSCHAFT

EIN ESSAY

Ich sitze am Schreibtisch und bin müde. Der Tag war lang, die Nacht zuvor haben die Kinder schlecht geschlafen und ich deshalb auch. Nun sind sie wieder im Bett. Endlich Zeit zum Arbeiten. Ganz oben auf meiner To-do-Liste steht dieser Text über das Bauhaus und die Frage, ob Gestaltung Gesellschaft verändern kann – und der Esstisch, der noch nicht abgedeckt ist. Wie lässt sich die Fallhöhe zwischen dem historischen Bauhaus, dem Gesellschaftsdesign und dem dreckigen Geschirr aushalten? Oder anders gefragt: Warum soll man sich mit dem Bauhaus beschäftigen, wenn noch so viel anderes zu tun ist? Und ist für das, was heute zu tun ist, ein Blick auf das Bauhaus sinnvoll?

Das historische Bauhaus stand, verkürzt ausgedrückt, vor der Frage, mit welchen neuen, unkonventionellen Gestaltungsansätzen die in seiner Zeit virulenten Probleme industrieller Produktion gelöst und eine moderne Kultur und gerechte Gesellschaft erschaffen werden könnten. Es ging also darum, wie man Gestaltung so weiterentwickelt, dass sie nicht mehr bürgerliche oder gar aristokratische Repräsentationswünsche erfüllt, sondern den Idealen und der Verfasstheit der entstehenden demokratischen Gesellschaft einen Ausdruck verleiht. Oder besser noch: wie man deren hehre Ideale und Vorstellungen in gelebte Wirklichkeit und materielle Kultur übersetzt. Dazu gehörten der Wohnungsbau, aber auch Gegenstände des täglichen Bedarfs. Etwa die berühmten Möbel wie der Freischwinger, auf dem man nicht sitzt wie auf einem Thron, sondern, wie der Name schon sagt, frei schwingt; etwas unsicher vielleicht, immer in Bewegung – aber dafür auch frei. Der Versuch, die moderne Industrieproduktion zu reformieren und der modernen Gesellschaft mittels der neuen Gestaltung einen eigenen ästhetischen Ausdruck zu verleihen, schlug sich auch im Umgang mit Form und Materialität nieder. Die Bauhäusler nutzten moderne Materialien und Technologien: Beton, Stahl und Glas boten neue Möglichkeiten. Es entstanden einfache, minimalistische Formen, auf überflüssigen Dekor wurde verzichtet.

Heute stehen wir vor dem Scherbenhaufen der weltweiten Modernisierung, die es weder geschafft hat, im globalen Maßstab die Deckung eines Mindestbedarfs (Versorgung mit Wohnraum, Bildung, Gesundheit) zu gewährleisten, noch eine gerechte Gesellschaft zu bauen. Im Gegenteil: Die Moderne hat eine Spur der ökologischen und psychosozialen Zerstörung gelegt und die globale Ungerechtigkeit verstärkt, an der die zukünftigen Generationen sich abarbeiten werden müssen. Gleichzeitig haben sich die technologischen Möglichkeiten weiter entwickelt, als man vor 100 Jahren ahnen konnte oder träumen wollte. Mit künstlicher Intelligenz, synthetischer Biologie, Nanocomputing und Neuroengineering stellt sich die Frage nach dem »neuen Menschen« in einer ganz anderen Weise, als es sich die Avantgarden des frühen 20. Jahrhunderts vorstellten. Das alles führt dazu, dass wir heute – vergleichbar, aber eben doch ganz anders als vor einem Jahrhundert – die Begriffe »Design« und »Gestaltung« radikal neu denken müssen. Im Folgenden werde ich dazu einen Vorschlag skizzieren.

Um welche Gestaltung geht es? Überlebensdesign

Um das bedrückende, ja erdrückende Erbe der Moderne – die industrielle, weltzerstörende Massenproduktion und die naturvergessene Wachstumslogik – zu bewältigen, steht Design heute vor einer grundsätzlichen Aufgabe: Es gilt, das Überleben der Menschheit zu sichern. Diese Überlebenssicherung setzt beim Kampf gegen die Zerstörung der ökologischen Lebensgrundlagen an, die unsere Gesellschaft nach wie vor betreibt. Plastikmüll, Klimawandel, Überfischung – die Aufzählung ließe sich beliebig fortsetzen. DesignerInnen der Gegenwart müssen die Ausrüstungsgegenstände für einen Lebensstil entwickeln, der eben nicht die eigenen Lebensgrundlagen zerstört, sondern sie zumindest erhält – und gleichzeitig diesen neuen Lebensstil begehrlich, attraktiv, lebenswert erscheinen lässt.

Sicherheitsdesign

Während beim Überlebensdesign gesellschaftlich ein ziemlich großer Konsens zu herrschen scheint – wenngleich zu diesem Konsens gehört, sich den Konsequenzen aus den von einer großen Mehrheit unbestrittenen Erkenntnissen zu verweigern –, herrscht über die Frage, was »Sicherheit« ist und wie diese zu erreichen sei, große Uneinigkeit. Das Spektrum der – klassischen, weil materiellen – Designaufgaben reicht vom Bau von Mauern (seien sie nun an der Grenze zwischen Mexiko und den USA oder an den Grenzen der EU) oder Pollern (in Fußgängerzonen, vor Botschaften und Weihnachtsmärkten) bis hin zur Gestaltung von Auffanglagern und Flüchtlingsunterkünften. Weniger dinglich – und damit schwerer zu fassen – ist die Gestaltung unsichtbarer Formen der gegenwärtigen »Sicherheitskonstruktion«; die subtilen Formen der Überwachung – von Videoüberwachung, Payback-Karte bis Smartphone. Die als Serviceleistung bemäntelte Überwachung dient vor allem dazu, Profile von uns anzulegen, die der Kontrolle, Vorbeugung und Steuerung dienen.

Dies sind, ob man will oder nicht, Formen von Sicherheitsdesign und gehören zu dem, was vom Schweizer Soziologen Lucius Burckhardt in den 1980er Jahren als »unsichtbares Design«[1] beschrieben wurde. Es sind aber Formen von Sicherheitsdesign, die nicht in die Freiheit, sondern in die Unterwerfung führen. Eine Aufgabe von Design in der Gegenwart ist deshalb, sich der Versicherheitlichung in allen gesellschaftlichen Funktionsbereichen entgegenzustellen. Dazu zählen Projekte, die die Strategien der Abschreckung aushebeln, wie, um ein Beispiel zu nennen, die materiellen Manifestationen der Willkommenskultur in Form von Initiativen, Veranstaltungen und Netzwerkarbeit. Zu einem demokratischen Sicherheitsdesign gehört aber auch, die reale Unsicherheit auszuhalten und Werkzeuge zu entwickeln, die uns dabei helfen.

Gesellschaftsdesign

Die Art, wie wir Sicherheit denken und in unserem Alltag herstellen, bestimmt oder – um einen designaffinen Begriff zu benutzen – bedingt den Freiheitsgrad unserer Gesellschaft. Ob sichtbar oder das unsichtbar: Design kontrolliert, formt und steuert die Gesellschaft und die Individuen. Es beeinflusst auf materieller und immaterieller Ebene die Arten und Weisen unseres Zusammenlebens. Ob wir ängstlich oder mutig sind, frei oder unfrei, vereinsamt oder in Gemeinschaft, wird zwar nicht nur, aber auch von Design gelenkt, ganz im Sinne des Marx'schen Diktums »das Sein bestimmt das Bewusstsein«.

Zu abstrakt formuliert? Ein paar konkrete Beispiele: Nehmen wir den Wohnungsbau. Stellen Sie sich vor, Sie wollen eine Art Rentner-WG aufmachen, also mit anderen Menschen zusammenleben, aber nicht mehr auf studentischem Niveau, sondern mit eigenem Bad und einer großen Küche, in der man gemeinsam kocht und isst. Kennen Sie einen Neubau, der dafür den passenden Grundriss bietet? Oder denken Sie sich in eine junge Familie hinein, bei der sich die Eltern gerade trennen. Zwei Wohnungen mit Kinderzimmern können sie sich finanziell nicht leisten, aber ein Wohnungskonzept, das patchwork-geeignet ist – zum Beispiel mit getrennten Eingängen – gibt es nicht. Das Ergebnis: Die Kinder bleiben mit einem Elternteil in der Wohnung leben, das andere Elternteil nimmt sich eine Kleinstwohnung, die Kinder kommen alle 14 Tage am Wochenende zu Besuch und schlafen auf der Couch. Ja, das ist doch normal, werden Sie jetzt vielleicht sagen – aber es ist nicht normal, weil es der Wunsch der Betroffenen ist, sondern weil im Massenwohnungsbau keine Grundrisse geplant werden, die vom tradierten Familienmodell abweichen. Doch ändern würde sich das nur, wenn neben der Imaginationskraft der Architektinnen und Architekten auch die Fördergrundsätze im sozialen Wohnungsbau und die wohnungspolitischen Rahmenbedingungen geändert werden würden – weil Gestaltung eben mehr umfasst als Räume und Dinge.

Selbstdesign

Design muss in unserer Zeit aber auch radikal neu gedacht werden, weil sich die Gegenstände der Gestaltung geändert haben. Das Bauhaus, die Avantgarden des frühen 20. Jahrhunderts, träumten vom »neuen Menschen«, der nun erneut am Horizont erscheint – wenn nicht gleich als Cyborg, als Mischwesen aus Mensch und Maschine, dann doch als halbsynthetisches Produkt zwischen Mind-Enhancement, plastischer Chirurgie und moderner Prothetik. Und wem das immer noch zu abgedreht erscheint, der sei an das Selbstdesign erinnert, das zwischen Fitnessstudio, Anorexie und Selfie-Wahnsinn zur zeitgenössischen Alltagskultur geworden ist. Wir alle sind Designobjekte – und wir alle sind, ob wir es wollen oder nicht, zu den Designerinnen und Designern unserer Selbst geworden. Und das ist gar nicht so einfach, es muss gelernt und geübt werden, sonst drohen die Möglichkeiten des Selbstdesigns, in einen Zwang zur Selbstoptimierung abzudriften. Denn es besteht die große Gefahr, dass wir uns mehr und mehr der Smartifizierung unterwerfen, anstatt mithilfe der neuen Technologien Momente der Freiheit zu entwerfen.

Wofür 100 Jahre Bauhaus?

Kann uns bei diesen Aufgaben das Bauhaus helfen? Oder, da es das historische Bauhaus ja nicht mehr gibt, zumindest eine Auseinandersetzung mit ihm? Um es gleich vorauszuschicken: Ich habe da so meine Zweifel. Das Bauhaus bzw. die Auseinandersetzung mit dem historischen Phänomen Bauhaus, so scheint mir, hat inzwischen eine rituelle Funktion, nämlich die der Selbstvergewisserung. Das Bauhaus ist Teil der deutschen und westlichen Identitätskonstruktion geworden, ein Zeuge, dass es nicht nur ein rechtskonservatives, faschistisches und nationalsozialistisches Deutschland gab. Allerorten wird deshalb »das Bauhaus« als Inkorporation oder Emanation des Wahren, Schönen, Guten präsentiert. Übertrieben gesagt: Jede Kleinstadt, in der zwischen 1919 und 1933 ein weißes Haus gebaut wurde, bekommt eine Bauhaus-Plakette. Es stehen große Fördertöpfe bereit, um das überall entdeckte Bauhaus-Erbe für den Tourismus zu erschließen. Diese Vereinnahmung für die nationale Identitätskonstruktion und das regionale Standortmarketing spiegelt nicht unbedingt das wider, was das Bauhaus in seiner Zeit relevant gemacht hat.

Nun gut. Gehen wir mit dem Philosophen Theodor Lessing davon aus, dass Geschichte immer im Nachhinein ein Sinn gegeben wird,[2] so wird verständlich, warum die Auseinandersetzung mit dem Bauhaus häufig auch Züge einer Selbstlegitimation trägt. Gegenwärtig sind dabei zwei miteinander konkurrierende Deutungs- und Vereinnahmungsversuche zu erkennen. Auf der einen Seite stehen die kritischen Geister, die ihre eigene Arbeit in eine gesellschaftlich akzeptierte Tradition stellen, um ihre kritische Positionierung zu Gegenwartsfragen unter die Leute zu bringen – das Bauhaus als Trojanisches Pferd. Das ist zwar schlau, bewegt sich aber letztlich auf dem gleichen Niveau wie die andere Form der Selbstlegitimation, der man derzeit nicht entgehen kann: die Marktschreier der Re-Editionen, die nun – zu 100 Jahren muss man ja was machen – alte Bauhaus-Produkte neu auflegen, schick bedruckt oder in feschen Farben, damit die Lifestyle- und Designmagazine mit Hochglanzfotos kostenlos dafür Werbung machen. Muss das alles wirklich sein? Mein Vorschlag: Lassen wir das Bauhaus doch einfach mal Vergangenheit sein.

100 Jahre Bauhaus, alles umsonst also? Vielleicht nicht ganz. Ein Hoffnungsschimmer bleibt, dass zwischen all dem Getöse doch noch etwas durchscheint, das es lohnenswert macht, sich heute noch mit dem Bauhaus auseinanderzusetzen. So ließe sich etwa erfahren, dass es einmal eine Zeit gab, in der man nicht nur mit Sachzwängen argumentierte und sich auf die Suche nach der »marktgerechten Demokratie«[3] machte, sondern in der GestalterInnen glaubten, dass sich die Welt durch ihre Arbeit zum Besseren verändern lässt. Es ließe sich zeigen, dass man unter Design

auch mehr verstehen kann als kapitalistische Verkaufsförderung. Nicht zuletzt wird man erkennen, dass das Bauhaus ein Ort war, an dem Menschen aus aller Welt zusammenkamen, um gemeinsam an der Umsetzung einer utopischen Idee zu arbeiten. Zumindest für mich war diese Erkenntnis ausschlaggebend für die Entscheidung, Architektur zu studieren – verbunden mit der Hoffnung, mit Gestaltung, mit gutem Design, die Gesellschaft verändern zu können.

Welche Utopie?

Aber wohin die Gesellschaft verändern? Und was bitte ist gutes Design? Für gutes Design gibt es viele Kriterien. Es kann nach ökologischen, ökonomischen oder ästhetischen Kriterien vorgeblich »gut« sein. Mich interessiert eine andere Perspektive, nämlich die politische. Was ist demnach gutes Design? Die Kriterien sind vielleicht nicht so leicht objektivierbar, denn sie sind abhängig von den normativen Grundlagen und kulturellen Prägungen. Ich würde wahrscheinlich etwas anderes als »politisch gut« definieren als – zum Beispiel – Donald Trump. Um diese Differenz zu präzisieren, habe ich in meinem Buch »Weltentwerfen. Eine politische Designtheorie« (2016) versucht, eine nachvollziehbare Argumentation zu entwickeln. Sie basiert auf einem einfachen Gegensatz: nämlich dem, dass gutes Design *entwerfendes* Design sei und das Gegenteil zu *unterwerfendem* Design; Design also ein Akt der Befreiung aus der Unterwerfung. Und das ist – siehe die oben umrissenen Gestaltungsaufgaben der Gegenwart – auch dringend notwendig. Gerade für diesen Ansatz kann eine Auseinandersetzung mit dem Bauhaus eine wichtige Funktion haben – wenn man das Bauhaus nicht überhöht und glorifiziert, sondern sich mit dem wiederholten Scheitern dieser Hochschule auseinandersetzt.

Es muss ja nicht gleich eine neue Gesellschaft sein, die man entwirft. Das 20. Jahrhundert zeigt, dass die großen Entwürfe meist scheitern. Vielleicht reichen ja pragmatische, konkrete Utopien: verhindern, dass Menschen verhungern. Verhindern, dass Menschen ertrinken. Verhindern, dass unsere Gesellschaft noch chauvinistischer wird und in einen Wohlstandstotalitarismus abrutscht. Verhindern, dass der Mensch zum Gegenstand genetischer und neuropsychologischer Optimierung wird. Dazu braucht es einen Gegenentwurf zu den herrschenden Bedingungen des totalen Kapitalismus, in dem alles und jedes Ware ist und ausschließlich auf seine Verwertbarkeit hin geprüft wird. Es braucht Ausweichräume, in denen Offenheit möglich ist, die Gelassenheit, Menschen einfach etwas machen zu lassen, und den Mut, Ideen selbst im Unfertigen, Unbestimmten, aber damit eben auch Offenen zu belassen.

Wenn man sich also damit abfindet, statt nach den großen Zukunftsentwürfen die pragmatischen Utopien im Vorhandenen zu suchen, kommen einem die Verkrustungen unserer Demokratie in den Sinn – also die Frage, ob man sich als Designer, als Architektin, als Gestalter, nicht auch den merkwürdig veralteten Repräsentationsformen unserer Demokratie widmen müsse. Nehmen wir die zu Wahlurnen umgenutzten Mülltonnen, in die man an Wahltagen seinen Stimmzettel wirft: Ließe sich für die Wahlurne nicht eine Form finden, die dem wichtigen Akt des Wählens angemessen ist? Auch die Form, in der versucht wird, besonders engagierten Bürgerinnen und Bürgern eine Wertschätzung zuteil kommen zu lassen: Noch immer geschieht das häufig durch die Übergabe von Blechkreuzen. Entsprechen Ordensverleihungen, und vor allem der teils intransparente Vorgang der Auswahl der Empfängerinnen und Empfänger, noch heutigen Anforderungen an Kommunikation und Repräsentation? Könnten wir nicht Rituale, Zeremonien, eigene kulturelle Ausdrucksformen entwickeln, die die Demokratie stärker in Wert setzen? Es ist ja nicht so, dass es in unserer Demokratie keine Zeremonien gäbe – man denke nur an das Format »Staatsempfang« (Fahrzeugkonvoi, Flaggenparade, Blaskapelle, militärische Ehren) –, sie sind nur vielleicht nicht mehr zeitgemäß.

Die To-do-Liste für das Re-Design der überkommenen Formen symbolischer Repräsentation von Demokratie ist lang und endet bestimmt nicht bei überdimensionierten Dienstwagen und sinistren Businessanzügen, die nach wie vor zum Repräsentationsrepertoire zu gehören scheinen. Doch wer nun denkt, mein Vorschlag zum Re-Design der Demokratie beschränke sich auf die dinglich-materielle Repräsentation, irrt. Es gilt, auch über die Zukunft der Parteien, von Wahlverfahren und über neue Formen der politischen Willensbildung nachzudenken. In einer Zeit, in der milieuspezifische Bindungen an Kraft verlieren und die Bereitschaft sinkt, sich dauerhaft in der Organisationsstruktur Partei zu engagieren, während gleichzeitig neue, meist rechtsextreme, nationalistische oder populistische Bewegungen erstarken, ist auch das System der Repräsentation kritisch zu befragen. Hier wird es nicht reichen, nur das Mantra von »den Bürger ernstnehmen« zu wiederholen und Formen symbolischer, oberflächlicher Partizipation zu entwickeln. Es braucht die Möglichkeit echter Teilhabe. Warum nicht Räume öffnen, in denen andere, bekannte demokratische Verfahren experimentell weiterentwickelt und neu erprobt werden, vom Rätesystem bis zum Losverfahren? Wenn man an den vorhandenen Strukturen klebt, obwohl man sieht, dass sie teils dysfunktional geworden sind, verspielt man die Errungenschaften unserer Demokratie.

Doch Demokratie ist nicht nur ein politisches System, nicht nur eine Verwaltungsform, sondern auch eine Lebenspraxis. Der Alltag ist ein anderes Feld, in dem unsere demokratische Gesellschaft sich weiterentwickeln könnte: Es steht an, auch die Lebenswelt der vielen weiter zu demokratisieren, also die hierarchischen Strukturen in öffentlichen Institutionen und in Unternehmen aufzubrechen. Denn womöglich ist es der Demokratie nicht zuträglich, wenn man zwar alle vier Jahre wählen gehen darf, aber ansonsten den Großteil seines Alltags in hierarchischen, top-down-organisierten Strukturen verbringt. Also: Warum nicht als pragmatische Utopie die Sicherung und Weiterentwicklung unserer Demokratie in Angriff nehmen?

Ästhetik der Demokratie

Ähnlich wie das Bauhaus einen ästhetischen Ausdruck für seine Zeit gesucht hat, stellt sich auch heute die Frage, was der ästhetische Ausdruck unserer Gesellschaft – oder der Idealvorstellung unserer Gesellschaft von sich selbst – sein könnte. Es ist mit Sicherheit nicht der blitzende Stahl der sogenannten Bauhaus-Möbel. Die Ästhetik der Demokratie der Gegenwart ist sicherlich auch nicht im ästhetischen Minimalismus der Gegenwart zu suchen, der eine seiner Wurzeln ebenfalls im historischen Bauhaus hat. Dass die für den Bedarf breitester Bevölkerungsschichten gedachten Möbel zu Repräsentationsobjekten der Oberschicht wurden, ist eine paradoxe Geschichte, die – was diesen Anspruch angeht – vom Scheitern des Bauhauses zeugt.

Eine zu unserer diversen, demokratischen Gesellschaft passende Ästhetik würde sicher nicht so perfekt, so ausgewogen, so schön sein, wie viele der Dinge, die das Bauhaus hervorgebracht hat. Die Ästhetik der demokratischen Gegenwart wäre vielleicht in vielem gerade das Gegenteil zum Bauhaus-Stil, weil die Gesellschaft, in der wir heute leben, nicht den Anspruch hat, perfekt zu sein und einen neuen Menschen zu schaffen. Sie lässt zu, dass Menschen so divers und unterschiedlich sind, wie sie sind, und dass Gesellschaft deshalb zwangsläufig brüchig und widersprüchlich ist. Unsere Gesellschaft versteht diese Widersprüchlichkeit aber als Stärke, weil es Teil ihrer Offenheit ist, das Andere zuzulassen. Diese Haltung findet im Idealfall auch ihren Ausdruck in der Gestaltung. Um noch mal zur Architektur zu kommen: Ein zeitgemäßes Gebäude muss nicht harmonisch, nicht in landläufigem Sinn schön sein, sondern es kann auch vielfältig, vielstimmig und irgendwie widersprüchlich sein.

Gestalterische Prozesse, die Werte und Prinzipien einer Demokratie in den Alltag einzubinden versuchen, erfordern Offenheit. Diese Offenheit, die zulässt, dass Dinge, Strukturen, Zustände verändert werden können, sucht noch ihren spezifischen ästhetischen Ausdruck. Zu diesem Ausdruck, so glaube ich, würde auch ein Moment des Unfertigen, des Unabgeschlossenen gehören, weil das Unfertige ausstrahlt, erlaubt, ja fordert, dass es angeeignet und fortgesetzt wird.

Aber eine solche Ästhetik der Offenheit kann anstrengend sein. Sie ist weder steril noch gemütlich, sondern herausfordernd. Sie widerspricht unseren Sehgewohnheiten. Sie muss deshalb erprobt, geübt werden. Und auch ein Selbstdesign, das Offenheit zulässt, das, um mit dem Philosophen Ludwig Feuerbach zu sprechen, »porös« ist, will gelernt sein. Und dazu braucht es vielleicht etwas, das für unsere Zeit das sein könnte, was das Bauhaus für seine Zeit gewesen ist. Denn das Bauhaus war vor allem eine Schule, also ein Ort des Lernens, der Übung und des Ausprobierens. Und solche Einrichtungen brauchen auch wir. Natürlich heute ohne Meisterhäuser, ohne Abschlussdiplom und auch nicht nur für Menschen, die eine Berufsausbildung machen müssen.

Heute brauchen wir etwas, wo Menschen in jeder Lebensphase für, sagen wir, einen Monat im Jahr hingehen, um ihre alltäglichen Strukturen zu verlassen, andere Erfahrungen zu sammeln. Etwas, wo man sich nicht

– wie im Bauhaus – mit Gestaltung aus der Perspektive des Handwerks, der Kunst, der Architektur auseinandersetzt, sondern mit Gestaltung auch aus Perspektive der Informatik, der Biotechnologie, der Neurowissenschaften und vieler anderer mehr. Etwas, wo man sich aber auch mit dem eigenen Körper und dem Miteinander von Menschen und anderen Spezies auseinandersetzt. Etwas, wo der Verzicht auf Konsum geprobt wird. Ich schreibe »etwas«, weil dieses Etwas keinen festen Ort braucht, kein Gebäude, sondern an verschiedenen Orten auftauchen und wieder verschwinden könnte, und weil es keine *Einrichtung*, sondern sicherlich eine *Mehrrichtung* wäre. Dieses Etwas wäre ein Übungsraum, offen und unfertig.

Es gibt also genug zu tun – im Großen und im Kleinen, im Utopischen und im Alltäglichen, im Konkreten und im Abstrakten. Nicht weniger als die Demokratie neu zu entwerfen und eigentlich auch ein neues Bauhaus zu gründen, das dann eben nicht mehr »Bauhaus« heißt und sich auch nicht auf das Bauhaus beruft.

Und nach all den großen Worten und der (hoffentlich auch) ermutigenden Perspektive, dass es nicht nur um die großen Utopien, sondern auch um das beständige Üben im Alltäglichen geht, gehe ich jetzt in die Küche und mache endlich den Abwasch.

1 Vgl. Lucius Burkhardt: Design ist unsichtbar. In: Lucius Burkhardt: Wer plant die Planung? Architektur, Politik und Mensch. Hrsg. v. Jesko Fezer, Martin Schmitz. Berlin 2004, S. 217.

2 Vgl. Theodor Lessing: Geschichte als Sinngebung des Sinnlosen oder: Die Geburt der Geschichte aus dem Mythos. München 1983 [zuerst München 1919].

Dieser Text erschien zuerst in »Aus Politik und Zeitgeschichte« 13–14/2019, http://www.bpb.de/apuz.

3 Der Begriff geht auf einen Ausspruch der damaligen deutschen Bundeskanzlerin Angela Merkel auf einer Pressekonferenz am 1. 9. 2011 zurück: https://archiv.bundesregierung.de/archiv-de/dokumente/pressestatements-von-bundeskanzlerin-angela-merkel-und-dem-ministerpraesidenten-der-republik-portugal-pedro-passos-coelho-848964, Zugriff: 29. 7. 2021.

WEIMARER ARBEIT

OLIVER SUKROW

REAL EXISTIERENDES ERBE?

WEIMARER BAUHAUS-AUSSTELLUNGEN IM KONTEXT SOZIALISTISCHER ERINNERUNGSKULTUR[1]

Zwischen uns, die wir heute ein bestimmtes »Bauhaus-Erbe« antreten oder pflegen wollen, und dem historischen Bauhaus in Weimar, Dessau oder im Exil liegt auch die Rezeption bestimmter Bauhaus-Impulse im seinerzeit existierenden und auch so genannten »sozialistischen Deutschland«, also in der DDR. Diese Einsicht macht es sinnvoll, einen differenzierten Beitrag zum Umgang mit den Traditionen und ästhetischen Impulsen des »klassischen« Bauhauses in der »Klassikerstadt Weimar«, dem einstigen Geburtsort der berühmten Kunstschule, in diesen Band zu integrieren.

Der Text analysiert die Rezeption des Bauhauses in der DDR anhand von Fallbeispielen aus den 1960er und 1970er Jahren. Gemeinsam ist diesen Beispielen, dass sie auf das Engste mit der städtischen Kulturtopografie Weimars verbunden sind und Fragen zur Integrierbarkeit des Bauhauses in die sozialistische Erbepflege aufwerfen.[2] Der Beitrag erhebt keinen Anspruch auf Vollständigkeit, soll aber dazu anregen, die Erforschung des »Kosmos Weimar« im epochengeschichtlichen Kontext des 20. Jahrhunderts zu vertiefen und daraus Erkenntnisse für das diskursive Feld »Geschichte als Gegenwart« im frühen 21. Jahrhundert abzuleiten.[3]

Die im Folgenden entwickelten Überlegungen vergegenwärtigen zum einen, wie dynamisch die »Idee Bauhaus« während der 1960er und 1970er Jahre mit immer neuen und teils konträren Bedeutungen aufgeladen wurde; zum anderen führen sie vor Augen, wie sich die verschiedenen kommunalen und überregionalen Akteure in der DDR bemühten, ihre jeweiligen Deutungshoheiten hinsichtlich des Bauhaus-Erbes in die physische und mentale Topografie Weimars einzutragen. In den Auseinandersetzungen um das Bauhaus, die seit den 1960er Jahren vor allem von den Staatlichen Kunstsammlungen Weimar (SKW) und der Hochschule für Architektur und Bauwesen Weimar (HAB) vorangetrieben wurden, zeigt sich das für die DDR typische Spannungsfeld von wechselhafter Modernekritik und Moderneaneignung.

Den Zeitrahmen der Untersuchung bilden die Amtszeiten der beiden ersten SKW-Nachkriegsdirektoren Walther Scheidig (Direktor 1940–1967) und Gerhard Pommeranz-Liedtke (Direktor 1967–1974) sowie die Bemühungen des Architekturhistorikers Karl-Heinz Hüter (* 1929) um die »nachklassischen Traditionen Weimars«.[4] Hüter, der ab 1952 zunächst an der HAB und ab 1964 an der Deutschen Bauakademie in Berlin tätig war, beschäftigte sich sehr intensiv mit Henry van de Velde und dem Weimarer Bauhaus, woraus sich interessante Kooperationen zwischen der HAB und den SKW ergaben. Doch nicht nur die gemeinsamen Forschungsinteressen schufen aufschlussreiche Verbindungen, sondern auch der Umstand, dass die beiden Weimarer Institutionen kulturhistorische Perspektiven entwickelten, die dem offiziellen Bauhaus-Bild in der DDR bis in die 1970er Jahre diametral entgegenstanden. Diese Diskrepanz gibt sich insbesondere im Rahmen eines Vergleichs mit den offiziellen Feierlichkeiten zum Weimarer Stadtjubiläum von 1975 zu erkennen, die eine angeblich bruchlose Harmonie zwischen Klassik und Sozialismus suggerieren sollten.[5] – Keine Berücksichtigung finden in diesem Beitrag die Aktivitäten der Nationalen Forschungs- und Gedenkstätten der klassischen deutschen Literatur (NFG), die seit 1953 als strukturell und personell dominanter Akteur innerhalb der Weimarer Erinnerungslandschaft das offizielle Bild der Klassikerstadt nach innen und außen beherrschten.[6]

Warum kam es überhaupt zu einer wechselhaften Rezeptionsgeschichte des Bauhauses in Weimar? Wie vor einiger Zeit von Sigrid Hofer gezeigt, bemühte man sich während der ersten Nachkriegsjahre auch in der Klassikerstadt, an das Erbe des Bauhauses anzuknüpfen.[7] Aufgrund politisch-ideologischer Richtungswechsel innerhalb der SED und der Sowjetischen Militäradministration in Deutschland ab den frühen 1950er Jahren geriet das Bauhaus jedoch ebenso wie andere Strömungen der Moderne während des sogenannten Formalismusstreits in den Verdacht, antihumanistischen, kunstfeindlichen, kosmopolitischen und antivolkstümlichen Tendenzen nahezustehen. Verstärkt wurden die Vorbehalte durch konkrete politische Bedenken (unter anderem die Emigration zahlreicher Angehöriger des Bauhauses in die USA, die politische Nähe zur SPD, Streitigkeiten über die Bewertung der Direktoren Walter Gropius und Hannes Meyer) sowie gegenläufige kunsttheoretische Prämissen (Präferenz für einen monumentalen Realismus gegenüber der Abstraktion, auch in der Architektur). Angesichts dieser kulturpolitischen und kunstprogrammatischen Großwetterlage in der DDR war es bis in die späten 1950er Jahre und darüber hinaus nur schwer möglich, offiziell eine positive Haltung gegenüber dem Bauhaus als Schule und ›Stil‹ einzunehmen.

»Pflege der nachklassischen Traditionen Weimars«: Kunstsammlungen, Hochschule und die verbindende Frage nach dem Erbe

Mit einer Empfehlung zur »Pflege der nachklassischen Traditionen in Weimar« wandte sich Konrad Werner Schulze, Inhaber des Lehrstuhls für Baugeschichte an der HAB, im Jahr 1962 an den Rat der Stadt Weimar. Man könne, so sein dringender Appell, nicht tatenlos zusehen, wie sich westdeutsche Institutionen »unberechtigterweise« um die Deutungshoheit der Moderne in Weimar bemühen würden.[8] Im Blick hatte Schulze vor allem das 1960 von Hans Maria Wingler gegründete Bauhaus-Archiv Darmstadt (Abb. 1) sowie die 1959 von Herta Hesse-Frielinghaus ins Leben gerufene Henry-van-de-Velde-Gesellschaft mit Sitz in Hagen. Dieser unzulässigen Vereinnahmung, so Schulze, wolle die HAB durch eine Wiederherstellung des Hauses Am Horn, durch die Instandsetzung der Gebäude von Van de Velde und durch die Unterstützung der Sammlung »kunsthandwerkliche[r] Gegenstände und Möbel der Weimarer Produktion« im Stadtmuseum ein eigenes Engagement entgegenstellen. Eine interne Kommission der HAB solle sich mit »Fragen der Hochschulgeschichte und insbesondere des Bauhauses« auseinandersetzen und weitere Empfehlungen für die kommunale Kulturpolitik entwickeln.[9]

In den Quellen des Hochschularchivs zu Weimar lassen sich keine Ergebnisse dieses Bemühens auffinden. Dabei war die 1962 von Seiten der HAB vorgetragene Forderung nach einer Auseinandersetzung mit den Traditionen der Hochschule, insbesondere mit Van de Velde und dem Bauhaus, nicht

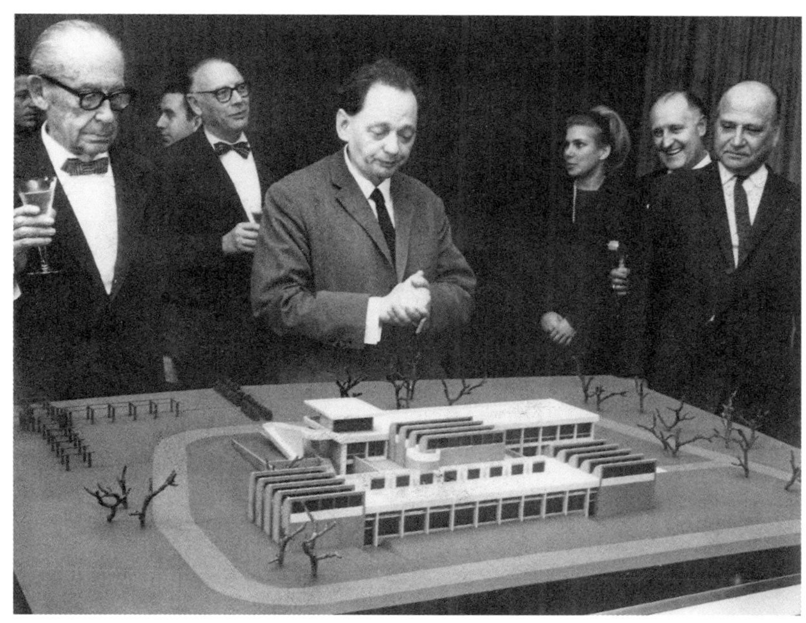

1 Walter Gropius und Hans Maria Wingler vor dem Modell des Bauhaus-Archivs in Darmstadt, Dezember 1966, Foto: Bauhaus-Archiv Berlin

neu.[10] Schon 1957 hatte der Hochschulsenat den Plan gefasst, mit Blick auf die 1960 anstehende 100-Jahr-Feier der Gründung der Großherzoglich-Sächsischen Kunstschule eine »geschichtliche Einschätzung der Hochschule« durch eine Kommission vornehmen zu lassen, der unter anderen Schulze, Hüter und der Bauhäusler Peter Keler (1898–1982) angehörten.[11] Kurzfristig benannte man nach einem Senatsbeschluss vom November 1957 das Gebäude an der Geschwister-Scholl-Straße 7 nach Van de Velde um. Damit setzte man ein deutliches erinnerungspolitisches Zeichen gegenüber der Stadt- und Hochschulöffentlichkeit.[12] Nach zweijähriger »Grundlagenforschung« an den Quellen konnte die Kommission im Februar 1959 dem HAB-Rektorat einen umfangreichen Bericht über den Stand der Vorbereitungen zustellen.[13] In diesem Report wird deutlich, dass sich auch die SKW verpflichtet fühlten, am Jubiläum mitzuwirken, da dieses ja nicht nur als Teil der HAB-Historie, sondern auch der eigenen Geschichte begriffen werden konnte.[14]

Während in Sonderveröffentlichungen der »Wissenschaftlichen Zeitschrift der Hochschule für Architektur und Bauwesen Weimar« eine nach Etappen geordnete »gründliche Darstellung der Geschichte« angedacht war, sollten 1960 drei thematisch aufeinander bezogene Teilausstellungen der Öffentlichkeit präsentiert werden.[15] Scheidig plante, in der Kunsthalle am Theaterplatz eine Gemäldeausstellung mit »in ihrer Zeit vorwärtsweisenden Werken [der] fortschrittlichsten Schule in Deutschland« zu zeigen: vom Historismus und von der Freilichtmalerei über die »Stilwende 1902–1914«, das »Bauhaus 1919–1924: Feininger, Kandinsky, Klee, Schlemmer, Marcks, Itten, Muche« und die »Restauration 1924–1930: Klemm, Olbricht, Mesek, Gugg« bis hin zur »Neuzeit seit 1945: Dähn, Schäfer-Ast, Herbig, van Breek, Tschiersky«.[16] Im Kunstkabinett am Goetheplatz, der heutigen Kunsthalle Harry Graf Kessler, sollte – von Keler gestaltet – die »Architektur und angewandte Kunst als Lehrgebiet« zu sehen sein.[17] Man wollte dort mittels Fotografien, Zeichnungen und Reproduktionen die Werke von Van de Velde, dem Architekturbüro von Gropius und den Bauhaus-Werkstätten, von Otto Bartning, Ernst Neufert, aber auch von Paul Schultze-Naumburg, sowie Arbeiten nach 1945 präsentieren. Die dritte Teilausstellung sollte schließlich die aktuelle Arbeit der verschiedenen Weimarer Institute vor Augen führen.

Dass dieses ambitionierte Festprogramm 1960 nicht umgesetzt wurde, lag nicht zuletzt darin begründet, dass unter den neuen ideologischen Bedingungen der DDR kein Konsens über den Stellenwert der Hochschulgeschichte vor 1945 hergestellt werden konnte, mithin Wissenschaft und Politik im Widerstreit standen. Nach einer Sitzung der HAB-Kommission zur Hochschulgeschichte im April 1959 wurde protokolliert, dass man davor warne, »den historischen Teil zu sehr in den Vordergrund zu stellen«, und zugleich darauf bestehe, vor allem die »Erziehung der Studenten« sowie die »Zukunftsperspektiven« der HAB zu betonen.[18] Es wurde sogar davon abgeraten, die historischen Teilausstellungen im Stadtzentrum zu zeigen, da dort die ›neue‹ Hochschule seit 1945 zu präsentieren sei. Trotz der von der Universitätsleitung erwünschten »klaren ideologischen Ausrichtung«[19] auf die Zeit nach 1945 geht aus den internen Diskussionen und dem Austausch mit Fachleuten anderer Hochschulen deutlich hervor, dass die Kommission der HAB durchaus beabsichtigte, die Zeit der Bauhochschule und der Hochschule für Baukunst und bildende Kunst zwischen 1930 und 1945 als Teil der Geschichte in Ausstellungen zu thematisieren und in Publikationen wissenschaftlich aufzuarbeiten. Eine solche Ausrichtung hätte freilich bedeutet, dass man sich mit so kontroversen Persönlichkeiten wie Paul Schultze-Naumburg hätte auseinandersetzen müssen.[20] Auch wenn die Leitung schließlich auf die Durchführung der Feier zum 100-jährigen Hochschuljubiläum von 1960 aufgrund ideologisch-politischer Unsicherheiten verzichtete,[21] konnte Hüter unter dem Dach der HAB seine Forschungen zur Kunstschule für die Zeit nach 1918 fortsetzen. Zusammen mit mehreren Assistenten wertete er die Akten des Thüringischen Landeshauptarchivs bis 1930 unter besonderer Berücksichtigung des Bauhauses aus.[22]

Bereits vor dem Wechsel Hüters von der HAB Weimar an die Deutsche Bauakademie (DBA) in Berlin im Jahr 1964, aber insbesondere danach, versuchte Hüter, sein Netzwerk innerhalb Weimars weiter zu stärken und für Forschungen zum Bauhaus zu aktivieren. So kam im Dezember 1962 eine Gruppe um Hüter in Berlin zu einer »Bauhaus-Besprechung« zusammen, um Themengebiete der aktuellen Forschung zu diskutieren, darunter auch Aspekte wie »Periodisierung des Bauhauses; Politische Beziehungen des Bauhauses [...]; Lehrmethodik des Bauhauses und ihre Wurzeln [...]; Synthese von Architektur und bildender Kunst am Bauhaus«.[23] Aus den ambitionierten Diskussionen entwickelte sich die Idee einer Kooperation zwischen der Bauhaus-Gruppe an der DBA und den SKW in Form eines Buches. Die HAB sollte hingegen bei diesem Vorhaben keine Rolle spielen. Anfang 1964 trat Hüter mit einem von ihm selbst entwickelten Konzept zu einem etwa 300-seitigen Sammelband an Scheidig heran: Er plante, unter dem Arbeitstitel »Zur Geschichte des Bauhauses und seiner Werkstätten« die drei Stationen der Schule in »knappen Einzeldarstellungen« unter einer »historischen bzw. künstlerischen Wertung« zu behandeln.[24] Auf Grundlage der in Weimar vorhandenen Schrift- und Bildquellen sollte dieser Sammelband mittels einer »eindeutigeren Beweisführung« den Charakter einer politischen Klärung über das unterschiedlich bewertete Bauhaus haben, wozu auch abgedruckte Primärtexte dienen sollten. »Da noch immer«, so Hüter in seinem Exposé zum Buch, »unterschiedliche und teilweise recht widersprüchliche Ansichten über diese Schule von Weltgeltung bestehen«, solle das Buch eine Verortung des Bauhauses im ideologischen Rahmen der DDR leisten, dabei aber durch die enge Arbeit mit den Primärquellen prinzipiell auch andere Interpretationsmöglichkeiten für die Leserinnen und Leser zulassen.

Von Seiten der DBA sollten Kurt Junghanns und Karl-Heinz Hüter an diesem Projekt arbeiten, zusätzliche Kräfte waren seitens der SKW vorgesehen.[25] Hüter schlug Scheidig im Frühjahr 1964 vor, die Entwicklung der Werkstätten zu beleuchten, deren Arbeitsergebnisse darzustellen und zu werten sowie mit zeitgenössischen Beispielen zu vergleichen.[26] Auf diesem Weg wollte er die Möglichkeit schaffen, die in Weimar befindlichen Originalobjekte aus der Gropius-Sammlung von 1925 sowohl wissenschaftlich zu bearbeiten als auch einer weiteren Fach-Öffentlichkeit ins Bewusstsein zu rufen. Angedacht war, die Publikation gegen Ende 1965 zu veröffentlichen. Das von DBA und SKW gemeinschaftlich verantwortete Buchprojekt konnte schließlich nicht abgeschlossen werden, doch sollte Scheidig immerhin 1966 – wenn auch im Münchner Süddeutschen Verlag – eine Studie zu den Werkstattarbeiten des Bauhauses in Weimar veröffentlichen, in welche die Vorarbeiten eingeflossen sein dürften.[27]

Auch unter Scheidigs Nachfolger, Gerhard Pommeranz-Liedtke, war die Beschäftigung mit dem Bauhaus seitens der SKW weiterhin eng mit den architektur- und designgeschichtlichen Forschungen an der HAB verknüpft. Exemplarisch zeigen sich diese engen Verbindungen an der geplanten Ausstellung »Bauhaus und Gegenwart«, die 1969 anlässlich des 20. Jahrestags der DDR und des 50. Gründungsjubiläums des Bauhauses in Weimar gezeigt werden sollte. Das Konzept für diese Ausstellung wurde von Christian Schädlich ausgearbeitet, der als Professor für Baugeschichte an der HAB lehrte. Es sah vor, das »epochemachende Ereignis [...] der Errichtung des Staatlichen Bauhauses im Jahre 1919« zu würdigen, indem »die progressiven Leistungen der Vergangenheit und die hervorragenden Arbeiten unserer lebendigen Gegenwart« miteinander in Bezug gebracht werden sollten.[28] Schädlich beabsichtigte, durch die Darlegung historischer Zusammenhänge des Bauhauses ein »objektives Geschichtsbild« zu befördern, mithin die Potenziale der »vorwärtsweisenden Taten« des Bauhauses für die Gegenwart herauszustellen.[29] Er interpretierte die kunsthistorischen Stilwechsel vom Jugendstil über die Arbeiten des Bauhauses bis hin zu den »Werken unserer sozialistischen Gegenwart« als Teil einer politischen Entwicklungsgeschichte zwischen Imperialismus (um 1890/1900) und Russischer Revolution (1917). Das Bauhaus spiegle, so Schädlich, »die Entfaltungsmöglichkeiten und Grenzen einer bürgerlich-progressiven Lehrstätte unter kapitalistischen Verhältnissen« wider.[30] Insofern sollte die Ausstellung dann auch zeigen, dass erst unter sozialistischen Verhältnissen die Ambitionen des Bauhauses auf breiter Ebene realisiert worden seien, es also gewissermaßen zur Aufhebung des Bauhauses in der DDR gekommen sei. Im Ringen um die erinnerungspolitische Deutungshoheit über das Bauhaus dürfe das Feld nicht jenen »reaktionären bürgerlich-junkerlichen Kräften« überlassen werden, die seinerzeit das Bauhaus abgelehnt hätten und es nunmehr – in Westdeutschland – für »kulturelle Propagandazwecke in Anspruch nehmen« wollten.[31] An diesen Äußerungen Schädlichs zeigt sich, wie tagesaktuell und politisch die Bemühungen um eine historisch-kritische Analyse des Bauhauses in Weimar gegen Ende der 1960er Jahre im deutsch-deutschen Vergleich waren.

Pommeranz-Liedtke betonte in einem Schreiben an Schädlich die prinzipielle Übereinstimmung mit dessen Konzept. Um ähnliche Rückschläge wie 1960 oder 1964 zu vermeiden, plädierte er jedoch für eine Beschränkung auf das »wirklich Realisierbare«.[32] Dies hatte ihm seine Mitarbeiterin Renate Müller in ihrer Einschätzung zum Ausstellungskonzept empfohlen.[33] Bemerkenswert ist, dass Pommeranz-Liedtke im Gegensatz zu Schädlich weniger auf die Idee einer Aufhebung der progressiven Traditionen des Bauhauses in der DDR einging, sondern vielmehr die Objektforschung innerhalb der SKW akzentuierte. In diesem Sinne war auch die Ausstellung »Bauhaus Weimar 1919–1925« angelegt, die tatsächlich 1969 im Weimarer Schloss zu sehen war.[34]

Die Betonung der Objektforschung, die sich aus den Überlieferungszusammenhängen der Weimarer Gropius-Sammlung ergeben hatte, führte Pommeranz-Liedtke während der 1970er Jahre mit den Bauhaus-Wanderausstellungen im sozialistischen und im westlichen Ausland fort.[35] Bereits die etwas früheren Bauhaus-Präsentationen in Hämeenlinna, Turku, Tampere und Helsinki (1967) sowie später in Prag, Bratislava und Stockholm (1970) hatten die »Werkstattarbeiten des Weimarer Bauhauses 1919–1925« gezeigt und dabei das während der 1960er Jahre im Weimarer Forschungskontext etablierte Narrativ aufgegriffen: Demzufolge habe das Bauhaus an der Epochenschwelle der Russischen Revolution von 1917 partizipiert und durch seine politische Ausrichtung an der Sowjetunion unter »äußerlich materiell sehr schwierigen Nachkriegsbedingungen eine erstaunliche, ja, einmalige Leistung« erbracht.[36] Seit der Gründung 1919 seien, so Pommeranz-Liedtke 1970 auf der Vernissage der Ausstellung in Bratislava, die »Ideen und die Pläne« des Bauhauses »mit sozialistischen Gedankengängen verknüpft« und deswegen als fortschrittlich einzuschätzen.[37] Die »sehr heterogenen Kräfte am Bauhaus« hätten sich – unabhängig von formalen wie stilistischen Fragen – in einem Fluchtpunkt getroffen, nämlich in der »bewußte[n] Mitgestaltung der progressiven Entwicklung der Gesellschaft«.[38] Überhaupt betonte Pommeranz-Liedtke ausführlich die experimentelle, die Zukunft vorwegnehmende Seite des Bauhauses und würdigte dessen mutiges Voranschreiten in unbekanntes gestalterisches wie technologisches Terrain. Die Möglichkeit, in der Tschechoslowakei die Weimarer Episode des Bauhauses zu präsentieren, bot nicht nur die Chance, das Bauhaus als Teil einer internationalen Strömung der (sozialistischen) Moderne zu inszenieren, sondern auch, öffentlich die These des geglückten ›Experiments‹ Bauhaus zu vertreten.[39]

So blickte der SKW-Direktor anlässlich der Ausstellungseröffnung 1970 optimistisch auf die Frage nach der Anerkennung des Bauhauses in der Gegenwart: Wenn wir heute – ein halbes Jahrhundert später – in dieser Ausstellung »[...] stehen, so stehen wir an der Wiege der modernen Architektur und Kunst unserer Tage [...]. Längst über die Anfänge jener Zeit hinausgewachsen, erkennen und würdigen wir heute voll und ganz den progressiven Geist, den Mut und die Tragweite des kühnen Unternehmens ›Bauhaus‹, das damals in Weimar in die Zukunft vorstieß und in der Architektur, in der Wohnkultur, in Gebrauchs- und Arbeitsgerät unseren heutigen Lebensstil vorbereiten half.«[40]

Einen weiteren Effekt erzielten die Wanderausstellungen auf höherer politischer Ebene: Da man durch kulturelle Außendarstellungen ein positives Bild der DDR zeichnen wollte, wurden die Reaktionen in den Gastgeberländern genau studiert.[41] Bezüglich der erwähnten Station in Bratislava fällte das Ministerium für Kultur der DDR ein zwiespältiges Urteil: Zwar seien »gute Aussagen über die Arbeit und die Bedeutung« in der tschechoslowakischen Presse getroffen worden, man vermisse jedoch »positive politische Aussagen über die DDR« sowie darüber, dass nur der Sozialismus die Möglichkeiten biete, »die fortschrittlichen Ideen des Bauhauses im großen Maßstab zu verwirklichen«.[42] Die Abteilung Kulturelle Beziehungen im Ministerium für Kultur der DDR forderte von Pommeranz-Liedtke, in Zukunft bei solchen Anlässen darauf zu achten, dass »die Darstellung der Politik der DDR immanenter Bestandteil einer Ausstellung« sei. Außerdem hätten die Botschaften der DDR in den jeweiligen Gastgeberländern die Ausstellungen zu nutzen, um »mit zusätzlichen Mitteln die Politik der DDR zu propagieren«. Weil »gründliche Kenntnisse über die Bauhauspflege in der DDR oft fehlen und westdeutsche Aktivitäten auf diesem Gebiet in den Jahren bis 1969 das politische Bild entstellt haben«, wie es in einem Schreiben an Pommeranz-Liedtke formuliert wurde, verspürte man offensichtlich das Bedürfnis, nun auch von politischer Seite die seit über einem Jahrzehnt laufenden Forschungen zum Bauhaus in Weimar und in der DDR stärker zu unterstützen, um damit auf diplomatischem Parkett zu glänzen.[43]

Nach den engagierten Forschungen von Hüter, Schulze, Scheidig und Pommeranz-Liedtke, die sich mit wechselndem Erfolg um eine Etablierung des Bauhauses in der Erinnerungslandschaft Weimars bemüht hatten, konnten unter den veränderten kulturpolitischen Rahmenbedingungen ab den 1970er Jahren zunehmend positive Haltungen zum Erbe des Bauhauses eingenommen werden. So konnte Jutta Wartewig-Hörning im Jahr

1976 in der »Wissenschaftlichen Zeitschrift der Hochschule für Architektur und Bauwesen Weimar« beinahe selbstverständlich erklären, »entsprechend der wissenschaftlichen Grundkonzeption« seien »die Vervollständigung, Ergänzung und Erweiterung des Sammlungsbestandes Bauhaus Schwerpunkte der wissenschaftlichen Arbeit« der SKW geworden.[44] Im selben Jahr fand nicht nur das den »Progressiven Ideen des Dessauer Bauhauses« gewidmete erste Bauhaus-Kolloquium an der HAB statt,[45] sondern wurde auch das Dessauer Schulgebäude nach langer Sanierung als Wissenschaftlich-kulturelles Zentrum Bauhaus Dessau wiedereröffnet.

In der DDR vollzog sich also die Auseinandersetzung mit dem Bauhaus in Weimar auf verschiedenen institutionellen und kulturgeschichtlichen Ebenen. Gemeinsam war den Bemühungen von Seiten der SKW und HAB, die Epoche zwischen 1919 und 1925 nicht als Fremdkörper in der städtischen Kulturtopografie zu verorten, sondern vielmehr als integrativen Bestandteil eines progressiv-modernen Weimars neben der Klassik zu etablieren. So sollten die Durchführung von Ausstellungen zum Bauhaus-Erbe Weimars oder auch die Umbenennung eines Hochschulgebäudes nach Van de Velde in der Stadtöffentlichkeit sichtbare Spuren hinterlassen. Während die HAB ab 1957 mit einer Gedenktafel an die Hochschulgeschichte unter Van de Velde erinnerte, wollten die SKW ein paar Jahre später einen ähnlichen Weg gehen: Im April 1965 trat Scheidig an den Rat der Stadt Weimar mit dem Vorschlag heran, »die Häuser, in denen die Künstler [des Bauhauses] gewohnt haben, durch Gedenktafeln zu kennzeichnen und am Gebäude der HAB in der Geschwister-Scholl-Straße ebenfalls auf das Wirken der Künstler hinzuweisen«.[46] Scheidig argumentierte dabei gleichermaßen aus touristischer wie aus erinnerungspolitischer Sicht: Da immer mehr Gäste die Stadt aufsuchen und nach jenen »Stätten« fragen würden, »an denen diese Künstler gelebt und gearbeitet haben«, da sich Personen wie Gropius, Feininger, Kandinsky, Klee, Schlemmer und Moholy-Nagy einen »internationalen Ruf« erworben hätten und die »Gründung und Existenz des »Staatlichen Bauhauses zu Weimar [...] ein kulturpolitisches Ereignis von hohem Rang« darstelle, seien solche Kennzeichnungen notwendig und im Interesse der Stadt.[47] Wie schon die Ausstellungen zum hundertjährigen Hochschuljubiläum 1960, so sollte auch diese Initiative Scheidigs ohne Erfolg bleiben. Immerhin hatte er aber durch seinen Vorstoß bei der städtischen Verwaltung das Bewusstsein für eine Weimarer ›Topographie der Moderne‹ herstellen können.

Anlässlich der Ausstellung »Bauhaus 1919–1933«, die im Jahr 1979 zum 60. Gründungsjubiläum in der Kunsthalle am Theaterplatz gezeigt wurde, sprach Klaus-Jürgen Winkler davon, hier »erstmals einer breiten Öffentlichkeit historischen Standort, künstlerische und pädagogische Leistungen des Bauhauses als Ganzes vor Augen zu führen und unseren heutigen Standpunkt zum Bauhaus und dem fortschrittlichen Erbe auszudrücken«.[48] Spätestens zu diesem Zeitpunkt war die fast zwei Jahrzehnte dauernde Um- und Neubewertung bzw. die Rehabilitierung und Eingliederung des Bauhauses in das Kulturerbe Weimars vollzogen.[49]

Eine alternative ›Topographie der Moderne‹. Die Feierlichkeiten zum tausendjährigen Stadtjubiläum Weimars

Eine den oben angeführten wissenschaftlichen Bemühungen diametral entgegengesetzte und von gänzlich anderen Prämissen geleitete Auseinandersetzung mit dem Bauhaus in Weimar stellen die Aktivitäten rund um den 1 000. Jahrestag der Stadtgründung im Jahr 1975 dar (Abb. 2). Man beabsichtigte, mit der Feier einen »wirksamen Beitrag zu einer aktiven und vielschichtigen Erbeinterpretation und -aneignung« zu leisten. Es sollte zudem ein Bild der DDR als »feste Heimstatt und zuverlässige Hüterin aller edlen Traditionen der Vergangenheit des deutschen Volkes« etabliert werden.[50] Der Rat der Stadt Weimar wollte mit den Feierlichkeiten den Beweis erbringen, dass »die Bürger unserer Stadt unter der Führung der Arbeiterklasse und ihrer marxistisch-leninistischen Partei in der sozialistischen Menschengemeinschaft die humanistischen Ideale der deutschen Klassik und das revolutionäre Vermächtnis von Buchenwald mit Leben erfüllen, es verwirklicht haben und auf höherer Stufe weiterführen«.[51] In diesem von der Kommunalpolitik vorgetragenen Geschichtsverständnis werden einzelne Momente der Historie gegenüber anderen Entwicklungen isoliert und zu einem epochenübergreifenden Geschichtsnarrativ zusammengebunden. Für das offizielle Geschichtsbild Weimars bedeutete dies bis in die 1980er Jahre hinein eine Fokussierung auf die »humanistischen und revolutionären Traditionen Weimars«.[52] Im Rahmen einer Festwoche sollte ein Festumzug mit historischer Kostümparade geschichtliche Ereignisse und Personen in das Bewusstsein der Bevölkerung rufen.[53] Doch nicht nur das: Als »Phänomen und Medium« gestattete solch ein Festumzug, »kollektive Selbstdarstellung und repräsentativen öffentlichen Auftritt« zu kombinieren.[54] Damit gehört die Weimarer Kostümparade von 1975 in die lange Reihe von städtischen Festumzügen, die seit der zweiten Hälfte des 19. Jahrhunderts vor allem in Süddeutschland und Österreich als »Instrumente der politischen Artikulation und Kommunikation« zu großer Popularität gelangten.[55] Die Jubiläumsfeierlichkeiten setzten die bereits im 19. Jahrhundert begonnene Tendenz fort, ausgewählte Episoden der städtischen Geistes- und Kulturgeschichte zu heroisieren.[56] Die Weimarer Klassik und die vermeintliche Selbstbefreiung des Konzentrationslagers Buchenwald waren die beiden historischen Ankerpunkte für die sozialistische Geschichtsschreibung, von denen ausgehend die Gegenwart legitimiert wurde und deren Erbe fortgeführt werden sollte (Abb. 3, 4).[57] Es galt die ideologisch motivierte Prämisse, »eine wissenschaftlich exakte, auf der Grundlage des Marxismus-Leninismus beruhende Geschichte Weimars« öffentlich zu demonstrieren.[58]

Die Fokussierung auf das klassische Weimar seitens der Stadt, des Bezirks und der Nationalen Forschungs- und Gedenkstätten der klassischen deutschen Literatur (NFG) sollte, wie oben angedeutet, Konsequenzen für die Besetzung der städtischen Topografie mit Referenzen auf das klassische Erbe bei gleichzeitiger Marginalisierung der Moderne haben.[59] So wurde zum Beispiel 1970 im Konzeptpapier zum Stadtjubiläum die For-

2 Tribüne beim Festumzug »1000 Jahre Weimar«, Oktober 1975, Foto: Gerhard Marohn

3 Modell des Buchenwald-Denkmals (1958) von Fritz Cremer auf dem Festumzug »1000 Jahre Weimar«, Oktober 1975, Foto: Anita Schneider

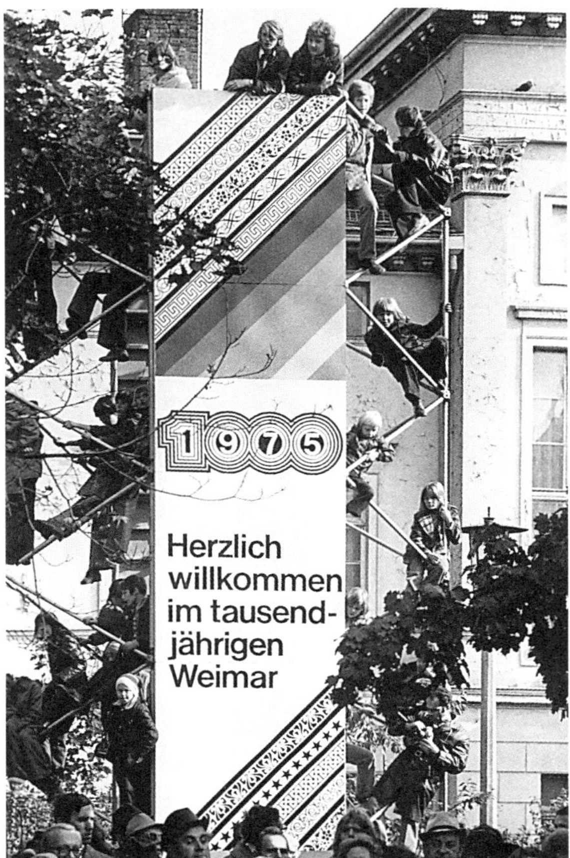

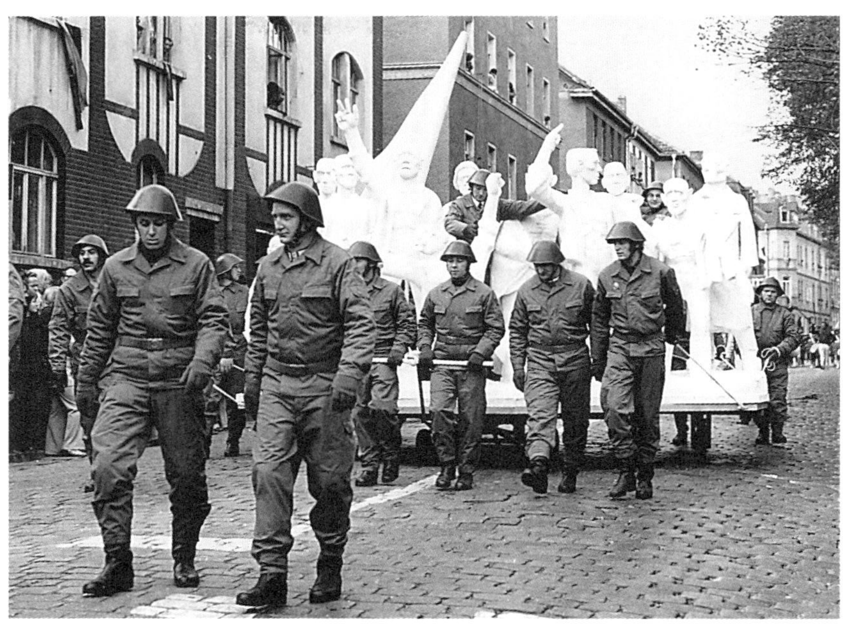

4 Wagen »1775: Ankunft Goethes« auf dem Festumzug »1000 Jahre Weimar«, Oktober 1975, Foto: Gerhard Marohn

5 Modell des Weimarer »Denkmals für die Märzgefallenen« (1921/22) von Walter Gropius auf dem Festumzug »1000 Jahre Weimar«, Oktober 1975, Foto: Anita Schneider

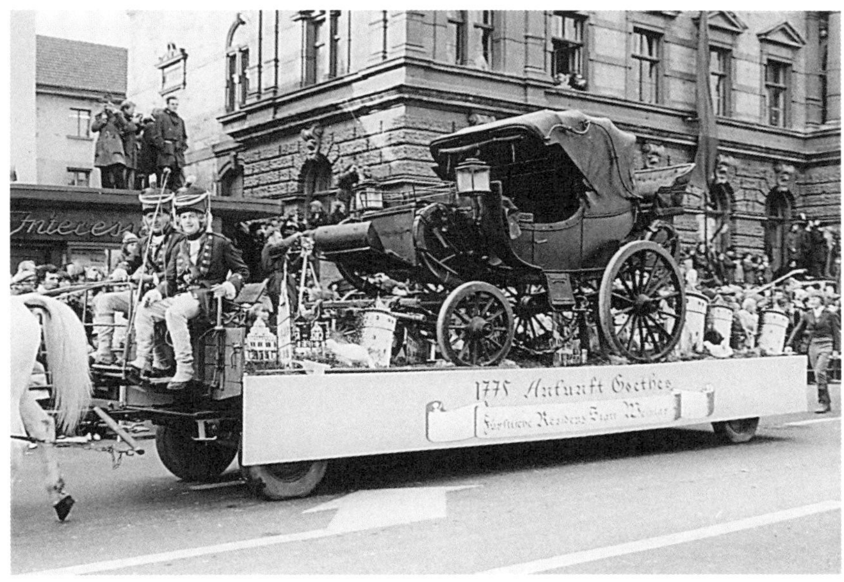

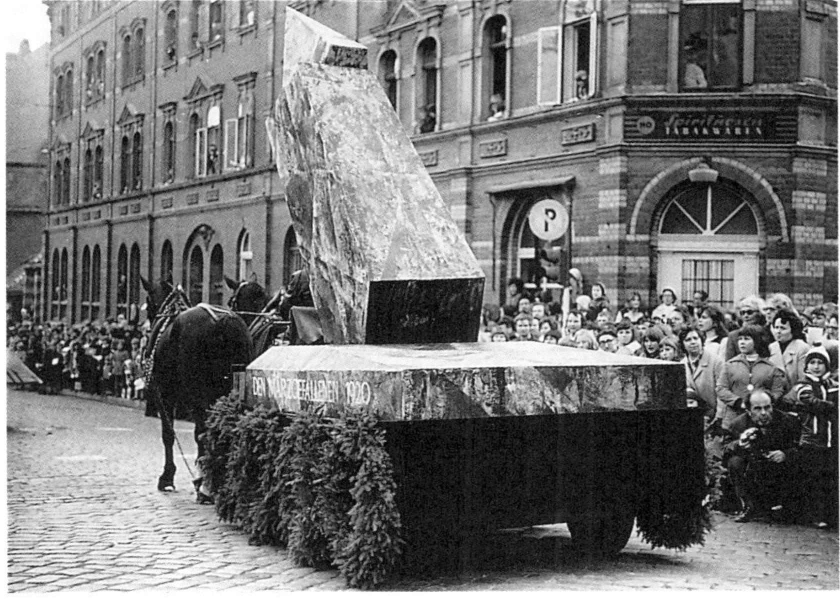

derung herausgestellt, dass auch zukünftige städtebauliche Maßnahmen »unter besonderer Beachtung und Berücksichtigung des spezifischen Milieus des Stadtbildes« durchzuführen seien, um die »historische Atmosphäre des Stadtkerns in ihrer Gesamtheit erlebbar zu machen«.[60] Wie jüngere Studien zum Umgang mit dem Erbe des (klassischen) Weimars in der DDR zeigen, existierten tatsächlich einige lokale Besonderheiten sozialistischen Bauens. Bei den zwischen 1945 und 1990 errichteten Gebäuden agierte man zumeist gestalterisch zurückhaltend.[61] Eine zeitgemäße Anlehnung an die Architektur des späten 18. Jahrhunderts lässt sich hierbei erkennen.

Aufschlussreich ist die Kontrastierung dieses Geschichtsverständnisses des Weimarer Rates mit dem Konzept »1000 Jahre Weimar« der SKW, das Pommeranz-Liedtke im Januar 1968 vorgelegt hatte. Auch in diesem Text wird die herausragende Bedeutung der Klassik anerkannt und die daraus abzuleitende Verpflichtung für die Gegenwart hervorgehoben. Jedoch dürfe, so Pommeranz-Liedtke, über die Pflege des Erbes nicht vergessen werden, an der »Begründung, Festigung und Entwicklung neuer Traditionen« zu arbeiten, um eine »echte und tiefe Bedeutung für eine lebendige stimulierende Wirkung« zu entfalten; kurz: »Werke der Gegenwart zu schaffen, die qualitative Leistungen der sozialistischen Kultur sind«.[62] Flankiert wurden solche weitreichenden Planungen einer Neuausrichtung der Kulturlandschaft Weimars im Direktorat Pommeranz-Liedtkes mit einer Erwerbungs- und Ankaufspolitik für eine »ernstzunehmende Abteilung für sozialistische Gegenwartskunst«, die dann – wenn sie denn zustande gekommen wäre – die Bestände zum späten 19. und frühen 20. Jahrhundert sozusagen organisch ergänzt hätte.[63] Nicht unerwähnt bleiben sollte in diesem Kontext, dass Pommeranz-Liedtke zusätzlich zur Bauhaus-Schau von 1969 im Weimarer Schloss noch die Gruppenausstellung »Temperamente« mit zeitgenössischen Arbeiten von DDR-KünstlerInnen in der Kunsthalle gezeigt hat und damit ebenfalls auf die Dialektik von Erbe und Gegenwart in Weimar anspielte.[64]

Doch zurück zum Festumzug von 1975: Als Leiter des Planungskomitees fungierte der Kunsthistoriker und Journalist Wolfgang Schneider, der 1975 in Kooperation mit dem Stadtarchiv Weimar mit seiner Publikation zur Stadtgeschichte die konzeptionelle Grundlage schuf.[65] Der Festumzug war als chronologische Abfolge von lebenden Bildern geplant, deren Themen sich von der Gründung im Jahr 975 bis zur »sozialistischen Erfolgsbilanz der Gegenwart« spannen sollten.[66] Neben dem Gedenken an die Stadtgeschichte wollte man zugleich an den 30. Jahrestag des Kriegsendes 1945 und an den 26. Jahrestag der DDR-Staatsgründung 1949 erinnern.

Durch die »thematische Drehbuchvorlage« zum Festumzug und den erhaltenen Dokumentarfilm von Diplomierenden der Hochschule für Film und Fernsehen der DDR in Potsdam-Babelsberg sind wir über die Abfolge und den Inhalt der lebenden Bilder unterrichtet.[67] Der Umzug bestand aus drei Hauptteilen: Eröffnung, historischer Teil und Weimar heute, woran auch die HAB und die SKW beteiligt waren.[68] Die Stationen 38 bis 42 symbolisierten Ereignisse in der Weimarer Republik, die jedoch ohne das Bauhaus auskamen.[69] Eine Anspielung auf die Präsenz der Schule bot immerhin ein Nachbau des Märzgefallenendenkmals von Gropius an Position 41 (Abb. 5).[70] Wie von der Forschung gezeigt wurde, besaß das Denkmal neben der lokalpolitischen Bedeutung eine kunsthistorische Dimension im Streit um das Bauhaus, wurde es doch bereits 1946 rekonstruiert.[71]

Das Stadtjubiläum mit dem Festumzug zementierte das vom Rat der Stadt und von der SED geschaffene Weimar-Bild: Im Zentrum standen das »Vermächtnis der antifaschistischen Widerstandskämpfer von Buchenwald« und die »umfassende Pflege und kritische Aneignung und Weiterführung des humanistischen Erbes der klassischen Literatur, der bildenden Kunst und Musik zu einem sozialistischen Kulturzentrum«.[72] Die Feierlichkeiten von 1975 konstruierten einen »kollektiven Wahrnehmungsrahmen«.[73] Außerdem stifteten sie symbolisch eine »gegenwärtige Identität« Weimars in der DDR.[74] Exkludiert von den »humanistischen und revolutionären Traditionen [...] und den Pionier- und Spitzenleistungen [des] entwickelten gesellschaftlichen Systems des Sozialismus« waren alle Prägungen der ersten Hälfte des 20. Jahrhunderts, die nicht in dieses Selbstbild passten: darunter nicht nur das Bauhaus, sondern auch die Themen Friedrich Nietzsche, alternative Modernekonzepte der Lebensreform sowie der Nationalsozialismus.[75]

Will man die Beschäftigung von Hüter, Scheidig und Pommeranz-Liedtke mit dem historischen Weimarer Bauhaus jeweils unter ein Leitmotiv stellen, so kann man sagen, dass Hüter sich aus Perspektive der Hochschulgeschichte um eine sachliche Erweiterung des Horizonts in die Vergangenheit bemühte, Scheidig mit der internationalen Relevanz der Objekte der SKW operierte und Pommeranz-Liedtke die Dialektik des »neuen«, sozialistischen Weimars gerade darin sah, ausgehend von den Impulsen der Vergangenheit die Kulturstadt Weimar zu einem gegenwarts- und zukunftsbezogenen Ort aktueller Kunstproduktion zu machen.[76]

Scheidigs 1965 geäußerter Wunsch nach einer ausgewogeneren Memorialpolitik zwischen Klassik und Moderne/Bauhaus blieb bis in die späten 1970er Jahre unerfüllt. Obgleich es seit den 1950er Jahren etliche Initiativen von Seiten der Fachwissenschaft gab, sich mit dem Bauhaus in Weimar auseinanderzusetzen, blieben die Bemühungen zumeist in den Ansätzen stecken. Die Gründe dafür lagen einerseits im ideologischen Denkmuster der Tradition-Erbe-Konzeption des Marxismus-Leninismus und andererseits in der lokalen Konkurrenzsituation zwischen NFG, SKW, HAB und den kommunalen Akteuren begründet, welche um die Diskurshoheit zum Bauhaus im Erinnerungsort Weimar rangen. Während sich HAB und SKW für eine Rehabilitierung der Moderne einsetzten, beharrten die NFG im Schulterschluss mit dem Rat der Stadt Weimar und der SED auf dem Suprematsanspruch der Klassik. Scheidig insistierte zwar darauf, dass die Gründung des Bauhauses von 1919 »ein kulturpolitisches Ereignis von hohem Rang« gewesen sei, »dem in der Geschichte Weimars eine ähnliche Bedeutung wie der Periode der Pflege der klassischen deutschen Dichtung 1770–1832« zukomme.[77] Dahingegen erzählte der Festumzug von 1975 die Geschichte der DDR als legitimer Erbin der Klassik und des Antifaschismus in Buchenwald unter Aussparung weiterer Differenzierungen.[78]

Dass diese Konstellationen neben den fachwissenschaftlichen auch sozusagen physische Konsequenzen für die »ästhetisierte Topographie« Weimars mit sich brachten, demonstrieren die Debatten um die Positionierung der Stadt anlässlich des 1 000. Gründungsjubiläums im Jahr 1975.[79] Im repräsentativen und unter großen Anstrengungen realisierten Festumzug »über die wichtigsten Stationen der wechselvollen Geschichte« war das Bauhaus nur indirekt durch das Märzgefallenendenkmal von Gropius ein Thema.[80] Im Gewebe der Weimarer Erinnerungslandschaft wurde 1975 in der Auswahl der dargestellten Szenen und in der Umzugsroute die Kontinuität von Klassik und Sozialismus repräsentiert, die erst Ende der 1970er Jahre schrittweise durch die Akzeptanz des Bauhauses aufgelockert werden sollte. Die Einsichten aus den hier dargelegten Strategien der Erinnerungsarbeit sollten auch in den kommenden Debatten um die »Topographie der Moderne« berücksichtigt werden, um das Bild Weimars als dynamischem Erinnerungsort weiterzuschreiben.

1 Dieser Aufsatz erschien unter dem gleichen Titel zuerst in: Hellmut Th. Seemann, Thorsten Valk (Hrsg.): Entwürfe der Moderne. Bauhaus-Ausstellungen 1923–2019 (Jahrbuch der Klassik Stiftung 2019). Göttingen 2019, S. 239–260. Der Autor dankt für den hier erfolgten Wiederabdruck.

2 Vgl. Georg Bollenbeck: Weimar. In: Etienne François, Hagen Schulze (Hrsg.): Deutsche Erinnerungsorte. Band 1. München 2001, S. 207–224.

3 Klassik Stiftung Weimar: Forschungs- und Bildungskonzept, Fassung vom 26. 10. 2015, S. 4, URL: www.klassik-stiftung.de/assets/Dokumente/Bildung/Klassik_Stiftung_Weimar_-_Forschungs-_und_Bildungskonzept_2015_01-1.pdf (Zugriff: 20. 6. 2021).

4 Konrad Werner Schulze: Pflege der nachklassischen Traditionen Weimars, 26. 3. 1962, S. 1. Bauhaus-Universität Weimar, Archiv der Moderne (AdM), I/04/694. Für einen ersten Überblick vgl. Gerda Wendermann: Kunst für uns? Die Kunstsammlungen zu Weimar und der Aufbau einer Abteilung »sozialistische Gegenwartskunst«. In: Gert-Dieter Ulferts, Thomas Föhl (Hrsg.): Von der Kunstkammer zum Neuen Museum. 300 Jahre Sammlungen und Museen in Weimar. München, Berlin 2003, S. 198–219.

5 Vgl. Brigitte Huber: München feiert. Der Festumzug als Phänomen und Medium. Neustadt an der Aisch 2009, S. 29.

6 Vgl. hierzu Lothar Ehrlich (Hrsg.): »Forschen und Bilden«. Die Nationalen Forschungs- und Gedenkstätten der klassischen deutschen Literatur in Weimar 1953–1991. Köln, Weimar, Wien 2005.

7 Vgl. Sigrid Hofer: Ein sozialistisches Bauhaus? Die Staatliche Hochschule für Baukunst und bildende Kunst in Weimar zwischen 1946 und 1951 als Laboratorium der Moderne. In: Karl-Siegbert Rehberg, Wolfgang Holler, Paul Kaiser (Hrsg.): Abschied von Ikarus. Bildwelten in der DDR – neu gesehen. Ausstellungskatalog. Weimar, Köln 2012, S. 89–104.

8 Konrad Werner Schulze: Pflege der nachklassischen Traditionen, S. 1.

9 Ebd., S. 4.

10 Vgl. Rektorat: 100-Jahrfeier der Hochschule, Beschluss des Senats zur Durchführung einer 100-Jahrfeier (Nr. 41/56/57), 17. 4. 1957. Bauhaus-Universität Weimar, AdM, I/02/954.

11 Sitzungsprotokolle des Senats, Protokoll der ordentlichen Senatssitzung, 17. 4. 1957, S. 7. Bauhaus-Universität Weimar, AdM, I/12/007.

12 »Punkt 4 a: Umbenennung des Seminargebäudes der Hochschule in van-de-Velde-Bau auf Grundlage des Vorschlags der Fakultät für Architektur vom 11. 11. 1957. Beschluss-Nr. 7/57/59: Gebäude Geschwister-Scholl-Straße 7 wird in van-de-Velde-Bau umbenannt; Anbringung einer Gedenktafel an der Stirnwand; Umsetzung: umgehend«. Sitzungsprotokolle des Senats, Protokoll der ordentlichen Senatssitzung, 13. 11. 1957, S. 8. Bauhaus-Universität Weimar, AdM, I/12/007.

13 Protokoll der AG Wissenschaftliche Publikation bei der Kommission zur Vorbereitung der 100-Jahr-Feier, 14. 5. 1958, S. 3. Bauhaus-Universität Weimar, AdM, I/02/954.

14 Vgl. Bericht über die Tätigkeit der Kommission zur Vorbereitung der 100-Jahr-Feier, 18. 2. 1959, S. 4. Bauhaus-Universität Weimar, AdM, I/02/954.

15 Ebd.

16 Ebd., S. 6.

17 Protokoll der Sitzung der Gesamtkommission zur Vorbereitung der 100-Jahr-Feier, 24. 4. 1959, S. 3. Bauhaus-Universität Weimar, AdM, I/02/954.

18 Protokoll der Sitzung der Gesamtkommission, 21. 4. 1959, S. 3. Bauhaus-Universität Weimar, AdM, I/02/954. Vermutlich wurden diese Bedenken vom persönlichen Referenten des Rektors oder vom FDJ-Hochschulsekretär geäußert.

19 »Eine eingehende Diskussion wird darüber geführt, was geschehen muß, um eine klare ideologische Ausrichtung aller Publikationen [...] zu gewährleisten«. Protokoll der Besprechung der Kommission zur Vorbereitung der 100-Jahr-Feier an der Hochschule, 10. 5. 1958, S. 2. Bauhaus-Universität Weimar, AdM, I/02/954.

20 »16. Das Künstlerschicksal Paul Schultze-Naumburg und der Weg der politischen Reaktion in Deutschland [...] 20. Die Rolle der Weimarer Hochschule als erste nazistische Kunstschule«. Protokoll der AG »Wissenschaftliche Publikation« bei der Kommission zur Vorbereitung der 100-Jahr-Feier, 14. 5. 1958, S. 3. Bauhaus-Universität Weimar, AdM, I/02/954.

21 Vgl. zur Absage der Feierlichkeiten: Rektorat: 100-Jahrfeier der Hochschule, Beschluss des Senats vom 27. 5. 1959. Bauhaus-Universität Weimar, AdM, I/02/954.

22 Vgl. Karl-Heinz Hüter: Arbeitsbericht für 1960/61, 29. 5. 1961, S. 2. Bauhaus-Universität Weimar, AdM, 02/2.13.010.

23 Kurt Junghanns, Aktenvermerk zur 1. Bauhausbesprechung am 21. 12. 1962 in Berlin, S. 1. Bauhaus-Universität Weimar, AdM, 02/2.13/041.

24 Hier und im Folgenden: Erläuterungen zu dem geplanten Sammelband »Zur Geschichte des Bauhauses und seiner Werkstätten«, o. D., S. 1, Klassik Stiftung Weimar, Goethe- und Schiller-Archiv (GSA), Signatur 175/A 0009.

25 Vgl. Erläuterungen zu dem geplanten Sammelband, S. 2.

26 Vgl. Karl-Heinz Hüter an Walther Scheidig, 23. 3. 1964, S. 1. GSA 175/A 0009.

27 Vgl. Walther Scheidig: Staatliches Bauhaus Weimar 1919–1924. Werkstattarbeiten. München 1966.

28 Christian Schädlich: Konzeption Veranstaltungen an der Fakultät Architektur der Hochschule für Architektur und Bauwesen Weimar im Jahre 1969 anläßlich des 20. Jahrestages der Gründung der DDR und des 50. Jahrestages der Eröffnung des Bauhauses, 16. 1. 1968, S. 2. GSA 175/A 0614.

29 Hier und im Folgenden: Konzeption Architektur- und Kunstausstellung 1969 in Weimar: Bauhaus und Gegenwart, o. D., S. 1. GSA 175/A 0614.

30 Ebd., S. 3.

31 Ebd., S. 6.

32 Gerhard Pommeranz-Liedtke an Christian Schädlich, 19. 2. 1968, S. 1. GSA 175/A 0614.

33 Vgl. Renate Müller an Gerhard Pommeranz-Liedtke, 2. 2. 1968, GSA 175/A 0614.

34 Vgl. Jutta Wartewig-Hörning: Zur Pflege des gegenständlichen Erbes des Bauhauses am Beispiel der Kunstsammlungen zu Weimar. In: Wissenschaftliche Zeitschrift der Hochschule für Architektur und Bauwesen Weimar 23 (1976), S. 560–563, hier S. 561.

35 Vgl. ebd.

36 Gerhard Pommeranz-Liedtke: Zur Eröffnung der Ausstellung »Bauhaus Weimar« in Bratislava, 9. 11. 1970, S. 5. GSA 175/ A 0850.

37 Ebd., S. 1.

38 Ebd., S. 4.

39 Vgl. Jutta Wartewig-Hörning: bauhaus: Weimar 1919–1925. Název v originále. Ausstellungskatalog Prag. Prag 1970.

40 Pommeranz-Liedtke, Zur Eröffnung (Anm. 36), S. 7.

41 Vgl. Christian Saehrendt: Kunst als Botschafter einer künstlichen Nation. Studien zur Rolle der bildenden Kunst in der Auswärtigen Kulturpolitik der DDR. Stuttgart 2009.

42 Hier und im Folgenden: Bauhausausstellung in Prag/ČSSR 1970, Schreiben Ministerrat der DDR, Ministerium für Kultur, Abt. Kulturelle Beziehungen, Sektor I an Gerhard Pommeranz-Liedtke, 16. 2. 1971. GSA A 0850.

43 Schreiben Ministerrat der DDR, Ministerium für Kultur, Abt. Kulturelle Beziehungen, Sektor I an Gerhard Pommeranz-Liedtke, 19. 1. 1971, darin Abschrift »Botschaft der DDR in der ČSSR, Politische Abteilung, Fachgebiet Kultur: Information über die Durchführung der Ausstellung ›Bauhaus Weimar 1919–1925‹ vom 25. 10. bis 8. 11. 1970 in Prag«, S. 2. GSA A 0850.

44 Wartewig-Hörning. Zur Pflege (Anm. 34), S. 562.

45 Vgl. die publizierten Vorträge des ersten Bauhaus-Kolloquiums. In: Wissenschaftliche Zeitschrift der Hochschule für Architektur und Bauwesen Weimar 23 (1976), H. 4–6.

46 Hier und im Folgenden: Walther Scheidig an den Rat der Stadt Weimar, Abt. Kultur, 28. 4. 1965. GSA 175/A 0006.

47 Es handelte sich nach Scheidig um folgende Objekte: Steubenstraße 32 (Gropius), Erich-Weinert-Straße 7a (Atelier Feininger), Gutenbergstraße 16 (Wohnung Feininger), Wilhelm-Külz-Straße 3 (Kandinsky), Am Horn 23 (Klee), Leibnizallee 1 (Moholy-Nagy) und Uhrenhaus am Belvedere (Schlemmer). Vgl. ebd.

48 Klaus-Jürgen Winkler: Bauhaus 1919–1933. Ausstellung zum 60. Jahrestag der Gründung des Bauhauses Weimar vom 21. 6. bis 2. 9. 1979 in Weimar. In: Wissenschaftliche Zeitschrift der Hochschule für Architektur und Bauwesen Weimar 26 (1979), H. 4–5, S. 442–453, hier S. 442.

49 »Die Ausstellung zeigt zugleich, wie bewußt uns das Erbe geworden ist, das das Bauhaus hinterlassen hat, und wie verantwortungsbewußt, gründlich und umfassend es nun gepflegt und erforscht wird«. Lothar Lang: Die Bauhaus-Ausstellung in Weimar. In: Die Weltbühne, 10. 7. 1979, S. 2.

50 Rat der Stadt Weimar, Vorlage an das Sekretariat der Kreisleitung der SED Weimar, Einschätzung des Verlaufs und der Ergebnisse des Jubiläums »1000 Jahre Weimar«, erarbeitet von der Abteilung Kultur, 21. 11. 1975, S. 1. Stadtarchiv Weimar, Nr. 772042.

51 Rat der Stadt Weimar, Konzeption zur langfristigen Vorbereitung 1000 Jahre Weimar im Jahre 1975, 25. 6. 1970, S. 3. GSA 175/A 0649.

52 Ebd., S. 4.

53 Vgl. Brigitte Huber: München feiert. Der Festzug als Phänomen und Medium. Neustadt an der Aisch 2010, S. 3.
54 Ebd., S. 18.
55 Brigitte Heck: Festzug. Der Karlsruher historische Festzug von 1881. Ausstellungskatalog Karlsruhe. Sigmaringen 1997, S. 9.
56 Vgl. Gerda Wendermann: Krieg der Geister. Weimar als Symbolort vor und nach 1914. Eine Einführung in die Ausstellung. In: Wolfgang Holler, Gudrun Püschel, Gerda Wendermann (Hrsg.): Krieg der Geister. Weimar als Symbolort deutscher Kultur vor und nach 1914. Ausstellungskatalog Weimar. Dresden 2014, S. 16–29.
57 Vgl. zuletzt Daniel Fischer: Stadtfeiern im Sozialismus. 750 Jahre Dresden im Spiegel städtischer Festzugskultur in der DDR. In: Dresdner Hefte, Nr. 144 (2020), S. 49–56.
58 Rat der Stadt Weimar, Konzeption zur langfristigen Vorbereitung, S. 7.
59 Vgl. Werner Hennings, Uwe Horst, Jürgen Kramer: Einleitung. In: Dies. (Hrsg.): Die Stadt als Bühne. Macht und Herrschaft im öffentlichen Raum von Rom, Paris und London im 17. Jahrhundert. Bielefeld 2016, S. 7–46, hier S. 15.
60 Rat der Stadt Weimar, Konzeption zur langfristigen Vorbereitung, S. 6.
61 Vgl. Eva von Engelberg-Dočkal, Kerstin Vogel (Hrsg.): Sonderfall Weimar? DDR-Architektur in der Klassikerstadt. Weimar 2013.
62 Gerhard Pommeranz-Liedtke: 1000 Jahre Weimar. Zielsetzung für die Entwicklung der Staatlichen Kunstsammlungen Weimar und für das allgemeine Kunstleben in Weimar bis zum Jahr 1975, S. 1. GSA 175/A 0649.
63 Wendermann, Kunst für uns? (Anm. 4), S. 203.
64 Vgl. ebd., S. 205.
65 Vgl. Wolfgang Schneider (Hrsg.): Weimar. Historischer Überblick. Weimar 1975.
66 Rat der Stadt Weimar, Oberbürgermeister Kirchner, Vorlage an das Sekretariat der Kreisleitung der SED Weimar, Konzeption für den Festumzug »1000 Jahre Weimar«, erarbeitet durch das Stadtarchiv (Gitta Günther) und den Schriftsteller Wolfgang Schneider, 9. 1. 1975, S. 2. Stadtarchiv Weimar, Nr. 772042.
67 Vgl. ebd. die Anlage zur Konzeption für den Festumzug: Detailaufgliederung der 100 vorgeschlagenen Blocks (thematische Drehbuchvorlage), S. 5–13.
68 Vgl. ebd., S. 13.
69 Station 38: Oktoberrevolution 1917; 39: Novemberrevolution 1918; 40: Tagung der Nationalversammlung 1919; 41: Kapp-Putsch 1920; 42: Gründung des ›Kampfbund gegen den Faschismus‹ der KPD. Vgl. ebd., S. 9.
70 »Im Kampf gegen die Reichswehr opfern 8 Weimarer Arbeiter und ein Jungsozialist ihr Leben für die Verteidigung der Errungenschaften der Novemberrevolution«. Anlage zur Konzeption für den Festumzug: Detailaufgliederung, S. 9.
71 Vgl. Klaus-Jürgen Winkler, Herman van Bergeijk: Das Märzgefallenen-Denkmal in Weimar. Weimar 2004, S. 65.
72 Rat der Stadt Weimar, Konzeption zur langfristigen Vorbereitung, S. 2.
73 Stefan Schweizer: »Unserer Weltanschauung sichtbaren Ausdruck geben«. Nationalsozialistische Geschichtsbilder in historischen Festzügen zum »Tag der Deutschen Kunst«. Göttingen 2007, S. 28. Die Elemente des Stadtraums bilden »einerseits die Stadt als funktionalen Raum, erzeugen aber auch einen performativen Raum, der sich insbesondere bei Ritualen neu generiert und von den Akteuren gestaltet und umgedeutet werden kann«. Regine Schweers: Die Bedeutung des Raumes für das Scheitern oder Gelingen des Adventus. In: Peter Johanek, Angelika Lampen (Hrsg.): Adventus. Studien zum herrschaftlichen Einzug in die Stadt. Köln, Weimar, Wien 2009, S. 37–55, hier S. 39 f.
74 Schweizer, Nationalsozialistische Geschichtsbilder (Anm. 73), S. 33.
75 Rat der Stadt Weimar, Konzeption zur langfristigen Vorbereitung, S. 4.
76 »›Weimar – heute‹ zu gestalten, bedeutet also nicht nur die Abbildung der reizvoll malerischen Motive [...] ›Weimar – heute‹ bedeutet v. a., sich die geistig-kulturellen Triebkräfte zu vergegenwärtigen, die in der DDR auch die Kulturstadt Weimar zu einem Ort machen, der die progressiven Impulse in unserer Zeit in ihrer ganzen veränderten Kraft verkörpert, sichtbar macht und zur Wirkung bringt«. Gerhard Pommeranz-Liedtke: Zur Frage der Bereitstellung von Ankaufsmitteln und Sondermitteln für die Vergabe von Aufträgen aus dem Zentralen Kulturfonds der DDR für die Kunstsammlungen Weimar, 8. 4. 1974, S. 2. GSA A 0652.
77 Walther Scheidig an den Rat der Stadt Weimar, Abt. Kultur, 28. 4. 1965, S. 1. GSA 175/A0006.
78 Zu möglichen Vergleichsmomenten nationalsozialistischer und sozialistischer Geschichtskonstruktion vgl. Schweizer, Nationalsozialistische Geschichtsbilder (Anm. 73), S. 33.
79 Bollenbeck, Weimar (Anm. 2), S. 208.
80 Rat der Stadt Weimar, Konzeption für den Festumzug, S. 2.

ULRIKE BESTGEN

ARBEIT AM MYTHOS

KONZEPTENTWICKLUNG FÜR DAS NEUE BAUHAUS-MUSEUM WEIMAR

Manche Mythen des Bauhauses halten sich hartnäckig: Bauhaus als Synonym für die Moderne schlechthin, Bauhaus-Stil, Bauhaus als Beispiel für Fortschritt und Rationalität, als Modell für angebliche Gleichbehandlung der Geschlechter, vermeintlich demokratisches Teamwork oder Resistenz gegen den Nationalsozialismus – dies sind nur einige Beispiele. Obwohl in der Bauhaus-Forschung das Bild der Schule sehr differenziert dargestellt wird und sich zahlreiche neue Forschungsfelder in den letzten Jahren eröffnet haben, scheint dies bei der populären Sicht auf das Bauhaus eher wenig Wirkung zu zeigen.[1]

Ein Konzept für das neue Bauhaus-Museum musste dies in Betracht ziehen und sich positionieren: Inwieweit darf unter touristischen und werbewirksamen Gesichtspunkten ein simplifizierendes Bauhaus-Bild bedient werden? Welche der vielen Mythen sollen kritisch reflektiert werden? Soll der ›Bauhaus-Kanon‹ reproduziert oder ein Problembewusstsein beim Besucher entwickelt werden? Welche Schwerpunkte einer differenzierenden Bauhaus-Historie hat ein speziell für Weimar zu entwickelndes Narrativ? Aber auch: Welche Fragestellungen aktueller Gestaltung und Lebenswelt können mit der Bauhaus-Historie verknüpft werden? Welche Lösungen gibt es dafür, dass eine dem Bauhaus immer wieder zugesprochene Aktualität – auch ein von Walter Gropius begründeter Mythos – nicht auf eine Eins-zu-eins-Gleichsetzung mit der Gegenwart hinausläuft?

Dabei ist unvermeidlich, dass die langfristige Vorbereitung eines für die Stadt Weimar, den Freistaat Thüringen und den Bund so bedeutenden Museums wieder Arbeit an einem neuen ›Mythos Bauhaus‹ bedeutet, ein Mythos, bei dem Inhalt und Erzählung trotz aller Differenzierung erneut das Konstrukt einer spezifischen kuratorischen Sichtweise sind. Ein Dilemma, dessen man sich ebenfalls bewusst sein muss.

Stete Wegbegleiter im Rahmen der Konzeptentwicklung waren im Übrigen auch vielfach geäußerte Vorurteile, von denen nur einige hier aufgezeigt werden sollen: Warum drei neue Bauhaus-Museen an drei Standorten? Reicht nicht ein Standort in Dessau, dort, wo sich das ikonische Bauhaus-Schulgebäude befindet? Sind nicht Museum und Bauhaus ein Widerspruch? Kann man die Schule, die für sich reklamiert hat, ästhetische, aber auch gesellschaftliche Fragen für die Gegenwart zu lösen, überhaupt adäquat museal darstellen? Für Weimar wird schließlich gern auch als Ultima Ratio einer Bauhaus-kritischen Einstellung der Klassik-Nimbus bemüht: Weimar ist und bleibt Stadt der Weimarer Klassik, nicht der Moderne. Gegen diese Vorurteile galt und gilt es anzuarbeiten, insbesondere mit Informationen über die vielgestaltigen Ausprägungen der Moderne in Weimar, über Pläne für die Ausrichtung des Museums wie auch über die Institutionsgeschichte.[2] Ein kurzer Rückblick auf die Museumshistorie des Bauhauses in Weimar seit den 1990er Jahren sei deshalb gestattet; sie zeigt, wie sehr das Thema Bauhaus das Selbstverständnis nicht nur der jeweiligen Trägereinrichtung des Museums, sondern auch das der Stadt Weimar prägen sollte.

Historie des Bauhaus-Museums in Weimar seit 1990

Das Bauhaus-Museum Weimar ist das jüngste der Museen der Klassik Stiftung Weimar, am 8. Mai 1995 in den Räumen der ehemaligen Kunsthalle am Theaterplatz eröffnet, jedoch mit einer Sammlungstradition verbunden, die auf das Gründungsjahr des Bauhauses 1919 zurückgeht. Im Mai 1919 übergaben Studierende des Bauhauses zwei Ausgaben ihrer Schrift »Der Austausch« an die damals in der Gründung befindlichen Staatlichen Kunstsammlungen.[3] Dass das mediale Organ der Studierenden zu den ersten Objekten der Bauhaus-Sammlung in Weimar gehört, zeigt auf eindrucksvolle Weise die schon früh vorhandene enge Verbindung zwischen Schule und Museum. Walter Gropius als Gründungsdirektor hat, wie mittlerweile oft kommuniziert, beim politisch erzwungenen Weggang des Bauhauses nach Dessau 168 Arbeiten an die Staatlichen Kunstsammlungen zu Weimar übergeben, die den Grundstock der Bauhaus-Sammlung an der Klassik Stiftung darstellen. Das Konvolut sollte Leistungen, aber auch Irrwege der schulischen Entwicklung dokumentieren.[4] Die Geschichte, oder besser das Schicksal der Weimarer Bauhaus- und Moderne-Sammlungen während der Weimarer Republik, der Zeit des Nationalsozialismus, der DDR und der Nachwendezeit ist an vielen anderen Stellen ausführlich dargestellt worden und muss hier nicht wiederholt werden.[5]

Als erster erhob Michael Siebenbrodt, von 1992 bis 2017 Bauhaus-Kustos an den Kunstsammlungen, dann an der Klassik Stiftung, die Forderung nach einem Bauhaus-Museum für Weimar. Im Dezember 1990 diskutierte er im Zuge einer Besprechung zur Klärung der Nutzungs- und Eigentümerfragen vom Haus Am Horn die Gründung eines Museums, »das zeitlich/

1 Das alte Bauhaus-Museum am Theaterplatz, dort von Mai 1995 bis Januar 2018 beheimatet, Foto: Jens Hauspurg

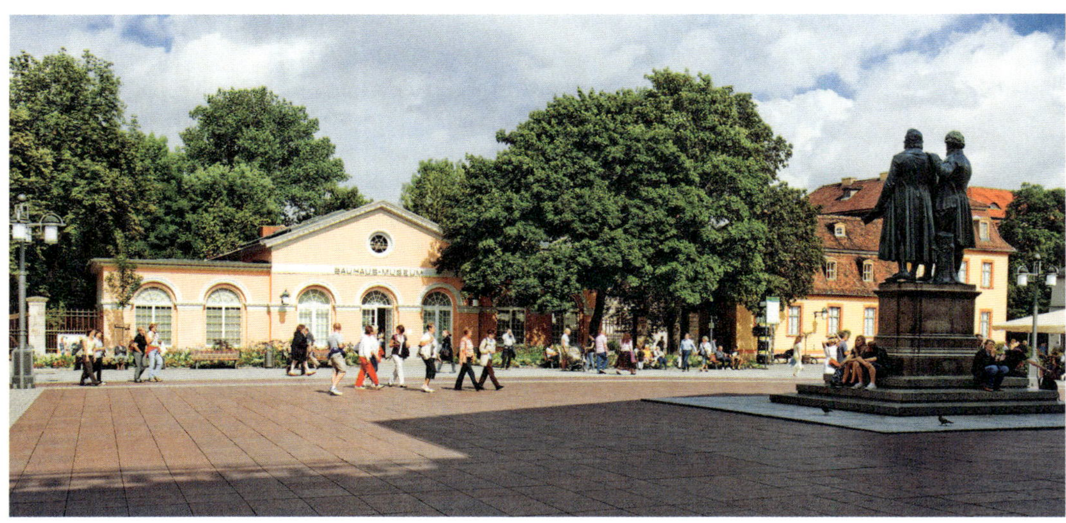

inhaltlich die Vorgeschichte und Wirkungen des Bauhauses Weimar einschließt (von van de Velde bis zur Entwicklung der HAB) und auf produktive, lebendige Aneignung und schöpferische Auseinandersetzung mit den historischen Sachzeugen und Kunstwerken zielt«.[6] Die Gründung dieses Museums mit dem Schwerpunkt Bauhaus sei ein wesentlicher Baustein für die Profilierung der Stadt Weimar.

Es ist das bleibende Verdienst von Rolf Bothe, Direktor der ehemaligen Kunstsammlungen von 1992 bis 2002, das Bauhaus-Museum im Zusammenhang mit der Neustrukturierung der Häuser der Kunstsammlungen schließlich begründet und realisiert zu haben. Bothe legte großen Wert auf den Sammlungsschwerpunkt Moderne insgesamt, um die Kunstsammlungen wieder an die Tradition fortschrittlicher Museumspolitik anzubinden. In seinem Museums-Entwicklungsplan, den er 1993 vorlegte, forderte er nicht nur gegen viele Widerstände eine ständige Präsentation der Bauhaus-Sammlung in der bis dato als Wechselausstellungsraum genutzten Kunsthalle, sondern perspektivisch außerdem einen Ergänzungsbau für dieses provisorische Bauhaus-Museum.[7] In Zusammenarbeit mit Michael Siebenbrodt wurde ein Themenschwerpunkt für das Haus entwickelt, der es im Verhältnis zu den Bauhaus-Sammlungen in Dessau und Berlin profilierte. Ohne großes Budget wurde das Museum quasi handstreichartig eröffnet. Es vermittelte insbesondere die Weimarer Jahre des Staatlichen Bauhauses mit seinem pädagogischen Konzept und den verschiedenen Werkstätten. Darüber hinaus wurde Van de Veldes Kunstgewerbeschule als Vorgängerinstitution des Bauhauses sowie die Staatliche Bauhochschule unter Otto Bartning in der Zeit von 1926 bis 1930 als dem Bauhaus nachfolgende Einrichtung vorgestellt. Für die Präsentation wurde die von Klaus-Jürgen Sembach für die vorangegangene Wechselausstellung »Johannes Itten und das frühe Bauhaus« auf Grundlage des Plakatentwurfs von Joost Schmidt für die Bauhaus-Ausstellung 1923 entworfene, kongeniale Ausstellungsarchitektur übernommen und auf die Bedürfnisse einer dauerhaften Präsentation angepasst. Das Bauhaus-Museum war in Weimar endlich angekommen und entwickelte sich zu einem wichtigen Anlaufpunkt insbesondere für auswärtige BesucherInnen.

Der von Bothe prognostizierte Erweiterungsbau sollte sich bald als notwendig herausstellen: Die Bauhaus-Sammlung konnte immer nur in Ausschnitten im alten Bauhaus-Museum gezeigt werden; daneben waren die klimatischen und ausstellungstechnischen Bedingungen im Grunde unter heutigen Standards nicht akzeptabel. Das Haus hatte keine eigene Vermittlung, geschweige denn Vermittlungsräume, kein eigenes Depot, keine ausreichenden Räume für einen einladenden Besucherservice mit Café oder Shop. Die Kunstsammlungen und dankenswerterweise auch der Freundeskreis der Kunstsammlungen (heute Freundeskreis des Bauhaus-Museums mit dem Namen »Bauhaus – Weimar – Moderne. Die Kunstfreunde e.V.«) haben aufgrund dessen seit Frühjahr 2002 offensiv auf die Notwendigkeit einer Erweiterung hingewiesen. Eine Machbarkeitsstudie für eine Erweiterung des Gebäudes am Theaterplatz wurde eigens vom Freundeskreis finanziert und herausgegeben. Entgegenkommen wurde von der Politik signalisiert, scheiterte letztlich aber an den Trägerstrukturen, da die Kunstsammlungen als städtischer Eigenbetrieb zum damaligen Zeitpunkt keine direkte Förderung vom Bund erhielten. Der Bund engagierte sich zu der Zeit schwerpunktmäßig in Dessau. Noch bei seiner offiziellen Verabschiedung im August 2002 forderte Rolf Bothe eindringlich, dass ein Erweiterungsbau am Theaterplatz nach der geplanten Fusion der Stiftung Weimarer Klassik mit den Kunstsammlungen Vorrang haben müsse.

Es sollte noch sechs weitere Jahre vergehen, bis die Realisierung eines Neubaus möglich wurde. Die Probleme der 2003 fusionierten Einrichtung Stiftung Weimarer Klassik und Kunstsammlungen (SWKK), später Klassik Stiftung Weimar, waren nach dem verheerenden Brand in der Herzogin Anna Amalia Bibliothek am 2. September 2004 grundsätzlich andere, da der Fokus aller Aktivitäten zunächst auf die Sicherung des historischen Erbes gelegt werden musste. Das Gutachten der Strukturkommission, die die Stiftung Weimarer Klassik und Kunstsammlungen 2004/05 evaluierte, wies mit Nachdruck ebenfalls auf die Notwendigkeit entweder eines Erweiterungsbaus oder eines Neubaus für die Bauhaus-Sammlungen hin. Zum inhaltlichen Konzept führte das Gutachten aus: »U. E. ist das Bauhaus-Museum von allen vergleichbaren Einrichtungen der SWKK diejenige Institution, die die historische Rückbesinnung mit der Reflexion zeitsymptomatischer Probleme verknüpfen kann. Auch die Erörterung von lebensweltlichen Fragen mit Ausblicken auf die Zukunft sozialer Praxis und ästhetischer Einstellungen fände hier ihren Ort.«[8]

Erst mit der Auflage eines Sonderinvestitionsprogramms und der Verabschiedung eines Masterplans für die Klassik Stiftung im Jahr 2008 konnte die Realisierung des Neubaus auf den Weg gebracht werden. Anlässlich des 90-jährigen Gründungsjubiläums wurde als wichtiger Zwischenschritt die Ausstellung »Das Bauhaus kommt aus Weimar« vom 1. April bis zum 5. Juli 2009 an den fünf Orten Bauhaus-Museum Weimar, Neues Museum Weimar, Goethe-Nationalmuseum, Schiller-Museum und Haus Am Horn gezeigt.[9] Im Martin Gropius Bau in Berlin wurde vom 22. Juli bis zum 4. Oktober 2009 als Kooperationsprojekt mit den Institutionen in Dessau und Berlin die Ausstellung »modell bauhaus« präsentiert, die in veränderter Form anschließend Station im Museum of Modern Art in New York und im Barbican Centre in London machte.[10]

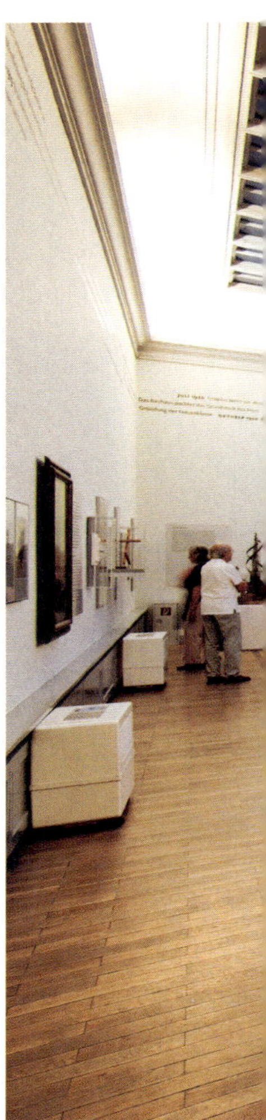

Der Stiftungsrat legte in seiner Sitzung vom 8. Juli 2008 fest, dass ein Konzept für ein neues Bauhaus-Museum in enger Abstimmung mit einem zu berufenden Fachkuratorium entwickelt werden solle.[11] Das Konzept, dessen Inhalt im Folgenden kurz zusammengefasst wird, wurde in der Sitzung des Stiftungsrats am 15. Juli 2009 beschlossen, zusammen mit der Empfehlung, es am Standort Theaterplatz umzusetzen. Dieser hatte sich bei einer Standortanalyse von zehn möglichen Orten neben zwei weiteren (Minolplatz, Frauenplan) als zu dem Zeitpunkt bester Platz für den Bau erwiesen. Der nächste Schritt in der Planung, so der Stiftungsrat, solle die Diskussion des Standorts im Weimarer Stadtrat sein.[12] So klar diese Entscheidung war, so schwierige Folgen zeitigte sie, denn es schloss sich auf lokaler Ebene eine hoch emotional geführte Standortdiskussion an, die erst im Jahr 2011 für den heutigen Standort entschieden wurde.

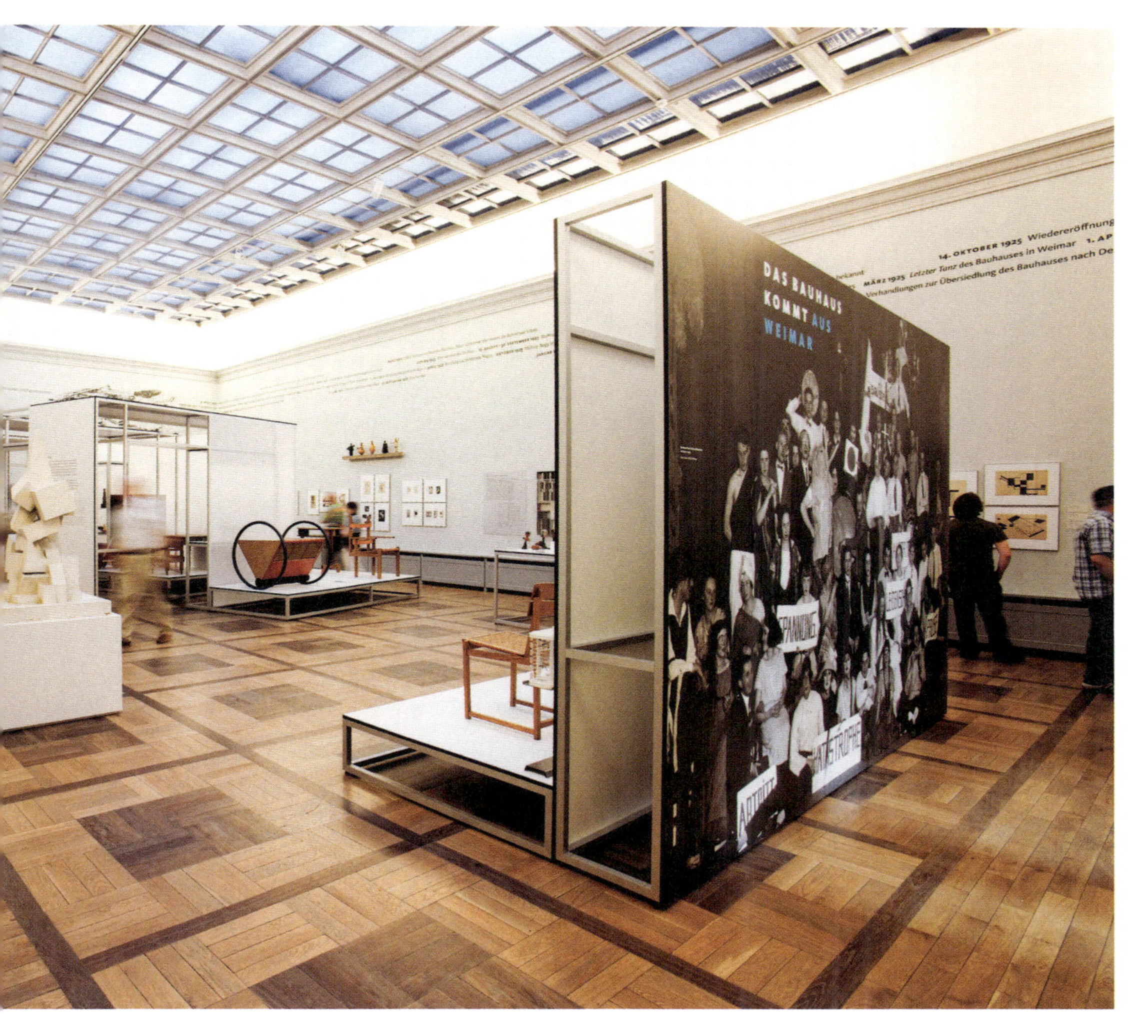

2 Blick in den zentralen Ausstellungsraum des alten Bauhaus-Museums mit der Ausstellungsinstallation von Klaus-Jürgen Sembach, Foto: Jens Hauspurg

Das Konzept 2008/09: die Grundlage des musealen Selbstverständnisses bis heute

Das mit dem Fachkuratorium abgestimmte Konzept 2008/09 diskutierte die wesentlichen Punkte eines neuen Bauhaus-Museums ausführlich: Grundlagen und Ziele für das neue Haus mit Leitbild, wissenschaftliche Ziele, Aspekte der Sammlungserweiterung; die museale Präsentation mit Dauerausstellung und wechselnden Ausstellungen sowie einem Schaudepot; mögliche Besucherpotenziale, touristische und städtebauliche Aspekte, Förderung von Wirtschaft und Wissenschaft in Thüringen; die Vermittlung am historischen Bauhaus sowie die perspektivische Vermittlungspraxis im Museum. Es folgten schließlich erste kursorische Übersichten über den Raumbedarf, die Grundlagen der Architektur und die Ausstattung mit finanziellen Mitteln für Betrieb und Gebäude sowie der notwendige Personalkegel.[13]

Als besonderer Aspekt der Vermittlungspraxis wurde im Konzept das Projekt eines Kindergartens am neuen Bauhaus-Museums vorgestellt.[14] Die Einrichtung des Kindergartens verfolgte das Ziel, Kultur und Bildung im Sinne eines ganzheitlichen Prozesses zu integrieren. Kognitives Lernen sollte so die notwendige sinnliche Fundamentierung durch Schulung der Wahrnehmung und Wecken der individuellen Kreativität erhalten. Bedauerlicherweise scheiterte das Projekt aus unterschiedlichen Gründen, darunter die Komplexität der Trägerstrukturen.

Das im Konzept dargestellte museale Selbstverständnis gibt den Rahmen vor, der für das neue Bauhaus-Museum bis heute gültig ist: Das Museum wird als Stätte lebendiger Vermittlung verstanden, offen für unterschiedliche Zielgruppen, vom Weimar-Touristen, Bildungsreisenden, bis zu Studierenden oder aber Schülergruppen. Ein Haus als »Forum für Diskussionen und Veranstaltungen, Zentrum von Vermittlungsaktivitäten sowie experimentelles Labor, in dem sich Forschen und Sammeln, Präsentieren und Vermitteln, Experimentieren und Reflektieren wechselseitig durchdringen. [...] Dem pädagogischen Impetus des Bauhauses folgend, soll Bildung im Museum selbstverständlich gelebt werden.«[15]

Der Inhalt der Dauerausstellung legte den Fokus auf die Präsentation der Anfänge des Staatlichen Bauhauses einschließlich seiner Verzahnung mit Politik und Gesellschaft und auf die Geschichte des funktionalen Designs. Mithilfe der zuvor erworbenen Sammlung Ludewig sollte so der Zusammenhang zwischen der klassischen Periode Weimars und der Moderne herausgearbeitet werden. Sichtbar werden sollte, dass das rationalistisch-funktionale Gestaltungsideal des Bauhauses seine Wurzeln im ästhetischen Aufbruch um 1800 hat. »Dieser Zusammenhang konstituiert eine latente Geschichte der Funktionalität, die über die Epoche der Industrialisierung und des Historismus hinweg als der Stammbaum des Staatlichen Bauhauses gelesen werden kann.«[16] Ein Schaulager in Form eines begehbaren Depots sollte in regelmäßigen Abständen Stücke aus der Sammlung zugänglich machen und über Typologien, Restaurierungsprozesse und vieles mehr informieren.

Einbindung des Bauhaus-Museums in den Masterplan und eine sich entwickelnde Topografie der Moderne

Das neue Bauhaus-Museum ist Teil des Masterplans und des Gesamtkonzepts »Kosmos Weimar«, mit denen alle Einrichtungen und Direktionen der Klassik Stiftung Weimar inhaltlich und konzeptionell miteinander verknüpft werden. Während die Ausführungen im Masterplan 2008 vor allem die Überwindung der Historisierung Weimars durch das Bauhaus-Museum und damit die kulturelle Neuausrichtung der Stadt in noch eher allgemeiner Hinsicht betonten,[17] wurde durch die Mitte 2010 gefällte finale Standortentscheidung für den sogenannten Minolplatz, benannt nach dem ehemaligen Standort einer Tankstelle, der Fokus im Gesamtkonzept »Kosmos Weimar« 2012 zum einen politischer, zum anderen stadträumlich-thematisch konkreter: »Das neue Bauhaus-Museum wird Weimar als Ort der ästhetischen Moderne exponieren, zugleich aber, insbesondere aufgrund seiner räumlichen Anbindung an die Topographie der nationalsozialistischen Diktatur, auch den inhärenten Widerspruch dieser Moderne vor Augen führen. Vor diesem Hintergrund wird es in den kommenden Jahrzehnten von entscheidender Bedeutung sein, die gegenwärtige Kunst und Kultur in einem von allen Weimarer Kulturinstitutionen gemeinsam zu entwickelnden Museumsquartier und unter Einbeziehung des Neuen Museums in Weimar präsent zu machen.« Damit wurde 2012 der thematische ›Überbau‹ neu festgelegt, vor dessen Hintergrund sich das Profil des Bauhaus-Museums in Auseinandersetzung mit seiner architektonischen Nachbarschaft und der spezifischen Moderne-Geschichte in Weimar, aber auch der Moderne-Entwicklung überregional präzisieren sollte.[18] Das bisherige Konzept für das neue Bauhaus-Museum musste dementsprechend darauf reagieren und harrte einer Überarbeitung.

Hintergrund der Fokussierung auf die Einbeziehung des Bauhaus-Museums in eine institutionell übergreifende Topographie der Moderne war zum einen die Empfehlung der Expertenkommission, die den von der Klassik Stiftung Weimar zunächst kritisch gesehenen Minolplatz als Standort für den Neubau trotz verschiedener Bedenken favorisierte: »Gerade die räumliche Nähe des Minolplatzes zum Gauforum verspricht eine provozierende und produktive Spannung, die Impulse für Auseinandersetzungen mit den nicht-klassischen Schichten erhoffen lässt. Sie kann die Betrachter veranlassen, sich auf die Suche zu begeben nach dem Ort des Bauhauses innerhalb des *gesamten* Spektrums der klassischen Moderne.«[19]

Im Nachgang zur Standortentscheidung nahm sich der Freundeskreis des Bauhaus-Museums »Bauhaus-Weimar-Moderne. Die Kunstfreunde e.V.« des Themas und der darin liegenden Chance einer umfassenden Aufarbeitung der ambivalenten Moderne-Geschichte der Stadt Weimar an und bezog die Stadt Weimar, die Bauhaus-Universität, die Stiftung Gedenkstätten Buchenwald und Mittelbau-Dora, das Thüringische Hauptstaatsarchiv und andere Einrichtungen in den weiteren Prozess ein. Der Freundeskreis führte 2012 und 2013 zwei hochkarätig besetzte Kolloquien durch, die unterschiedliche Facetten des Themas beleuchteten und deutlich machten, dass die historischen, städtebaulichen und touristischen Zusammenhänge weiterer Untersuchungen bedurften.[20] Der Fachbereich Urbanistik der Bauhaus-Universität Weimar widmete sich dem Gegenstand im Rahmen eines Semesterprojekts zu den drei geplanten Bauhaus-Museen, und im Nachgang dazu entstanden Bachelor-Arbeiten zur Topographie der Moderne.[21] Die Direktion Museen veranstaltete 2016 im alten Bauhaus-Museum in Zusammenarbeit mit dem Fachbereich Urbanistik eine von Harald Bodenschatz, Berlin, kuratierte Ausstellung, die die Chancen der Entwicklung des nahen Quartiers um das neue Bauhaus-Museum auslotete. Sein Fazit: »Im Umfeld des Neubaus für das neue Bauhaus-Museum Weimar konzentriert sich Weimarer wie deutsche Geschichte des 20. Jahrhunderts in besonderer Weise und findet städtebaulich ihren unübersehbaren Ausdruck. Diese exponierte und einzigartige Lage ist eine großartige Chance, aber auch eine Herausforderung und Verpflichtung. Die Entwicklung dieses Gebietes ermöglicht über die Verarbeitung der Vergangenheit einen großen Schritt in die Zukunft; sie eröffnet die Möglichkeit eines zukunftsweisenden Kulturprojekts des 21. Jahrhunderts.«[22]

Wesentlich für diese Beurteilung von Bodenschatz war die am 23. November 2015 gefällte Entscheidung der Stiftung Gedenkstätten Buchenwald und Mittelbau-Dora, ihre als Wanderausstellung konzipierte Präsentation zum Thema »Zwangsarbeit. Die Deutschen, die Zwangsarbeiter und der Krieg« ständig im Südflügel des Gauforums einzurichten. Die Klassik Stiftung entschied in der Zwischenzeit, das Neue Museum ebenfalls einer neuen Ausrichtung zuzuführen und dort anstatt wie bisher Wechselausstellungen nun die Vorgeschichte des Bauhauses von 1860 bis 1918 zu präsentieren. Damit waren zwei weitere museale Schwerpunkte in unmittelbarer Nachbarschaft geschaffen, die mit dem Bauhaus-Museum den Grundstein dafür legten, dass perspektivisch ein gemeinsames Quartier in Weimar zur Vermittlung unterschiedlichster Erfahrungen der ambivalenten Moderne entwickelt werden kann. Räumlich etwas weiter getrennt, doch inhaltlich eng miteinander verbunden ist darüber hinaus das Haus der Weimarer Republik, das die Stadt Weimar zusammen mit dem Verein »Weimarer Republik e.V.« im alten Bauhaus-Museum 2020 eröffnet hat, sowie das Stadtmuseum Weimar, das seinen Schwerpunkt auf die Vermittlung der Weimarer Verfassung legen wird. »Vor diesem Hintergrund eröffnet die Standortwahl des neuen Bauhaus-Museums eine Jahrhundertchance für Weimar: Das Museum wird nicht nur zu einem Vermittlungsort des Bauhauses, sondern auch zum Mittelpunkt des Zentrums der Moderne und zum Angelpunkt der Topographie der Moderne in Weimar.«[23]

Konzeptüberarbeitung 2011 bis 2013

Die maßgebliche Entscheidung für den Minolplatz als Standort und das Gesamtkonzept der Stiftung »Kosmos Weimar« 2012 veranlassten die Direktion Museen, das vorhandene Museumskonzept aus dem Jahr 2008/09 zu überprüfen. Wolfgang Holler, der im Juli 2009 seinen Dienst als Generaldirektor der Museen angetreten hatte, initiierte die Überarbeitung des Konzepts nicht nur in Hinsicht auf die Diskussion der Bedeutung der stadträumlichen Situation des Neubaus, sondern regte auch die Überprüfung der fachlichen Darstellung der Bauhaus-Historie an und eine nochmalige Diskussion über die adäquate Einbeziehung der BesucherInneninteressen.

Neben den KuratorInnen waren auch die VermittlerInnen sowie externe FachkollegInnen in den Prozess der Überarbeitung einbezogen.[24] Im Laufe des Prozesses erfolgten Präsentationen für unterschiedlichste Anspruchsgruppen wie Behindertenverbände, Touristiker, Marketingfachleute oder interessierten Laien. Wichtige Rückmeldungen, sei es in Hinsicht auf Aspekte von Barrierefreiheit oder Inklusion, sei es in Hinsicht auf Schlüssigkeit und Vermittelbarkeit von Inhalten der Ausstellung, wurden aufgenommen. Der Direktion Museen oblag es dabei, das Leitbild, das Narrativ und die Themen zu formulieren, wissenschaftlich zu fundieren und anschließend den gesamten Prozess der Ausstellungsentwicklung zu steuern.[25] Museologisch orientierte sich diese Überarbeitung an zeitgleichen Diskursen über die Aufgaben und Inhalte eines Museums: Das angeblich »müde Museum« fand keinesfalls in Weimar statt![26]

Ansätze zur Neuausrichtung der Institution Museum im 21. Jahrhundert werden seit geraumer Zeit allenthalben in vielen Museen diskutiert; manche dieser Überlegungen werden im Zuge der Reformierung bestehender Häuser oder anlässlich der Eröffnungen von Neubauten umgesetzt. Ein erster Beschluss der KuratorInnengruppe war, das Bauhaus-Museum Weimar als sozialen Ort und Ort des kulturellen Austauschs zu definieren, als Plattform für die interaktive Einbeziehung der BesucherInnen, die sich nicht nur an bestimmten Ausdrucksformen sinnlich-praktisch beteiligen können, wie allgemein Usus in der Vermittlungsarbeit, sondern eingeladen ist, Fragen aus ihrer Lebenswelt direkt zur Verhandlung ins Museum zu tragen.[27] Andere Überlegungen zur Neujustierung des Bauhaus-Museums vor dem Hintergrund von Globalisierung, Digitalisierung und Ökonomisierung der Gegenwart wie auch Migration und Klimawandel beschreiben es als einen Ort der Erfahrungsgewinnung oder Denkraum, verfolgen damit aber thematisch dasselbe Ziel.

Als wesentliche Veränderung in Bezug auf den Inhalt wurde im überarbeiten Konzept festgelegt, dass sich das Museum am Prinzip des offenen Prozesses orientieren soll. Dieses Arbeitsprinzip wird sich im Museum insofern widerspiegeln, als die Dauerausstellung die Bauhaus-Historie nicht chronologisch präsentiert, sondern im Sinne der ›suchenden‹ Vorgehensweise die Frühzeit des Bauhauses erforscht. Aus diesem Grund soll keine statische oder lineare Erzählung der Bauhaus-Erfolgsgeschichte oder der Entwicklung des Funktionalismus vorgenommen werden, sondern eine

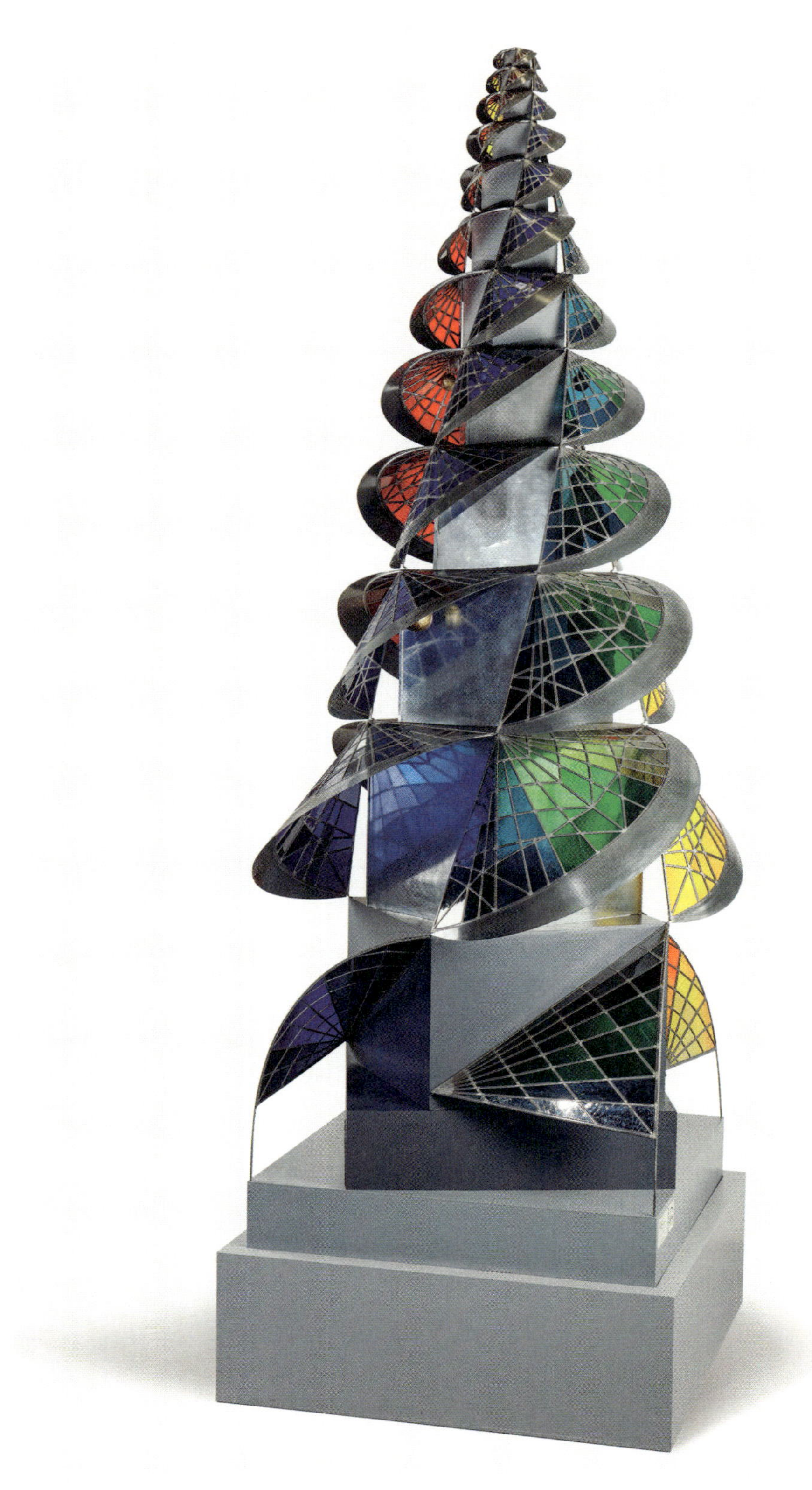

themenorientierte Darstellung von Ideen, Prozessen und lebensweltlichen Bezügen. Grundlage dafür sind die Objekte oder Objektgruppen der Sammlung, die medial ergänzt werden können. Ein hauptsächlich digital strukturiertes Bauhaus-Museum wurde abgelehnt, da seitens der KuratorInnen die Notwendigkeit gesehen wurde, in Zeiten einer weiter zunehmenden Digitalisierung des Alltags die Vermittlung des realen Objekts in den Mittelpunkt eines lebendigen, für den Gast attraktiven Museumsbesuchs zu stellen. Digitale Medien unterstützen und ergänzen die Vermittlung, ersetzen aber keinesfalls das Objekt, so die Haltung des Museums.

Es wurde ferner festgelegt, die Erzählung des Museums aus den Ideen des frühen Bauhauses heraus zu entwickeln. Hierfür wurde ein Statement des frühen Bauhauses ausgewählt, das anlässlich einer geplanten Präsentation der Schule auf der Bauausstellung in Stuttgart 1924 formuliert wurde: »die brennendste Frage des Tages überhaupt: wie werden wir wohnen, wie werden wir siedeln, welche Form des Gemeinwesens wollen wir erstreben?«[28] Diese Aussage soll vor allem in der Vermittlungsarbeit auf heutige Aktualität hin diskutiert werden, ohne Modellcharakter zu haben. Fragen heutigen Gemeinschaftsverständnisses oder individueller Lebenskonzepte mit Themen wie Ästhetisierung des Alltags, Mobilität, Individualisierungstendenzen oder Rückzug können so kritisch mit dem am Bauhaus propagierten Gemeinschaftsideal verglichen werden.

Die inhaltlichen Themen der Dauerausstellung sollen, je nach Objektlage, verschiedene Erzählstränge auslegen, die sich an unterschiedlichen Stellen querschnittsartig treffen. Ausgehend von den Objekten der Bauhaus-Sammlung und der Sammlung Ludewig wurden folgende Themen für das Konzept als Schwerpunktthemen identifiziert: Die »Historische Bauhaus-Sammlung 1925«; »Der neue Alltag«; »Der Neue Mensch«; »Autoritäre Objekte«; »Luxus«; »Erfolg«; »Experiment« und »Funktionalität«. Geplant war und ist, den zeitlichen Schwerpunkt dabei nicht nur auf die Geschichte des Bauhauses in Weimar zu legen, sondern auch auf die Phase in Dessau und Berlin von Mitte 1925 bis 1933 sowie auf ausgewählte Aspekte der Vor- und Nachgeschichte des Bauhauses.

Dem Stiftungsrat wurde am 26. Juni 2013 die Überarbeitung des Konzepts in einer Präsentation vorgestellt, sodass nach dessen Bestätigung die Ausschreibung des Gestalterbüros vorgenommen werden konnte.[29]

3 Blick in das Foyer des alten Bauhaus-Museums
mit dem »Turm des Feuers« von Johannes Itten
(Rekonstruktion des Turms von Michael Siebenbrodt)
Foto: Michael Siebenbrodt

Umsetzung des Konzepts mit dem Ausstellungsgestalter ab 2015

Das theoretische Konzept ist grundlegend, die anschließende Arbeit mit dem Ausstellungsgestalter ist dagegen erst zielführend für die Wirkung der Ausstellung durch ihre räumlich-thematische Inszenierung. Als Ausstellungsgestalter für das Bauhaus-Museum Weimar wurde das Büro Holzer Kobler in Berlin/Zürich in einem EU-weiten Wettbewerb ausgewählt. Das Büro hat einen seiner Arbeitsschwerpunkte auf der Realisierung großer, kulturwissenschaftlich orientierter Ausstellungen, die einen hohen Inszenierungsbedarf haben. Um die Expertise dieses international tätigen Ausstellungsgestalters möglichst umfangreich einbinden zu können, hat die KuratorInnengruppe die Realisierung der Ausstellung als einen iterativen Prozess definiert, für den das überarbeitete Konzept als Grundlage diente. Inhaltlich-konzeptionelle Überlegungen mussten auf die räumliche Situation des Neubaus übertragen werden, mit dem Ziel, dass sich eine konzise Besucherlenkung im Haus entwickeln konnte. Konservatorische Belange waren ferner zu beachten, Sicherheitsaspekte wie Fluchtwege, Brandschutz und vieles mehr. Damit ergaben sich weitere Veränderungen, Zusammenlegungen inhaltlicher Themen zumal, die sich jeweils aber im Rahmen des vom Stiftungsrat bestätigten Konzepts bewegten. Dem Wissenschaftlichen Beirat wurden schließlich im Oktober 2015 erste Gestaltungsvorschläge vorgestellt, die nach Bestätigung der Entwurfsplanung in der Ausführungsplanung umgesetzt werden konnten.

Kernstück in Hinsicht auf die Ausstellung ist für die Klassik Stiftung die inhaltliche Ausrichtung von Neuem Museum und Bauhaus-Museum, die konzeptionell eng aufeinander bezogen sind: In beiden Häusern wird die widersprüchliche Entwicklung von Kunst, Kultur und Gestaltung im Rahmen eines sich wandelnden Lebensverständnisses thematisiert, wobei die Zeit vor und nach 1900 mit Gründung und Reform der Weimarer Kunstschule, dem Neuen Weimar, Friedrich Nietzsche, Henry van de Velde und seiner Kunstgewerbeschule im Neuen Museum und die Geschichte und Rezeption des Weimarer Bauhauses von 1919 bis 1933 im Bauhaus-Museum den Schwerpunkt bilden. Der lokale Weimar-Fokus wird dabei immer gespiegelt in seinem Zusammenhang mit europäischen und internationalen Entwicklungen. Die Klassik Stiftung kann damit die komplexe Entwicklung der Moderne ausgehend von der Industriealisierung in der Gründerzeit bis in das 20. Jahrhundert anschaulich darstellen. Die äußerst bedeutsamen historischen Häuser Liszt-Haus, Nietzsche-Archiv, Haus Hohe Pappeln und perspektivisch auch das Haus Am Horn (UNESCO-Weltkulturerbe) werden die beiden musealen Schwerpunkte ergänzen und auf je eigene Weise das Thema des zeitgemäßen Wohnens und Repräsentierens vermitteln. »Diese museale Setzung stellt ein entscheidendes Alleinstellungsmerkmal für Weimar dar. Sie profiliert den musealen Ort im Kontext der internationalen Reformbewegungen um 1900 auf dem Feld von Kunst, Architektur und Gestaltung und schärft den Bauhaus-Kontext komplementär zur Stiftung Bauhaus Dessau und dem Bauhaus-Archiv in Berlin.«[30]

Das Bauhaus-Museum ist in dieser Bestimmung und in diesem Kontext weit mehr als ein klassisches Kunst-, Architektur- und Designmuseum oder eine Einrichtung zur Musealisierung des historischen Bauhauses im Sinne einer Highlight-Ausstellung. Das Haus wird ein inklusiv gestaltetes, das heißt ein im Zwei-Sinne-Prinzip eingerichtetes, barrierefreies und partizipatives Museum, das sich an eine breite Öffentlichkeit wendet, aufgrund dessen auch im Park- wie im Erdgeschoss frei zugänglich ist und sich zum Stadtraum und zum Weimarhallenpark hin öffnet. In den unentgeltlich erlebbaren Bereichen verbinden sich Ausstellungs- und Veranstaltungsmöglichkeiten sowie eine thematische Einführung in das Bauhaus und die »Topographie der Moderne«.

Die Schausammlung ab dem ersten Obergeschoss wird die Bauhaus-Geschichte nicht linear entlang der Designklassiker erzählen, sondern anhand von thematischen Schwerpunkten und Fragestellungen.[31] Das Thema »Der Neue Mensch«, ein Topos der 1920er Jahre, führt als erstes in die unterschiedlichsten Menschenbilder der damaligen Zeit ein, von expressionistisch, reformbewegt, konstruktivistisch oder mechanisch, und bietet viele Anknüpfungspunkte in Hinsicht auf heutige Diskussionen, unter anderem zum Thema des Transhumanismus. »Die Schule als Experiment« als nächster Raum konzentriert sich auf das frühe Bauhaus in Weimar, auf die Protagonisten des Lehrkörpers, die alle unterschiedliche Formen der Lehre ausprägten. Die berühmte Bauhaus-Pädagogik, einer der großen Mythen des Bauhauses, war vielmehr in den Anfangsjahren ein Nebeneinander verschiedener subjektiv-lehrender Zugänge zu Theorie und Praxis. Das zentrale Thema im zweiten Obergeschoss, »Der neue Alltag«, wird ausgehend vom Haus Am Horn zeigen, wie Überlegungen zur Rationalität und Funktionalität in den privaten Bereich Einzug hielten. Die nach Effektivitätsmaßstäben eingerichtete Küche, das Prinzip des Baukastens als Standard nicht nur für die Architektur, sondern auch für die Möbelherstellung oder Systemkeramik wie auch Fragen der Hygiene, der Wohnraumoptimierung und des Einrichtens nach Katalog werden dort neben weiteren Aspekten vorgestellt. Das Haus Am Horn, das die Klassik Stiftung seit Mai 2019 bespielt, wird mit einer Korrespondenzausstellung zum Bauhaus-Museum die Idee des modernen Wohnens in einem begehbaren architektonischen Denkmal sinnlich erfahrbar machen.

Dem gemeinsamen Arbeiten aller Werkstätten am Bau, dargestellt im Raum »Der neue Alltag«, steht auf demselben Obergeschoss die Bühnenabteilung gegenüber. Die Bühne als Kreativitätszentrum, ebenfalls mit Fragen von Raum, Licht, Material und Farbe befasst, aber immer verstanden als Ort individueller Kreativität, die sich vom traditionellen Puppenspiel über die mechanische Bühne hin zu neuen medialen Formen mit Lichtspielen und Film zahlreich entfalten konnte.

4 Foyer des neuen Bauhaus-Museums mit dem Kunstwerk »Sundial for Spatial Echoes« von Tomás Saraceno, Foto: Andrew Alberts ►

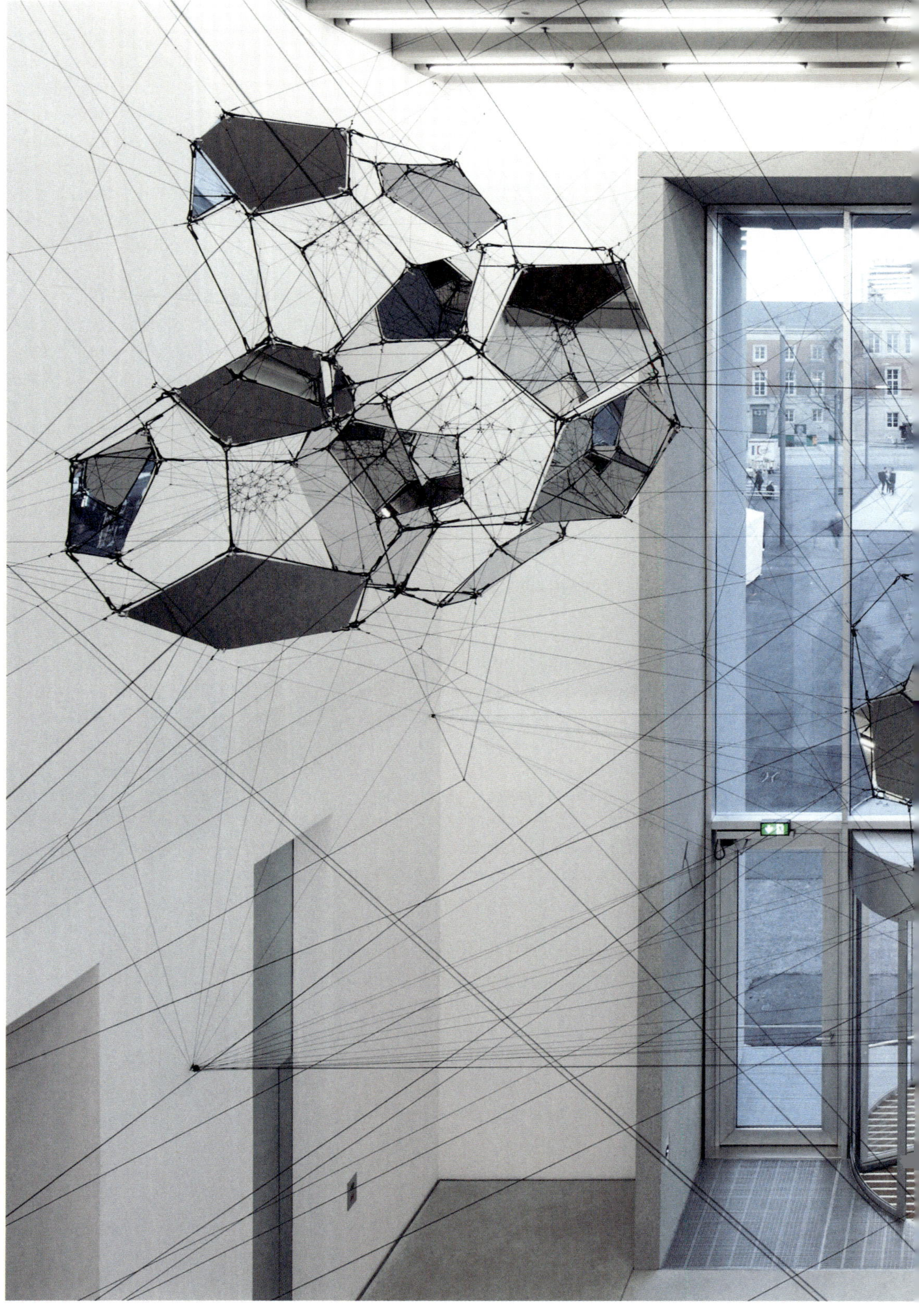

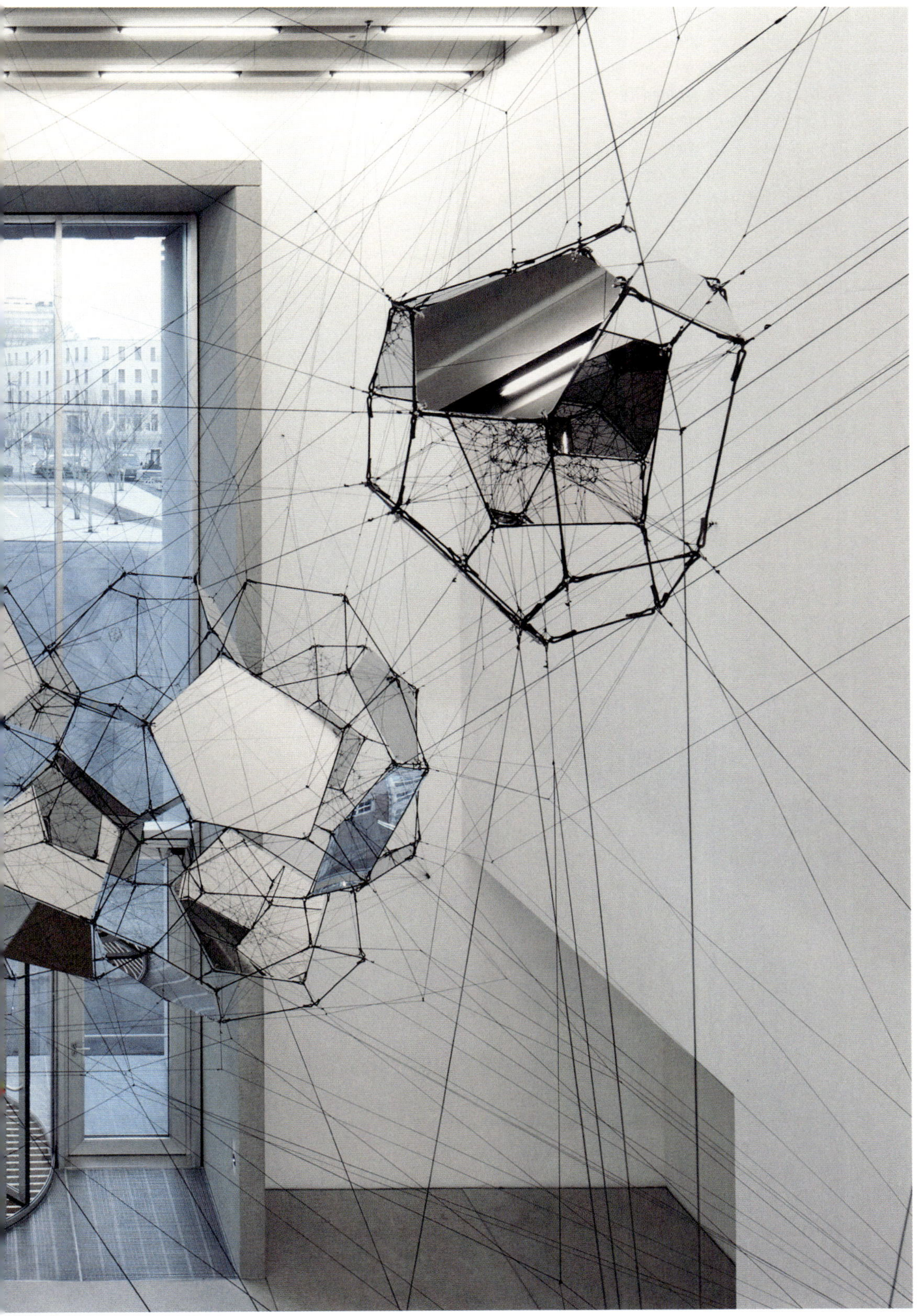

Im dritten Obergeschoss wird das Scheitern der Schule in Weimar mit seinen politischen Implikationen anhand einer filmischen Einführung konkretisiert. Die Frage »Was bleibt?« wird schließlich mittels ausgewählter Rezeptionsaspekte im Wirken der drei Bauhaus-Direktoren Walter Gropius, Ludwig Mies van der Rohe und Hannes Meyer gestellt. Gropius als derjenige, der das dingliche Erbe insbesondere für Weimar mit der »Historischen Sammlung 1925« sicherte, sich später auch andernorts für die Erhaltung und Vermittlung der schulischen Hinterlassenschaften einsetzte und dabei die Deutungshoheit über das Bauhaus für sich reklamierte. Wesentlich ist in diesem Zusammenhang das Thema der Medialität, da schon Gropius in der Weimarer Zeit und insbesondere in Dessau die Fotografie als Medium nutzte, um das Selbstbild der Schule in Hinsicht auf Funktionalität und Modernität zu konzentrieren und zu propagieren. Mies van der Rohe wird mit luxuriösen, aber auch minimalistischen Original-Möbeln unter anderem aus Haus Tugendhat, Brünn, und Haus Esters, Krefeld, vorgestellt, die zwar häufig für das Bauhaus reklamiert werden, allesamt aber nicht am Bauhaus entstanden sind. Seine exzellenten Möbel- und Architekturentwürfe sind, anders als es am Bauhaus mit Entwürfen für Möbel-Einzelstücke gehandhabt wurde, immer auf die Integration in einen größeren Lebens- und Wohnkontext zu sehen. Mies van der Rohe nutzte ebenfalls die Fotografie und formulierte mit ihrer Hilfe seine Vorstellung moderner Lebensformen, die weltweit kommuniziert wurden. Seine Konzept gebliebenen Bauprojekte wie seine realisierten Bauentwürfe prägen bis heute unser Bild von urbaner Architektur.

Nach der Exklusivität Mies'scher Möbel wird das Wirken Hannes Meyers eingeführt, aber nicht, wie erwartbar, mit seinem berühmten Diktum »Volksbedarf statt Luxusbedarf«. Der letzte Raum der Schausammlung inszeniert vielmehr seinen Text »die neue welt« aus dem Jahr 1926, auf den er sich während seiner Zeit als Bauhaus-Direktor in Dessau bezog.[32] Begann die Schausammlung im ersten Obergeschoss mit einer Installation von Textauszügen aus dem Bauhaus-Manifest von 1919, umgesetzt von den MedienkünstlerInnen der Gruppe TheGreenEyl, Berlin/New York, in der die von Gropius formulierte soziale Utopie des frühen Bauhauses gleich einer Verheißung aufscheint, so beschäftigt sich dieser Text mit den zentralen Entwicklungen der 1920er Jahre, kommentiert aus der Sicht von Hannes Meyer. Zunächst einer genossenschaftlichen Haltung verpflichtet, ging dessen politisches Bekenntnis mehr und mehr in Richtung Sozialismus und Kommunismus über. Wissenschaftlichkeit, Rationalisierung, Normierung, Internationalisierung, Standardproduktion, Gemeinschaft statt Individuum, Stadion anstatt Kunstmuseum sind nur einige der Themen, die anhand des Textes von Hannes Meyer kontrovers diskutiert werden können. Aus diesem Grund wird der Gast des Museums als letzte Station seines Weges durch das Haus auf eine Installation im Hannes-Meyer-Raum treffen, in der diese Themen von ganz unterschiedlichen zeitgenössischen Gruppen, lokal aber auch überregional künstlerisch, gestalterisch oder wissenschaftlich agierend, auf ihre heutige Bedeutung hin befragt werden. Im besten Falle werden sie nicht nur reflektierend mit dem Text umgehen, sondern auch angeregt, gesellschaftlich aktiv einzugreifen und beispielsweise in der Stadt oder für die Zivilgesellschaft gestaltend tätig zu werden. Dieses Ergebnis soll im Museum, im öffentlichen und im digitalen Raum zum Austausch über heutige Positionen anregen, sei es als These oder Forderung, als Ausstellung, Workshop oder Publikation.[33]

Damit wird am Ende des Rundgangs noch einmal deutlich, dass die Gegenwartsrelevanz für das Museum von besonderer Bedeutung ist. Das neue Bauhaus-Museum wird sich dementsprechend nicht an Stildebatten orientieren, sondern zeigen, dass das Bauhaus Anfang des 20. Jahrhunderts Prozesse für entscheidende Veränderungen in Hinsicht auf ein neues Menschenbild, auf Rationalisierung, Standardisierung, auf neue Technologien, Materialerfahrungen und vieles mehr initiiert hat. Dies immer vor dem Hintergrund der Maßgabe, dass das Bauhaus als modernes Fortschrittsprojekt Teil einer abgeschlossenen historischen Entwicklung ist. Mit dem historischen Bauhaus aber teilen die heutigen MuseumsbesucherInnen die Erfahrung einer Fragmentarisierung der Welt. Das macht das Bauhaus weiterhin für aktuelle Fragestellungen so wichtig, nicht im Sinne einer Aktualisierung des Bauhauses mittels Übertragung seiner gestalterischen Methoden und Bildungsansätze ins Hier und Jetzt, sondern in Hinsicht auf die Diskussion heutiger Prozesse und Veränderungen in ihren gesellschaftlichen, technologischen, ökologischen und ökonomischen Dimensionen.

Anforderungen an die künftige Vermarktung, Vermittlung und Ausstellungspraxis

Mit diesem diskursiven Ansatz des Museums eng verbunden ist, dass in der Vermarktung, Vermittlung und Ansprache des Publikums neue Wege aufgezeigt und diverse Zugänge für unterschiedlichste Besuchergruppen ermöglicht werden müssen. Die Vermarktung kann über den für das Haus wieder gewählten, eingängigen Slogan »Das Bauhaus kommt aus Weimar« große Potenziale für eine öffentlichkeitswirksame Kommunikation und Werbung aktivieren. Die Vermittlungsarbeit wird in großen Teilen von den sogenannten Bauhaus-Agenten konzipiert, die dank der Förderung der Bundeskulturstiftung schon vor der Eröffnung des Museums wichtige Akzente setzen konnten. Für die praktische Arbeit mit den BesucherInnen wird im ersten Obergeschoss des Hauses eine Werkstatt eingerichtet. Hier können traditionelle Handwerkstechniken bis zum modernen 3-D-Druck getestet werden, für alle Altersschichten, für Schülergruppen und im Rahmen einer offenen Werkstatt an den Wochenenden. Intuitive Zugänge zu den Dingen sollen auf diese Weise möglich werden, um die Neugier der BesucherInnen zu wecken und sie für weitere Fragen und Themen zu begeistern, die im Museum außerdem anhand praktischer Hands-On-Stationen innerhalb der musealen Präsentation vertieft werden.

Die Bauhaus-Agenten entwickeln darüber hinaus seit einem Jahr Themen und Fragestellungen mit Partnerschulen in Weimar und im Weimarer Land, die in die Vermittlungsangebote für Schulen insgesamt Eingang finden werden. Wichtig für das neue Bauhaus-Museum ist, auf diese Weise zu erfahren, was junge Menschen nicht nur über das Bauhaus, sondern über ihre Gegenwart und Zukunft denken, mit welchen Aspekten sie sich beschäftigen möchten, welche Entwicklungen sie als wesentlich erachten. Geplant ist künftig außerdem, internationale KünstlerInnen, DesignerInnen, ArchitektInnen, HistorikerInnen oder ZukunftsforscherInnen einzuladen, die sich in wechselnden Ausstellungen zu eben diesen Fragen äußern. Tomás Saracenos ständige Installation »Sundial for Spatial Echoes« (Entwurf 2018, Realisierung 2019)[34] im Eingangsbereich des Museums macht dabei den Anfang; sie bringt unter ökologischen und soziologischen Fragestellungen die Eigenschaft der Wolken, der Sonne und der Netze mit den spezifischen Herausforderungen einer visionären Stadt in der globalisierten Welt des 21. Jahrhunderts zusammen. Das Museum wird sich mit dieser Ausrichtung zu einer Plattform für unterschiedlichste Perspektiven entwickeln, mit dem Reflex auf das historische Bauhaus, aber vor allem auf heutige und künftige gesellschaftliche Fragen- und Problemstellungen.

Arbeiten am Mythos?

Nutzen wir diese »Jahrhundertchance für Weimar« (H. Bodenschatz): Streiten wir über den Mythos Bauhaus – und über unsere Gegenwart und Zukunft. Das Bauhaus kommt nicht nur aus Weimar, das Bauhaus lebt in Weimar!

1 Vgl. zur umfangreichen Literatur über den »Mythos Bauhaus« vor allem: Anja Baumhoff, Magdalena Droste: Mythos Bauhaus: Zwischen Selbsterfindung und Enthistorisierung. Berlin 2009. Zur Bauhaus-Kommunikation, die vor allem dazu beitrug, den Mythos Bauhaus schon zu Zeiten der Schule zu begründen, vgl. Patrick Rössler (Hrsg.): bauhaus-kommunikation. Innovative Strategien im Umgang mit Medien, interner und externer Öffentlichkeit. Berlin 2009 (= Neue Bauhausbücher, hrsg. v. Bauhaus-Archiv Berlin, Bd. 1)

2 Eine erste Übersicht über die inhaltlichen Schwerpunkte der drei Häuser, verfasst von Wolfgang Holler und Ulrike Bestgen (für Weimar), von Regina Bittner (für Dessau) und Sibylle Hoiman (für Berlin), ergänzt um ein Statement der 2015 gegründeten Initiative »projekt bauhaus« von Jesko Fezer Christian Hiller, Anh-Linh Ngo, Philipp Oswalt und Jan Wenzel, findet sich in der von Wolfgang Kil initiierten Publikation: Michael Grass, Wolfgang Kil: Bauhaus 99. Vor dem Jahrhundert-Jubiläum: Positionen, Konzepte, Erwartungen. In: Bauwelt, Heft 12, 2018, S. 36–49.

3 Mai-Ausgaben von »Der Austausch«, Übergabe am 29. 5. 1919 lt. Inventarbuch des Großherzoglichen Museums Weimar, Inv.-Nr. DK 53/95.

4 Vgl. hierzu den Artikel von Ute Ackermann: Konstruktion von Geschichte. Die historische Bauhaus-Sammlung in den Beständen der Klassik Stiftung Weimar. In: Entwürfe der Moderne. Bauhaus-Ausstellungen 1923–2019 (Klassik Stiftung Weimar, Jahrbuch 2019). Göttingen 2019, S. 73–104.

5 Vgl. u. a. die Artikel von Thomas Föhl, Michael Siebenbrodt, Justus H. Ulbricht, Gerda Wendermann und Ulrike Bestgen in: Gert-Dieter Ulferts, Thomas Föhl (Hrsg.): Von Berlin nach Weimar. Von der Kunstkammer zum Neuen Museum. 300 Jahre Sammlungen und Museen in Weimar. Kolloquium zu Ehren von Rolf Bothe, München. Berlin 2003, S. 162–235. Grundsätzlich auch: Rolf Bothe, Thomas Föhl (Hrsg.): Aufstieg und Fall der Moderne. Eine Ausstellung der Kunstsammlungen zu Weimar und der Weimar 1999 GmbH in Zusammenarbeit mit dem Deutschen Historischen Museum in Berlin und Weimar 1999. Ostfildern-Ruit 1999.

6 Magistrat der Stadt Weimar, Aktennotiz bezüglich des Hauses Am Horn und eines Bauhaus-Museums in Weimar am 12. 12. 1990, 17. 12. 1990, AdBUW, Abgabe Rektorat Zn 11/1991. Zitiert nach: Martin Bober: Von der Idee zum Mythos. Die Rezeption des Bauhauses in beiden Teilen Deutschlands in Zeiten des Neuanfangs (1945 und 1988). Diss. Universität Kassel, 2006, S. 179.

7 Rolf Bothe: Nutzungskonzept. Kunstsammlungen zu Weimar. Erstellt für die Zuwendungsgeber der Kunstsammlungen, die Stadt Weimar und den Freistaat Thüringen. Manuskript in der Bibliothek der ehemaligen Kunstsammlungen, heute Hausarchiv Kunstsammlungen im GSA, Archiv der Autorin.

8 Gutachten der Strukturkommission: Zukunft Weimarer Klassik und Kunstsammlungen. Weimar 2005, S. 64.

9 Vgl. Ute Ackermann, Ulrike Bestgen (Hrsg.): Das Bauhaus kommt aus Weimar. Ausstellungskatalog Klassik Stiftung Weimar. Weimar 2009.

10 Vgl. Bauhaus-Archiv Berlin – Museum für Gestaltung, Stiftung Bauhaus Dessau, Klassik Stiftung Weimar (Hrsg.) in Kooperation mit The Museum of Modern Art, New York: »modell bauhaus«. Katalog Ausstellung Berlin. Ostfildern 2009.

11 Vgl. Pressemitteilung zur Stiftungsratssitzung am 8. 7. 2008: URL: www.klassik-stiftung.de/uploads/pics/20080708_PM_StifRat_Kosmos_Weimar.pdf (Zugriff: 29. 10. 2018). Zum Kuratorium gehörten: Annemarie Jaeggi, Bauhaus-Archiv Berlin; Kirsten Baumann (in Vertretung von Omar Akbar), Stiftung Bauhaus Dessau; Kurt W. Forster, Zürich; Andreas Beyer, Basel, für den wissenschaftlichen Beirat der Klassik Stiftung; Klaus-Jürgen Winkler, Bauhaus-Universität Weimar.

12 Vgl. Pressemitteilung zur Stiftungsratssitzung am 15. 7. 2009: URL: www.klassik-stiftung.de/uploads/pics/PM_Standortentscheidung_15. 7. 2010.pdf (Zugriff: 29. 10. 2018).

13 Vgl. Das neue Bauhaus-Museum in Weimar. Konzept. Vorlage für die Beratung im Stiftungsrat der Klassik Stiftung Weimar. 23. 6. 2009. Manuskript, 20 Seiten. Archiviert in der Direktion Museen der Klassik Stiftung Weimar.

14 Vgl. ebd., S. 17 f.

15 Ebd., S. 8.

16 Ebd., S. 11.

17 Vgl. Masterplan *Kosmos Weimar* 2008, S. 19–21: URL: www.klassik-stiftung.de/uploads/pics/Klassik_Stiftung_Weimar_Kosmos_Weimar_8.7.2008.pdf (Zugriff: 29. 10. 2018).

18 Vgl. Gesamtkonzept *Kosmos Weimar* 2012, S. 9: URL: www.klassik-stiftung.de/uploads/pics/KSW_Gesamtkonzept2012_194x270_v4_01.pdf (Zugriff: 29. 10. 2018).

19 Vgl. Votum der Expertenkommission vom 20. 5. 2010: URL: www.klassik-stiftung.de/uploads/pics/Votum_Standort_Bauhausmuseum_endgFass.pdf (Zugriff: 29. 10. 2018).

20 Kolloquien zur Topographie der Moderne am 17. 3. 2012 und 24./25. 5. 2013.

21 Vgl. Projektzusammenfassung: Drei Bauhaus-Museen. Planung und Politik in Weimar, Dessau und Berlin. Planungsprojekt 5./7. Fachsemester B. Sc. Urbanistik an der Bauhaus-Universität Weimar, Fakultät Architektur und Urbanistik 2016, S. 130–169.

22 Harald Bodenschatz: Weimar. In: ders.: Modellstadt der Moderne? Ambivalenzen des Städtebaus im 20. Jahrhundert. Ausstellungskatalog Bauhaus-Museum Weimar. Weimar 2016, S. 7.

23 Ebd., S. 53.

24 Ein Fachbeirat Bauhaus wurde für die Diskussion der Konzeptüberarbeitung einberufen, zu dem Magdalena Droste, Berlin/Cottbus; Patrick Rössler, Erfurt; Kai-Uwe Hemken, Kassel; Andres Lepik, München; Hans-Rudolf Meier, Weimar; Jeremy Ainsley, Brighton; Claudia Banz, Berlin, gehörten.

25 Grundkonzept für das neue Bauhaus-Museum, Stand 15. 9. 2013. Manuskript, archiviert in der Direktion Museen.

26 Vgl. hierzu die polemische, aber sehr erhellende Streitschrift von Daniel Tyradellis: Müde Museen. Oder: Wie Ausstellungen unser Denken verändern können. Hamburg 2014.

27 Hierzu bspw. die Ansicht von Chris Dercon, ehemaliger Direktor vom Haus der Kunst in München, der Tate Modern und der Volksbühne in Berlin: »Das Museum der Zukunft ist nicht nur ein interaktives Museum, in dem Sinne, dass das Publikum sich beteiligt an bestimmten Ausdrucksformen von Kunst, an Tanz und Performance etwa. Das Museum der Zukunft ist eine riesige Plattform, eine Agora, auf der das Publikum die unterschiedlichsten Fragen stellt. Oft sind das Fragen, die nichts mit Kultur oder Kunst zu tun haben, sondern mit Politik, mit Nachhaltigkeit etwa. [...]«. Interview mit Spiegel-Online, Freitag, 11. 2. 2011, URL: www.spiegel.de/kultur/gesellschaft/museums-star-chris-dercon-gehen-sie-in-den-hintersten-winkel-des-gartens-a-744706.html (Zugriff: 29. 10. 2018).
Für eine Zusammenfassung vieler Ansätze, die in den letzten Jahren diskutiert wurden, vgl. die instruktiven Überlegungen, wenn auch vor allem am Beispiel von Kunstmuseen diskutiert: Was muss das Museum? Was kann das Museum? Ein Streitgespräch zwischen Ulrike Lorenz und Wolfgang Ullrich. Köln 2018. Weitere Literatur zum Thema der Herausforderungen für Museen im 21. Jahrhundert: Vgl. die Literaturangaben in der Broschüre des Deutschen Museumsbundes (nun online verfügbar): Deutscher Museumsbund e. V., Konferenz der Museumsberatung in den Ländern (KMBL): Leitfaden zur Erstellung eines Museumskonzepts. Berlin 2011, S. 37–38, 44–45, URL: www.museumsbund.de/wp-content/uploads/2017/03/leitfaden-museumskonzept-2011.pdf (Zugriff: 29. 10. 2018).
Zum Verhältnis künftiger Sammlungsentwicklung sowie Bildender Kunst und Bauhaus im Museum des 21. Jahrhundert: Danica Dakić, Ulrike Bestgen: Imaginary Bauhaus Museum, Interview. In: Gerald Bast, Elias G. Carayannis, David F. I. Campbell (Hrsg.): The Future of Museums. Arts, Research, Innovation and Society. Cham 2018, S. 129–144.
Zum Thema innovativer Vermittlungsarbeit für die drei neuen Bauhaus-Museen in Weimar, Dessau und Berlin: Silke Feldhoff, Karin Kolb (Hrsg.): Ein Museum ist mehr als eine Ausstellungen. Bauhaus Agenten Programm. Berlin, Dessau, Weimar 2018 (= Bauhaus Agenten Publikation #1).

28 Landesarchiv Thüringen – Hauptstaatsarchiv Weimar. Staatliches Bauhaus, Nr. 56/001870

29 Vgl. hierzu auch die schriftliche Ausführung des Konzepts für den wissenschaftlichen Beirat, der es in seiner Sitzung am 21. 9. 2015 noch einmal diskutiert hat.

30 Museales Gesamtkonzept, Klassik Stiftung Weimar, Direktion Museen, 2017. Verfasst von Wolfgang Holler. Darin Kapitel 2.3.: Bauhausmuseum, Moderne und Gegenwart, S. 30. Archiviert in der Direktion Museen.

31 Eine ausführliche Übersicht über alle Themen der Ausstellung bietet die im Hirmer-Verlag anlässlich der Eröffnung des Bauhaus-Museums im April 2019 erschienene Publikation: Ute Ackermann, Ulrike Bestgen, Wolfgang Holler (Hrsg.): Das Bauhaus-Museum Weimar. München 2019. Ergänzend dazu werden die neue Ausstellung im Neuen Museum, das Haus Am Horn und die Dorfner-Sammlung ebenfalls in dieser Reihe ab April 2019 vorgestellt.

32 Hannes Meyer: die neue welt. In: Das Werk. Architektur und Kunst. L'oeuvre architecture et art, Bd. 13, 1926, Heft 7, S. 205 ff.

33 Kai-Uwe Hemken verweist auch auf eine »praktizierende Diskursivität« als Kernziel eines Bauhaus-Museums. Ders.: Produktion – Reproduktion! Das Bauhaus als diskursives Museum. In: Bauhaus Kooperation Berlin Dessau Weimar (Hrsg.): Bauhaus News. Stimmen zur Gegenwart. Leipzig 2015, S. 89

34 Ausgewählt als Erster Preis im Rahmen des Wettbewerbs von »Kunst am Bau«. Die Realisierung wurde ermöglicht durch die Finanzierung von Bund und Freistaat Thüringen.

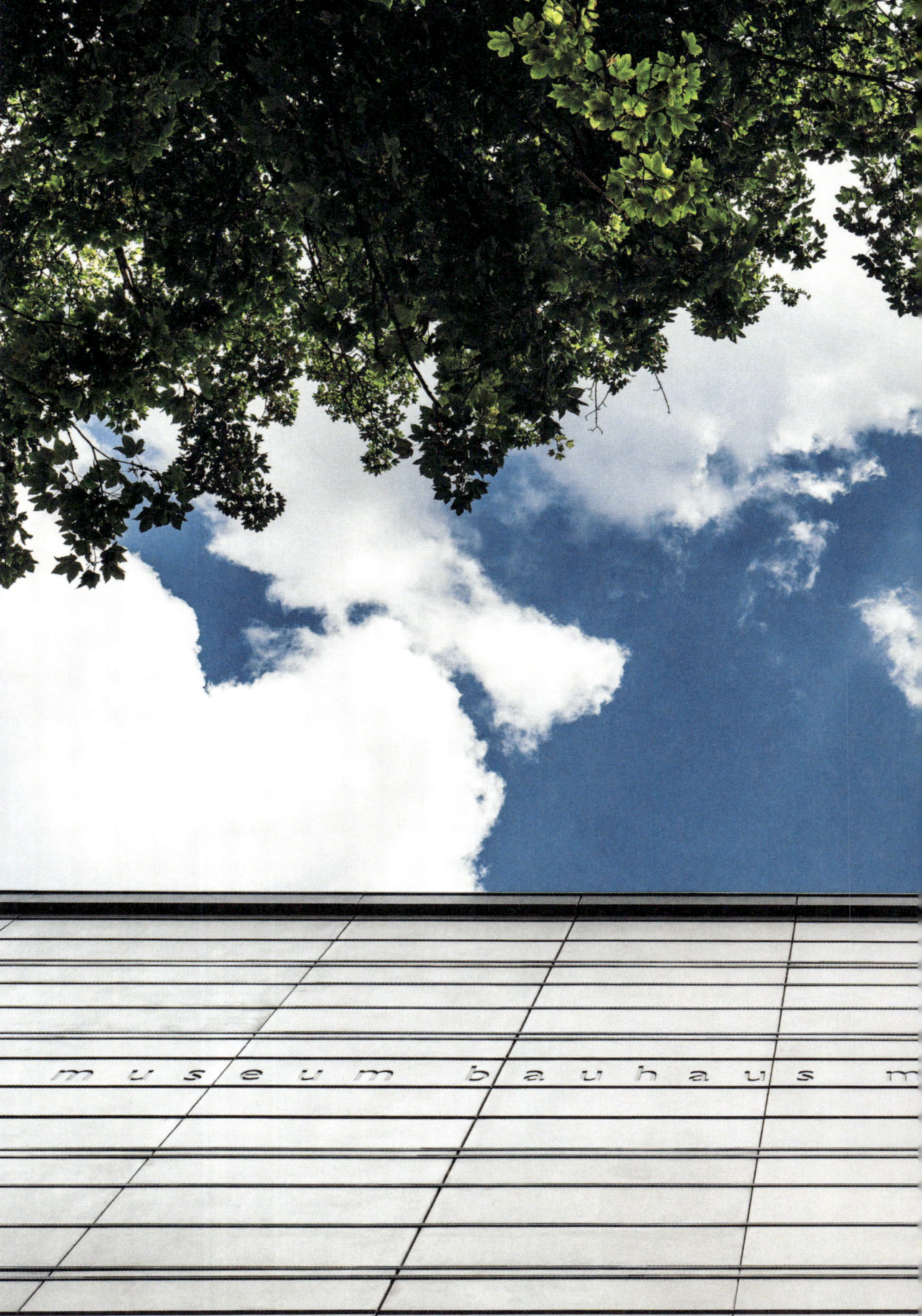
museum bauhaus

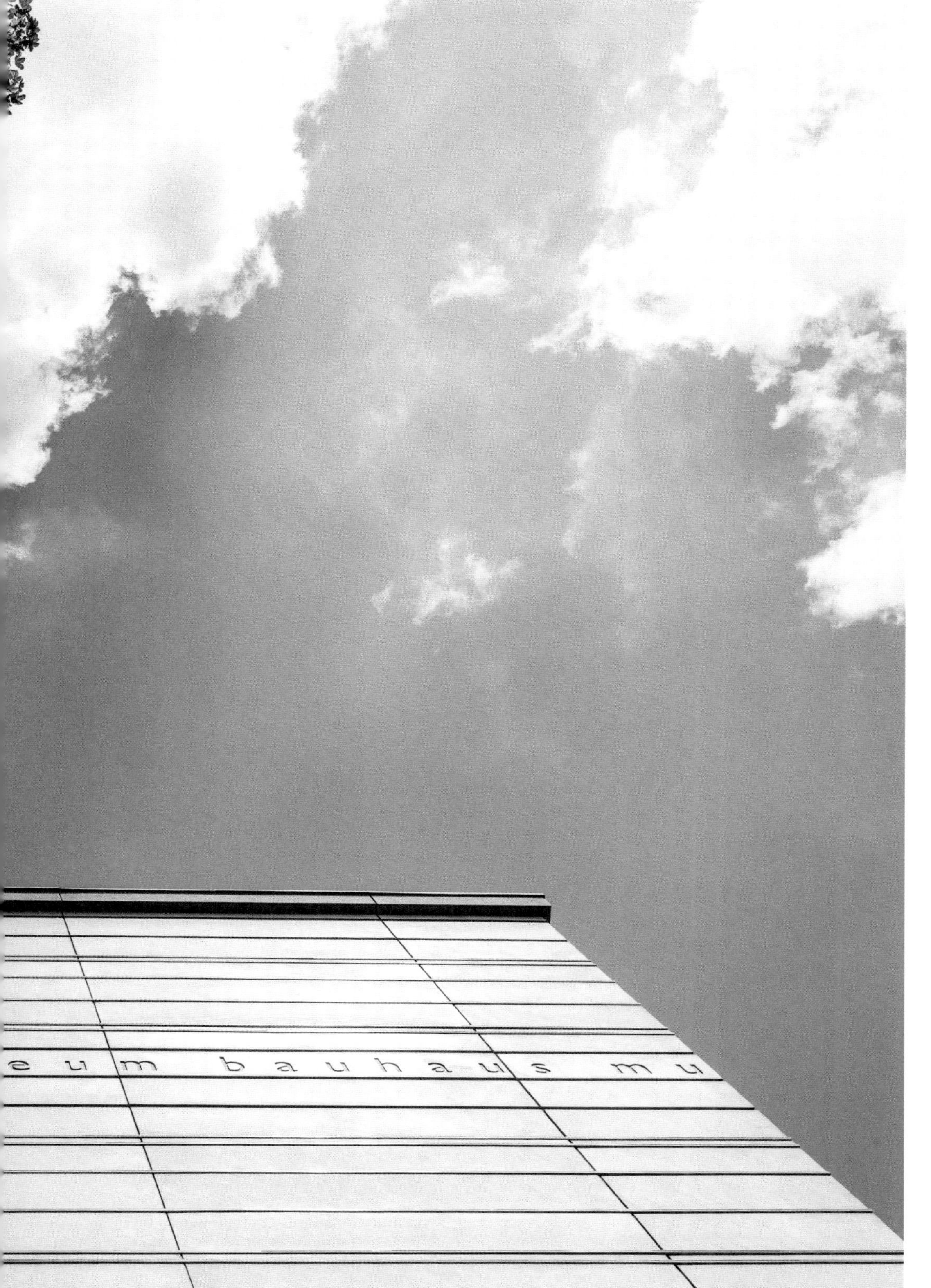
eum bauhaus mu

AUSWAHLBIBLIOGRAFIE

Das folgende Literaturverzeichnis versammelt eine Auswahl der wichtigsten Titel zum Thema dieser Publikation, die in den einzelnen Beiträgen erwähnt sind. Nicht aufgenommen sind zahlreiche Hinweise auf Archivbestände, Netz-Adressen oder einzelne Aufsätze, die nicht unmittelbar zum Thema dieses Bandes gehören.

Ackermann, Ute; Ulrike Bestgen (Hrsg.): Das Bauhaus kommt aus Weimar (Ausstellungskatalog Klassik Stiftung Weimar). Weimar 2009.

Ackermann, Ute; Ulrike Bestgen; Wolfgang Holler (Hrsg.): Das Bauhaus-Museum Weimar. München 2019.

Architektur, Politik und Mensch. Herausgegeben von Jesko Fezer, Martin Schmitz. Berlin 2004.

Arte Útil. [Zugriff: 14.4.2021. www.arte-util.org.].

Bade, Klaus J. (2013): »Integration muss weg vom Innenministerium. Klaus J. Bade im Interview mit Andrea Dernbach«. In: Tagesspiegel, 7. Oktober. [Zugriff: 23.11.2018. www.tagesspiegel.de/politik/vor-der-regierungsbildung-integration-muss-weg-vom-innenministerium/8894400.html].

Barber, Benjamin R.: Strong Democracy: Participatory Politics for A New Age. Berkeley 1984.

Bauhaus Kooperation Berlin Dessau Weimar (Hrsg.): Bauhaus News. Stimmen zur Gegenwart. Leipzig 2015.

Bauhaus-Archiv Berlin – Museum für Gestaltung, Stiftung Bauhaus Dessau, Klassik Stiftung Weimar, in Kooperation mit The Museum of Modern Art, New York: Anja Baumhoff; Magdalena Droste: Mythos Bauhaus: Zwischen Selbsterfindung und Enthistorisierung. Berlin 2009.

Benhabib, Seyla: The Claims of Culture: Equality and Diversity in the Global Era. Princeton 2002.

Bishop, Claire: Artificial Hells. Participatory Art and the Politics of Spectatorship. London 2012.

Bismarck, Beatrice von: Auftritt als Künstler. Funktionen eines Mythos. Köln 2010.

Bodenschatz, Harald: Weimar. In: Ders.: Modellstadt der Moderne? Ambivalenzen des Städtebaus im 20. Jahrhundert (Ausstellungskatalog Bauhaus-Museum Weimar). Weimar 2016.

Bothe, Rolf; Thomas Föhl (Hrsg.): Aufstieg und Fall der Moderne. Eine Ausstellung der Kunstsammlungen zu Weimar und der Weimar 1999 GmbH in Zusammenarbeit mit dem Deutschen Historischen Museum in Berlin und Weimar 1999. Ostfildern-Ruit 1999.

Bourriaud, Nicolas: Relational Aesthetics. Art of the 1990s. In Right About Now. Art & Theory since the 1990s. Valiz 2008, S. 45–57.

Butler, Judith: Das Unbehagen der Geschlechter. Frankfurt a. M. 1991.

Dahl, Robert A.: Dilemmas of Pluralist Democracy – Autonomy vs. Control. New Haven, London 1982.

Dahl, Robert A.: On Political Equality. New Haven 2006.

Dahl, Robert A.: Und nach der Revolution? Herrschaft in einer Gesellschaft freier Menschen. Frankfurt a. M. 1975.

Dakić, Danica; Ulrike Bestgen: Imaginary Bauhaus Museum. Interview. In: Gerald Bast; Elias G. Carayannis; David F. I. Campbell (Hrsg.): The Future of Museums. Arts, Research, Innovation and Society. Cham 2018, S. 129–144.

Entwürfe der Moderne. Bauhaus-Ausstellungen 1923–2019 (Klassik Stiftung Weimar, Jahrbuch 2019). Göttingen 2019.

Fanon, Frantz: Die Verdammten dieser Erde. Frankfurt a. M. 1966.

Feldhoff, Silke; Karin Kolb (Hrsg.): Ein Museum ist mehr als eine Ausstellungen. Bauhaus Agenten Programm. Berlin, Dessau, Weimar 2018.

Florida, Richard: The Rise of the Creative Class. New York 2002.

Forensic Architecture: Violence at the Threshold of Detectability. New York 2017.

Fraenkel, Ernst (1964): Deutschland und die westlichen Demokratien. Stuttgart 1964.

Fraser, Nancy; Honneth, Axel: Umverteilung oder Anerkennung. Eine politisch-philosophische Kontroverse. Frankfurt a. M. 2003.

Giddens, Anthony: Studies in Social and Political Theory. London 1977.

Grass, Michael; Wolfgang Kil: Bauhaus 99. Vor dem Jahrhundert-Jubiläum: Positionen, Konzepte, Erwartungen. In: Bauwelt (2018), Heft 12, S. 36–49.

Hall, Stuart: Demokratie, Globalisierung und Differenz. Demokratie als unvollendeter Prozess. In: Okwui Enwezor (Hrsg.): Demokratie als unvollendeter Prozess. Berlin 2002, S. 21–39.

Heitmeyer, Wilhelm: Rechte Bedrohungsallianzen. Berlin 2020.

Honneth, Axel: Kampf um Anerkennung. Zur moralischen Grammatik sozialer Konflikte. Frankfurt a. M. 1992.

Honneth, Axel: Unsichtbarkeit. Stationen einer Theorie der Intersubjektivität. Frankfurt a. M. 2003.

Investigations ← Forensic Architecture. [Zugriff: 12.4.2021. https://forensic-architecture.org/.].

Karstein, Uta; Nina Tessa Zahner: Autonomie der Kunst? Zur Aktualität eines gesellschaftlichen Leitbildes. Kunst und Gesellschaft. Wiesbaden 2016.
Keenan, Thomas: Counter-forensics and photography. In: Grey Room (2014), Nr. 55.
Kelsen, Hans: Vom Wesen und Wert der Demokratie. Tübingen 1929.
Kößler, Reinhart; Henning Melber: Chancen internationaler Zivilgesellschaft. Frankfurt a. M. 1993
Kymlicka, Will: Multicultural Citizenship: A Liberal Theory of Minority Rights. Oxford 1995.
Lamont, Michèle: Addressing Recognition Gaps: Destigmatization and the Reduction of Inequality. In: American Sociological Review 83 (2018) H. 3, S. 419–444.
Léger, Marc James: Aesthetic Responsibility. A Conversation with Krzysztof Wodiczko on the Transformative Avant-Garde. In: Third Text 28 (2014), Nr. 2 (März), S. 123–136.
Lessing, Theodor: Geschichte als Sinngebung des Sinnlosen: oder Die Geburt der Geschichte aus dem Mythos. München 1983 [zuerst München 1919].
Lijphart, Arend: Patterns of Democracy: Government Forms and Performance in Thirty-Six Countries. New Haven 1999.
McKee, Yates. Strike Art. Contemporary Art and the Post-Occupy Condition. London, New York 2016.
Merkel, Wolfgang: Is There a Crisis of Democracy?. In: Democratic Theory 5 (2018), S. 11–25.
Merkel, Wolfgang: Kosmopolitismus versus Kommunitarismus: Ein neuer Konflikt in der Demokratie. In: Philipp Harfst; Ina Kubbe; Thomas Poguntke (Hrsg.): Parties, Governments and Elites. The Comparative Study of Democracy. Wiesbaden 2017, S. 9–23.
Mesch, Claudia. Art and Politics. A Small History of Art for Social Change since 1945. London [u. a.] 2013.
Metzler Lexikon Ästhetik: Kunst, Medien, Design und Alltag. Stuttgart 2006.
Mill, John Stuart: On Liberty. London 1869.
modell bauhaus. Hrsg. v. Bauhaus-Archiv Berlin/Museum für Gestaltung, Stiftung Bauhaus Dessau, Klassik Stiftung Weimar, in Kooperation mit The Museum of Modern Art, New York. Ostfildern 2009.
Modood, Tariq: Multiculturalism: A Civic Idea. Cambridge 2007.
Mouffe, Chantal: Das demokratische Paradox. Wien 2008.
Nassehi, Armin: Die Theorie funktionaler Differenzierung im Horizont ihrer Kritik/The Theory of Functional Differentiation in the Horizon of its Criticism. In: Zeitschrift für Soziologie 33 (2004), H. 2, S. 98–118.
Park Fiction – ... die Wünsche werden die Wohnung verlassen und auf die Straße gehen [Zugriff: 20. 4. 2021. https://park-fiction.net/.].
Piketty, Thomas: Das Kapital im 21. Jahrhundert. München 2013.
Rehberg, Karl-Siegbert; Wolfgang Holler; Paul Kaiser (Hrsg.): Abschied von Ikarus. Bildwelten in der DDR – neu gesehen (Ausstellungskatalog). Weimar, Köln 2012.
Ricoeur, Paul: Wege der Anerkennung. Erkennen, Wiedererkennen, Anerkanntsein. Frankfurt a. M. 2006.
Rommelspacher, Birgit: Was ist eigentlich Rassismus. In: Claus Melter; Paul Mecheril (Hrsg.): Rassismuskritik. Band 1: Rassismustheorie und -forschung. Schwalbach/Ts. 2009, S. 25–38.
Ross, Andrew: The Gulf. High Culture/Hard Labour. o. O. [OR Books] 2015.
Rössler, Patrick (Hrsg.): bauhaus-kommunikation. Innovative Strategien im Umgang mit Medien, interner und externer Öffentlichkeit. (= Neue Bauhausbücher, hrsg. vom Bauhaus-Archiv Berlin, Bd. 1). Berlin 2009.
Saehrendt, Christian: Kunst als Botschafter einer künstlichen Nation. Studien zur Rolle der bildenden Kunst in der auswärtigen Kulturpolitik der DDR. Stuttgart 2009.
Said, Edward W.: Orientalism. New York 1978.
Schmitt, Carl: Der Begriff des Politischen. München 1932.
Seemann, Hellmut Th.; Thorsten Valk (Hrsg.): Entwürfe der Moderne. Bauhaus-Ausstellungen 1923–2019 (Jahrbuch der Klassik Stiftung 2019), Göttingen 2019.
Spivak, Gayatri Chakravorty: Can the Subaltern Speak? In: Cary Nelson; Lawrence Grossberg (Hrsg.): Marxism and the Interpretation of Culture. Champaign (Illinois) 1988, S. 271–313.
Spivak, Gayatry Chakravorty: The Post-Colonial Critic. Interviews, Strategies, Dialogues. New York, London 1990.
Stoker, Gerry; Evans, Mark: The »Democracy-Politics Paradox«. The Dynamics of Political Alienation. In: Democratic Theory 5 (2018), S. 26–36.
Taylor, Charles: Multikulturalismus und die Politik der Anerkennung. Frankfurt a. M. 1993.

Terkessidis, Mark: Die Banalität des Rassismus: Migranten zweiter Generation entwickeln eine neue Perspektive. Bielefeld 2004.

Tyradellis, Daniel: Müde Museen. Oder: Wie Ausstellungen unser Denken verändern können. Hamburg 2014.

Ulferts, Gert-Dieter; Thomas Föhl (Hrsg.): Von der Kunstkammer zum Neuen Museum. 300 Jahre Sammlungen und Museen in Weimar. München, Berlin 2003.

Van den Berg, Karen; Cara M. Jordan; Philipp Kleinmichel (Hrsg.) The Art of Direct Action. Social Sculpture and Beyond. Berlin 2019.

Von Engelberg-Dočkal, Eva; Kerstin Vogel (Hrsg.): Sonderfall Weimar? DDR-Architektur in der Klassikerstadt. Weimar 2013.

Was muss das Museum? Was kann das Museum? Ein Streitgespräch zwischen Ulrike Lorenz und Wolfgang Ullrich. Köln 2018.

Weizman, Eyal: Forensic Architecture: Notes from Fields and Forums / Forensische Architektur. Notizen von Feldern und Foren. Ostfildern 2011.

Wendermann, Gerda: Krieg der Geister. Weimar als Symbolort vor und nach 1914. Eine Einführung in die Ausstellung. In: Wolfgang Holler, Gudrun Püschel, Gerda Wendermann (Hrsg.): Krieg der Geister. Weimar als Symbolort deutscher Kultur vor und nach 1914 (Ausstellungskatalog) Weimar, Dresden 2014.

Yoldas, Pinar: Hollow Ocean (Ringvorlesung. »Apokalypse und Weltrettung«). Friedrichshafen/Zeppelin Universität [online, 9. 3. 2021].

Zembylas, Tasos (Hrsg.): Artistic Practices. Social Interactions and Cultural Dynamics. London, New York 2014.

Zürn, Michael; Pieter De Wilde: Debating globalization: cosmopolitanism and communitarianism as political ideologies. In: Journal of Political Ideologies 21 (2016), H. 3, S. 280–301.

AUTOREN UND AUTORINNEN

ULRIKE BESTGEN

*1960 in Wuppertal. Nach einer Ausbildung zur Bankkauffrau ab 1981/82 studierte sie Kunstgeschichte, Neuere Geschichte und Germanistik in Münster und München, Abschluss Promotion. 1991–1993 wissenschaftliche Volontärin am Schleswig-Holsteinischen Landesmuseum Schloss Gottorf in Schleswig. Ab Mai 1993 war sie Sachgebietsleiterin für Öffentlichkeitsarbeit an den Kunstsammlungen zu Weimar; seit Januar 2005 Abteilungsleiterin für das Neue Museum Weimar und das Bauhaus-Museum der Klassik Stiftung Weimar. Ab 2019 Fachbereichsleiterin Bauhaus Weimar. Moderne – Gegenwart.

FRIEDRICH VON BORRIES

*1974 in Berlin, ist Architekt und seit 2009 Professor für Designtheorie an der Hochschule für Bildende Künste Hamburg. In Berlin leitet er das Projektbüro Friedrich von Borries, das an den unscharfen Rändern von Architektur, Design, Kunst und Stadtentwicklung arbeitet. Er setzt sich forschend und entwerfend mit politischen Aspekten von Gestaltung auseinander.
Er studierte Architektur in Berlin, Brüssel und Karlsruhe, wo er 2004 promovierte. Er lehrte und forschte an verschiedenen akademischen Institutionen, unter anderem an der TU Berlin und an der Stiftung Bauhaus Dessau, war Gastwissenschaftler an der ETH Zürich und dem MIT Cambridge (Mass.) sowie Gastprofessor an der Akademie der bildenden Künste Nürnberg. 2008 war er Generalkommissar für den Deutschen Beitrag auf der Architekturbiennale Venedig, 2007–2012 Mitglied der Jungen Akademie der Berlin-Brandenburgischen Akademie der Wissenschaften und der Nationalen Akademie der Wissenschaften Leopoldina.

NAIKA FOROUTAN

*1971 in Boppard, ist Professorin für Integrationsforschung und Gesellschaftspolitik am Institut für Sozialwissenschaften der Humboldt-Universität zu Berlin und Direktorin des Berliner Instituts für empirische Integrations- und Migrationsforschung (BIM) an der Humboldt-Universität zu Berlin. Zudem ist sie Leiterin und Gründungsvorstand des Deutschen Zentrums für Integrations- und Migrationsforschung (DeZIM)
2005 Dissertation: »Inter-zivilisatorische Kulturdialoge zwischen dem Westen und der islamischen Welt. Eine Strategie zur Regulierung von Zivilisationskonflikten im post-bipolaren Szenarium der neuen Weltordnung nach 1989.« (mit Auszeichnung abgeschlossen, summa cum laude/ Friedrich-Christoph-Dahlmann-Preis); 1993–1999 Studium der Politikwissenschaften, der Romanistik und Islamwissenschaft an der Universität zu Köln (Magister Artium).

MANUEL FREY

*1964 in Bamberg, wurde nach einem Studium der Geschichte und Soziologie 1996 an der Universität Bielefeld promoviert. 2008 habilitierte er sich an der Technischen Universität Dresden mit einer Arbeit über »Sammler, Stifter und Mäzene in der Bürgergesellschaft«.
Er ist seit dem Jahr 2002 im Kulturbereich tätig, 2002–2005 als Assistent des Vorstands in der Stiftung Deutsches Hygiene-Museum Dresden, seit 2005 in der Kulturstiftung des Freistaates Sachsen als Literatur- und Kunstreferent und seit 2008 als stellvertretender Stiftungsdirektor. 2019 wurde er zum Direktor der Kulturstiftung des Freistaates Sachsen ernannt.

STEPHANIE JACOBS

*1963 in Unna, studierte Kunstgeschichte, Philosophie und Psychologie in Bonn, Perugia und Berlin; Promotion an der Freien Universität Berlin über Positionen im Spannungsfeld zwischen Text und Bild im 19. Jahrhundert. Stipendienaufenthalte in New Haven, Paris und Wolfenbüttel. Sie ist Kuratorin am Institut für Auslandsbeziehungen und Haus der Geschichte, Bonn und seit 2007 Leiterin des Deutsches Buch- und Schriftmuseums der Deutschen Nationalbibliothek Leipzig. Veröffentlichungen und Austellungen zur Kulturgeschichte des 19. und 20. Jahrhunderts.

SKADI JENNICKE

* 1977 in Leipzig, studierte nach dem Abitur Dramaturgie (1996–2000) an der Hochschule für Musik und Theater »Felix Mendelssohn-Bartholdy«; Diplom, danach Promotion zum Dr. phil. (2009) an der Martin-Luther-Universität Halle-Wittenberg. 2015 Akademiestudium, Wirtschaftswissenschaftliche und Rechtswissenschaftliche Fakultät der FernUniversität Hagen mit Abschluss-Zertifikat. 1997–2000 war sie Dramaturgie- und Regieassistentin am Schauspiel Dresden, Theater Chemnitz und Deutschen Schauspielhaus Hamburg. 1999–2016 Freie Mitarbeiterin im DeutschlandRadio Kultur. 2000–2001 Dramaturgin am neuen theater Halle/Saale; 2002–2005 Dramaturgin am Schauspiel Leipzig. 2003–2016 Lehrbeauftragte an der Hochschule für Musik und Theater »Felix Mendelssohn Bartholdy«. 2009–2016 Mitglied der Ratsversammlung der Stadt Leipzig, Stellvertretende Vorsitzende und kulturpolitische Sprecherin der Fraktion DIE LINKE im Stadtrat Leipzig; 2009–2016 Wissenschaftliche Mitarbeiterin einer Abgeordneten des Sächsischen Landtags. Seit 10. 6. 2016 ist sie Bürgermeisterin und Beigeordnete für Kultur der Stadt Leipzig.

SYLVIA LEMKE

*1985 in Dresden, 2004 Umzug nach München, einjährige praktische Arbeit als Handbuchbinderin. 2005 kehrte sie nach Dresden zurück und studierte Kunstgeschichte und Geschichte (Bachelor of Arts 2009, Master of Arts 2015), seit 2008 ist sie Mitarbeiterin der Staatlichen Kunstsammlungen Dresden (seit 2008 im Kunstfonds für das Daphne-Projekt, Aufarbeitung architekturbezogener Kunst, Erfassung des Nachlasses von Bruno Dolinski, 2016–2018 Rüstkammer für das Daphne-Projekt, seit 2019 Recht und Organisation als Betriebsorganisatorin). 2013 im Amt für Kultur und Denkmalschutz Dresden/Archiv architekturbezogene Kunst. 2010–2015 Unterstützung der Freien Akademie Kunst+Bau e.V./ Archiv, Ausstellung und Teilnahme an Publikationen zu architekturbezogener Kunst, 2017 ZFM Sachsen/SKD, Amtshilfe Nachlassbearbeitung (Sichtung, Erfassung, Zuweisung in öffentliche Sammlungen) der Künstler Günther Horlbeck und Irmgard Horlbeck-Kappler. Seit 2018 hat sie ein eigenes Atelier, hält Vorträge und ist beteiligt an Publikationen zur Kunst am Bau der DDR. Forschungsschwerpunkte: bildende und architekturbezogene Kunst der DDR, Bearbeitung künstlerischer Nachlässe.

THOMAS LOCHER

* 1956 in Munderkingen, Oberschwaben, ist Künstler und lebt derzeit in Berlin. 1979–1985 Studium an der Staatlichen Akademie der Bildenden Künste Stuttgart. 1981–1985 Universität Stuttgart. Locher lehrte international an Kunstakademien, Fachhochschulen und Universitäten (Merzakademie Stuttgart, Technische Universität Wien); 2008–2016 Professor für Grafik an der Königlich Dänischen Akademie der Bildenden Künste in Kopenhagen; seit 2017 Rektor der Hochschule für Grafik und Buchkunst Leipzig. Seine für die Neo-Konzept- und Kontext-Kunst richtungsweisenden Arbeiten sind weltweit in öffentlichen und privaten Sammlungen vertreten (u. a. Museum of Modern Art, New York, Museum Boijmans Van Beuningen, Rotterdam, Bayerische Staatsgemäldesammlung, München, Staatsgalerie Stuttgart und MuMoK, Museum Moderner Kunst Stiftung Ludwig, Wien). Aktuelle Ausstellungsprojekte umfassen u. a. »Homo Oeconomicus«, Secession Wien (2013), »Post-Information«, Silberkuppe Berlin (2015) und »To expose, to show, to demonstrate, to inform, to offer – Künstlerische Praktiken um 1990«, MUMOK Wien (2015).

MARIE ROSENKRANZ

* 1992 in Darmstadt; Wissenschaftliche Mitarbeiterin an der Humboldt-Universität, wo sie zum Verhältnis von Kunst und Politik forscht. In ihrer Promotion beschäftigt sie sich mit künstlerischem Aktivismus. Zuvor leitete sie das Berliner Büro des European Democracy Labs, das 2018 ein europaweites Theaterprojekt und 2019 ein Kunstfestival zur Zukunft Europas realisierte. Marie Rosenkranz studierte Europawissenschaften, Kommunikation und Kulturmanagement in Maastricht, Granada und Friedrichshafen.

DR. STEVEN SCHÄLLER

* 1976 in Jena, studierte Politikwissenschaft, Kommunikationswissenschaft sowie Neuere und Neueste Geschichte an der TU Dresden. Er ist gegenwärtig als Wissenschaftlicher Mitarbeiter am Mercator Forum für Migration und Demokratie (MIDEM) tätig. Forschungsschwerpunkte: Recht und Politik, Politische Theorie und Ideengeschichte, Demokratietheorie und Partizipationsforschung.

GÜNTHER KARLHERMANN SCHNEIDER

* 1955 im mittelhessischen Aßlar, ist Politiker (CDU). Von Dezember 2017 bis Dezember 2019 war er Staatssekretär im Sächsischen Staatsministerium des Innern. Zuvor war er 2004–2017 Mitglied des Sächsischen Landtags. Schneider ist ehrenamtlicher Präsident des Deutschen Jugendherbergswerks.

OLIVER SUKROW

* 1985 in Zwenkau, ist nationaler Forschungspartner im FWF-Projekt »Transnationaler Schulbau« am Forschungsbereich Kunstgeschichte der TU Wien und derzeit Fellow der Wüstenrot Stiftung. Studium der Kunstgeschichte und Baltistik in Greifswald, Salzburg und Colchester. 2012–2016 Doktorand am Institut für Europäische Kunstgeschichte der Universität Heidelberg, 2014–2016 Baden-Württemberg-Stipendiat am Zentralinstitut für Kunstgeschichte in München. 2016–2020 Universitätsassistent Forschungsbereich Kunstgeschichte TU Wien. 2018 Veröffentlichung der Doktorarbeit »Arbeit. Wohnen. Computer – Zur Utopie in der bildenden Kunst und Architektur der DDR in den 1960er Jahren« (Heidelberg University Press). Zahlreiche Veröffentlichungen und Vorträge, insbesondere zur bildenden Kunst und Architektur in der DDR. Zuletzt war er an der Wiederherstellung des Wandbilds von Josep Renau am Moskauer Platz in Erfurt durch die Wüstenrot Stiftung (2019) und an der Festschrift zum 40. Jubiläum des Hauses der Kultur in Gera (2021) beteiligt. Er gehört dem Projektbezogenen Beirat der Wüstenrot Stiftung an und ist Mitglied im österreichischen Nationalkomitee von ICOMOS.

JUSTUS H. ULBRICHT

* 1954 in Coburg, studierte Geschichte, Germanistik und Allg. Pädagogik in Tübingen (Staatsexamen Lehramt 1979). 1981 Umzug nach Köln, Freier Wissenschaftler/Publizist; ab 1984 Freier Wissenschaftler/Hausmann in Rotenburg/Wümme. 1995–2009 Mitarbeiter der Klassik Stiftung Weimar. Umzug nach Dresden 2009. Zuerst freiberuflich; 2010–2012 Universität Magdeburg/Forschungsstelle Moderne Regionalgeschichte. 2014/2016 Freier Mitarbeiter der Sächs. Landeszentrale für politische Bildung. Von August 2016 bis Dezember 2020 war er Geschäftsführer des Dresdner Geschichtsvereins und Redakteur der Dresdner Hefte, seit 2021 ist er wieder freiberuflich tätig. Forschungsschwerpunkte: Kultur und Politik im deutschen Bildungsbürgertum (1800–heute), Denkmalgeschichte und Erinnerungskultur, »Heimat« und »Identität«, Dresdner Lokalgeschichte 19./20. Jh., Völkische Bewegung, Jugendbewegung, neue Religiosität ab 1900, Klassik-Rezeption.

LOUIS VOLKMANN

* 1982 in Gera, ist Fotograf und Filmemacher. 2004–2010 Studium der Fotografie an der Hochschule für Grafik und Buchkunst Leipzig sowie 2008 an der Akademie der Schönen Künste Wrocław (Akademia Sztuk Pieknych), Polen. Einzel- und Gruppenausstellungen seit 2003. Stipendien in Frankreich (Moly-Sabata) 2011, Polen (MOCAK Kraków) 2012 und Deutschland (Kunstverein Röderhof) 2015. Seine künstlerische Arbeit ist die visuelle Auseinandersetzung mit Architektur – diese den Menschen prägenden Räume dokumentiert er fotografisch und filmisch. Ein wichtiges Thema ist die Wirkung von Räumen und deren Abbildern auf die eigene Biografie sowie das kollektive Gedächtnis, hier vor allem der Ostmoderne. Lebt und arbeitet in Leipzig und Berlin. (Weiterhin Arbeit als Kameraassistent und Beleuchter für Video/Film.) Sein Kurzfilm »Post« lief 2015 in der offiziellen Auswahl des Dokfilmfestival Leipzig. 2021 wurde »HdK – Haus der Kultur Gera«, ein Architekturbildband mit Fotografien u. a. von Louis Volkmann, publiziert.

IMPRESSUM

Herausgeber
Justus H. Ulbricht

Gestaltung
Joachim Steuerer, Sandstein Verlag

Satz und Reprografie
Gudrun Diesel, Katharina Stark, Christian Werner, Sandstein Verlag

Fotos
Umschlag: Candy Welz
Seite 6/7: Thomas Müller
Seite 150/151: Alexander Burzik

Druck und Verarbeitung
FINIDR s.r.o., Český Těšín

Schrift
Maison Neue

Papier
Munken Polar, 120 g/m^2

Die Deutsche Nationalbibliothek verzeichnet diese Publikation in der Deutschen Nationalbibliografie; detaillierte bibliografische Daten sind im Internet über http://dnb.dnb.de abrufbar.

www.sandstein-verlag.de
ISBN 978-3-95498-660-6

Gefördert durch das Sächsische Staatsministerium für Regionalentwicklung und die Kulturstiftung des Freistaates Sachsen. Diese Maßnahme wird mitfinanziert durch Steuermittel auf der Grundlage des vom Sächsischen Landtag beschlossenen Haushaltes.

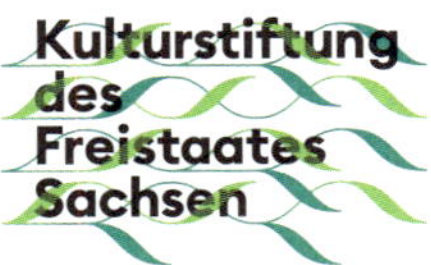

STAATSMINISTERIUM FÜR REGIONALENTWICKLUNG

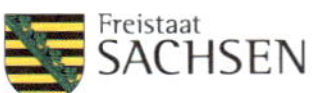

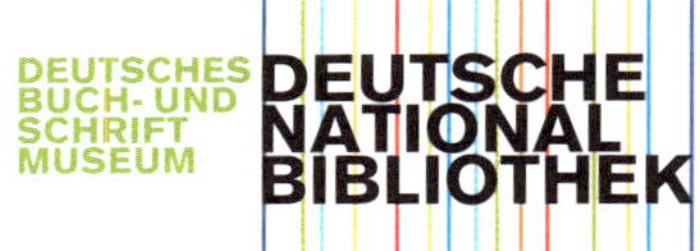